# 农户林业合作经营行为研究

## ——以江西为例

# Research on Farmers' Forestry Cooperative Behavior

## ——A Case Study of Jiangxi Province

冷小黑 著

中国农业出版社

**图书在版编目（CIP）数据**

农户林业合作经营行为研究：以江西为例/冷小黑著. —北京：中国农业出版社，2013.10
ISBN 978-7-109-18498-5

Ⅰ.①农… Ⅱ.①冷… Ⅲ.①农户—林业—经济合作—经济行为—研究—江西省 Ⅳ.①F326.25

中国版本图书馆 CIP 数据核字（2013）第 252510 号

中国农业出版社出版
（北京市朝阳区农展馆北路 2 号）
（邮政编码 100125）
责任编辑 闫保荣

---

北京中科印刷有限公司印刷 新华书店北京发行所发行
2014 年 1 月第 1 版 2014 年 1 月北京第 1 次印刷

---

开本：880mm×1230mm 1/32 印张：8.125
字数：230 千字
定价：28.00 元

# 致　　谢

本书的研究和出版得到了教育部人文社会科学研究青年项目《林权改革推进中农户林业合作经营行为研究——以江西为例》（项目编号：10YJC790124）的资助，在此，表示衷心的感谢！

# 序

《农户林业合作经营行为研究——以江西为例》一书，是冷小黑博士在其博士论文基础上完成的，是冷小黑博士这几年对我国集体林权制度改革中关于农户合作经营问题潜心研究、艰苦探索所取得的重要成果。

当前农户与其他经营主体的林业合作经营，其实质是在集体林权制度改革背景下的林业经营模式的创新。集体林权制度改革后，林业生产经营形势发生了很大的变化，呈现出林权结构分散化、经营主体多元化、经营形式多样化的特征。林业分散经营的现状和提高林业生产效益的要求需要已成为林业经营决策主体的农户在林业经营中进行合作，林业合作化经营和规模化经营已成为林业发展的重要途径。社会各界也利用各自的资源积极参与林业的建设和发展，促进了地方经济和林农增收。在这一新的形势下，如何引导、激励和规范农户林业经营中的合作行为和保障农户的利益成为社会各界关注的重要问题。冷小黑博士的著作《农户林业合作经营行为研究——以江西为例》将当前我国林业发展中的“农户林业合作经营行为”作为本书的研究对象，揭示农户林业合作经营行为的内在机理，探索林业经营中的经济规律，其选题不仅具有重要的理论价值，同时具有很强的现实指导意义。

在《农户林业合作经营行为研究——以江西为例》一书中，作者在界定“林业合作经营”和梳理相关研究成果基础上，以江西省农户调查样本数据资料为依据，对农户林业合作经营决策行为及其影响因素进行了系统的理论与实证研究，以揭示农户林业合作经营行为的内在机理。作者在研究过程中，将分散农户纳入到一个具有内在联系的统一框架下——农户林业合作经营行为，研究了农户林业合作经营的决策行为过程，按照“农户为什么要合作→怎样合作（是否愿意合作→选择什么合作伙伴→选择什么合作方式）及其影响因素→提出有效引导农户林业合作经营的对策建议”这个总体思路展开了农户决策行为过程的系统研究，每一个具体部分的展开研究，既有建立农户林业合作行为理论分析框架和具体深入的理论分析，又有基于调查样本数据资料所开展的统计与计量分析，这是本书对农户合作行为研究所体现的最大特色。本论著结构设计合理，研究思路很清晰，分析较严谨，资料较翔实，论证较充分，反映了作者具有较扎实的理论基础和较强的科学研究能力。希望将出版的《农户林业合作经营行为研究——以江西为例》一书，能成为从事林业经济、农林合作经济问题研究人员的有价值的参考文献，也有助于深化林业合作经营模式的研究，从而服务于林业发展。

当然，建立符合中国特色的林业合作发展模式是中国林业建设的一项艰巨历史任务，需要政府与学术界、管理者和实践者在理论和实践上进行不断探索。冷小黑博士的专著对农户林业合作经营行为的研究只是所作出的初步而有益的探索之一。衷心希望作者在已有研究基础上对农户合作经营领域有待解决问题持续性深入研究下去，能在农林经济领域的研究结出更为丰硕的成果，为服务“三农”贡献一份力量。

上海财经大学财经研究所　曹建华

2013 年 8 月于上海财经大学

# 摘　　要

集体林权制度改革后，林业生产经营形势发生了很大的变化，呈现出林权结构分散化、经营主体多元化、经营形式多样化的特征。林业分散经营的现状和提高林业生产效益的要求成为林业经营决策主体的农户在林业经营中进行合作的驱动因素，农户林业合作经营行为是对现行集体林权制度改革政策实施的反映。对农户在林业经营中的纵向选择问题的研究，构建农户林业合作经营行为决策过程及其影响因素的理论框架和实证模型，进而揭示农户林业合作经营的行为机理，提出激励农户林业合作经营的政策建议，这对于农户合作行为理论、农业产业化理论的发展有重要理论价值，也为进一步引导、激励和规范农户林业经营中合作行为和保障农户的合作利益有现实的实践参考价值。

本研究通过文献研究、问卷调查和统计分析的方法，以江西省样本农户的入户调查数据为依托，运用描述性统计和Logistic计量模型，研究了农户林业合作经营决策行为及其影响因素。在建立农户林业合作行为分析模型的基础上，按照“农户为什么要合作→怎样合作（是否愿意合作→选择什么合作伙伴→选择什么合作方式）及其影响因素→提出有效引导农户林业合作经营的对策建议”这个总体思路来展开研究。

从农户需要出发，运用相关理论分析和利用江西省农户调查数据实证研究农户林业合作经营行为产生的内在动因和外部动因，以及这些动因在林业合作经营中的重要程度及其差异。

认为农户林业合作经营的动因主要来源于两大方面：一是来自于农户对林业效益的追求和对林业资源要素与服务需求的内在驱动因素，二是来自于外部需求和产业发展所带来的推动合作的外在因素，即来自于国家和社会对生态建设与林业产业发展的双重要求，来自于政府政策扶持与林业产业化组织良好发展的推动。

依托江西农户入户调查数据，针对林业合作经营中农户合作意愿、合作伙伴选择、合作方式选择决策的三阶段，先进行单因素的描述统计分析，然后采用二项或多项 Logistic 计量模型对影响因素进行显著性检验，揭示农户林业合作经营行为的内在机理。计量模型实证结果表明，户主受教育程度、林业收入在家庭收入的重要程度、林业经营资金筹集难度、林产品销售难度、户主对林业经营风险评价、户主对林业政策稳定性的评价、当地是否有鼓励林业合作经营的政策、同村村民参与林业合作经营比例、林地经营规模、林产品类型等因素对农户林业合作经营意愿呈不同程度的显著影响；户主受教育程度、林业收入在家庭收入重要程度、当地发育程度领先的伙伴评价、林地经营规模、林产品类型等对农户林业合作伙伴选择呈不同程度的显著影响；劳动力人数、林产品销售难度、合作伙伴类型、林地经营规模、对林地立地条件的评价、林产品类型等对农户林业合作方式选择呈不同程度的显著影响。

基于研究结论，提出如下政策建议：①农户林业合作经营模式应符合地方实情；②创新林业合作经营模式，鼓励林农发展家庭合作林场和股份林场，大力推广“企业＋合作组织＋基地＋林农”合作模式；③稳定林业政策，林业合作中充分尊重农户意愿；④提高农户技术与市场两大能力，培育新型林农；⑤加大力度培育好大户、林农合作组织、林业龙头企业三大新型林业经营主体；⑥建立林农增收长效机制；⑦建立林产品价格调控机制；⑧构建和完善合作利益保障、部门之间协调两个合作保障机制；⑨强化投融资服务平台、林业科技服务平台、林业保险服务平台、林权交易服务平台、林业公共服务等五个林业服务平台的建设。

关键词：农户；林业合作经营行为；集体林权制度改革；Logistic 模型

# Abstract

The reform of collective forest right system makes the management situation of forestry production having undergone great changes, showing a characteristic of decentralization of forest property right structure, diversification of main business, diversification of management form. The status of forestry decentralized management and the requirement of improving the forestry production benefit need farmers' cooperation in forestry management, who became the main forest management decisioner. Farmers' forestry cooperative behavior is a reflection of the implementation of reform policies of the current collective forest right system. These, that researching on farmers' vertical selection in forestry management, constructing the theoretical framework and empirical model of farmers' decision-making process and the influencing factors in forestry cooperative behavior, revealing farmers' behavior mechanism in forestry cooperative management, raising the policy on how to drive farmers' vertical cooperation in forestry management, have not only the important theory value for the development of farmers' cooperative behavior theory and the agricultural industrialization theory, but also the practical reference value of guiding, motivating and restricting the cooperative behavior of farmers' forestry management, and ensuring their cooperation benefit .

Through the methods of literature research, questionnaire

survey and statistics analysis, Based on the sample farmers' survey data in Jiangxi Province, this study uses descriptive statistics, binomial logidtic and multiterm logistic econometric models, research on the behavior and its influencing factors of the farmers' forestry cooperation by theoretical and empirical research methods. Based on the analysis model of farmers' forestry cooperative behavior, this study is in accordance with "Why to cooperate→How to cooperate (Is willing to cooperate→Choose what partner→Choose what cooperation mode) and the influence factors→put forward effective countermeasures".

From farmers' needs, this study analyses theoretically and empirically the internal motivation and external motivation of farmers' forestry cooperative behavior based on the survey data of farmers in Jiangxi Province, and the important degree and the difference of these motivations. This part of the study points out that the motivation of farming households' forestry cooperative management come mainly from two aspects: One is the internal driving factors from the farmers' pursuit of the forestry benefit and the demand of forestry resources and service; The other is external factors of external demand and industrial development to promote cooperation, That comes from the national and social requirements on ecological construction and forestry industry development, from the promoting by the government policy support and good development of forestry industrialization organization. These econometric models' empirical results show that farming households' forestry cooperative management willingness is of positive with factors including householders' education level, forestry income's important level in family income, raising difficulty level of forest management funds, householders' risk assessment of forestry management, householders' evaluation of forestry policy stability, whether the encouraging policy of forestry cooperation management, villagers' participation ratio of forestry cooperation management, forest management scale, forest product type and so on. The farming households' forestry partner selection has significant correlation with householders' education level, forestry income's important level in family income, the evaluation of the partners development degree, forest management scale, forest product type. The farming households' forestry cooperation mode selection is affected by some factors such as labor force, forest products' sale difficulty level, partner type, forest management scale, evaluation of forest site conditions, forest product type.

Relying on the survey data of the farmers in Jiangxi Province, using descriptive statistical analysis and logistic model's econometric analysis, this study empirically researches on farmers' willingness to cooperate, the partner selection, the cooperation way selection and their influencing factors in the forestry cooperative management, reveals the inherent mechanism and the rules of farmers' cooperative behavior.

Based on the research conclusion, it puts forward the countermeasures and Suggestions: ① The mode of farmers' forestry cooperative management should be consistent with the local situation; ②To innovate the model of forestry cooperative management, to encourage farmers developing cooperative family farm and Stock farm, to promote vigorously the cooperative mode of "company + cooperation organization + base + farmers"; ③To stable the forestry policy, to respect fully the willingness of farmers in forestry cooperation; ④To improve the two skills of the farmers' technology and market, to cultivate the new type forestry farmers; ⑤ Intensify efforts to cultivate the three new main forestry management bodies: Large forestry family, forestry cooperation organization, leading forestry enterprise; ⑥ To establish long-term mechanism for farmers; ⑦To establish forest product price regulation mechanism; ⑧ To establish and perfect two cooperative security mechanism: the cooperation benefit safeguard mechanism and the coordination mechanism between departments; ⑨To strengthen the construction of the five forestry service platform: Investment and financing service platform, forestry science and technology service platform, forestry insurance service platform, forestry public service platform.

**Key words: Farmers; Forestry Cooperative Behavior; Reform of Collective Forest Right System; Logistic Model**

# 目　　录

# 1 导言

## 1.1 选题背景与研究意义

### 1.1.1 选题背景

**(1) 农户：农户行为研究是当前一个重要的微观研究领域**

对农户行为的研究，一直以来都是诸多学者研究的话题，早期的如亚当·斯密、卡尔·马克思、列宁等。在1964年舒尔茨《改造传统农业》著作的影响下，学术界对农户行为的研究更为活跃。对农户行为的研究，以农户是否具有理性为争论，产生了三大主要学派，以美国经济学家舒尔茨为代表的理性小农学派，以俄国经济学家哈亚诺夫为代表的组织生产学派，以历史学家黄宗智为代表的历史学派。自20世纪60年代以来，经济学家们认为农业对国家的经济发展极为关键，农户的行为并不与现代化相冲突，也会追求其最大化效用[1]。在此思想指导下，农民及农业问题越来越受到经济学家的重视，在各种经济政策和体制下的农户行为的研究是一个重要的动向。

作为一个以农民为最大社会群体的发展中国家，中国的农民以及与其相关联的农业、农村问题关系到国家的发展与兴旺，解决好中国“三农”根本问题，国家和社会能更稳定、和谐的发展。党的十一届三中全会重新塑造了农村微观经济活动的主体，农业经营的主体已转向了具有土地使用权、经营自主权的农户家庭。而“三农”问题在党的十六届三中全会以后备受关注，自2004年开始党和政府连续多年的中央1号文件都以“三农”问题为主题，各项“支农”、“惠农”的政策，更使农村经济活动主体呈现多元化，主体的行为选择多样化，而农户也广泛参与“支农”、“惠农”的政策进程[2]。随着“支农”、“惠农”、“强农”政策的实施，农户行为研究成为了一个重要的微观研究领域。

**(2)林业：集体林权制度改革是当前林业发展的重大举措**

实现林业的可持续发展对于森林资源和生态环境保护，国家经济建设，农业产业结构优化，农村经济社会发展，农民收入增长等具有十分重要的意义。为了更好地统筹生态与经济的关系，国家自1998年以来陆续启动了六大林业重点工程。2003年6月，中央要求进一步完善林业产权制度。之后，福建、江西等地区开始探索的集体林权制度改革，进一步促进了我国林业的可持续发展。2006—2010年的5个中央1号文件对我国林业的发展与改革提出了新的要求。2006年中央1号文件的“统筹推进农村其他改革”大项中提出“加快集体林权制度改革，促进林业健康发展”。2007年中央1号文件的“统筹推进农村其他改革”大项中提出“加快推进农村集体林权制度改革”。2008年的中央1号文件对林业工作的高度关注，为实现林业的可持续发展提供了政策保障，将“全面推进集体林权制度改革”放在了突出地位。2008年7月颁布了《关于全面推进集体林权制度改革的意见》后，2009年和2010年两个中央1号文件再次将“全面推进集体林权制度改革”、“积极推进林业改革”放在了突出地位。

集体林权制度的改革，使得林业发展活力迅速迸发，广大林农拥有了林地使用权、经营自主权、林木收益权和处置权，社会各界也积极参与到林业的建设与发展之中。农户对林业经营的具体参与，不仅能促进林农增收，还可以通过林农经营好林地获得林业恢复性增长，直接影响到生态工程建设和集体林权制度改革的顺利开展。了解农户林业经营的行为，最大限度地发展林业生产，挖掘林业潜力，有助于生态工程建设和集体林权制度改革的顺利实施，有助于保障农户利益。

**(3)合作：农户林业合作经营成为林业发展中的关注点**

新一轮集体林权制度改革“确权”工作完成后，农户已成为林业经营决策主体，但林业分散经营问题已凸显出来。针对集体林权制度改革推进中出现的小规模林业经营困境，依托中央和地方各级政府的鼓励和扶持，在林业经营中农户逐渐参与了“企业+农户”、

“林业企业+林业合作组织+农户”以及股份合作林场等经营合作，成为我国集体林改制度改革不断推进下不可或缺的现象。例如，江西油茶产业发展中出现了企业与农户合作，建立油茶基地，农户成立林业专业合作组织以提高组织化程度来参与基地的建设；福建顺昌县引导林农将集体林权制度改革后已确权到户的小片、分散林地以股份投入的形式开展股份合作经营；福建三明市引导和鼓励林农走联合经营的路子，因地制宜选择合作模式，如实行家庭合作林场或实行股份合作制林场等模式。农户林业经营不仅会实现农户之间建立林业合作经济组织的横向合作，也出现农户与集体、与企业等之间进行的纵向合作；在合作方式上，有合同（契约）型、合作制型、股份合作制型或其他样的方式。农户林业合作经营成为林业发展中的关注点。

**(4) 有待进一步研究的问题**

集体林权制度改革后，分山到户使得农户和其他社会资本和林业经营主体共同参与到我国的林业建设之中，林业生产经营形势发生了很大的变化，呈现出林权结构分散化、经营主体多元化、经营形式多样化的特征①。为提高林业经营效率，保障林农增收，提升集体森林生态系统功能，促进林业可持续发展，如何根据新形势下的林业特点与规律，鼓励和指导林农开展林业合作经营，创新林业经营方式，探索具有地方特色的有效林业合作经营模式成为政府、学术界、林业经营的管理者与实践者共同关注的课题。从农户林业合作经营行为的视角，以下问题值得我们深入思考：

农户与其他林业经营主体的合作行为的行为机理如何？刺激农户参与林业合作经营的因素（动因）是什么？影响农户林业合作经营意愿的因素有哪些，政府如何促进？农户将怎样与其他林业经营主体开展合作？农户更愿意选择与谁合作，影响选择的因素有哪些？农户更愿意选择的林业合作经营方式是什么，影响选择的因素

① 对江西省集体林权制度改革的调研报告. http://www.hebly.gov.cn，2007-06-14.

有哪些？不同林产品类型、不同规模农户在上述选择中存在怎样的差异?如何化解合作经营中的不利因素，政府如何优化扶持政策？

### 1.1.2 研究意义

对上述问题的探讨，研究集体林权制度改革中推进农户林业合作经营行为具有重要的理论意义和现实指导意义，主要表现在：

**(1) 理论意义**

通过构建农户林业合作经营行为分析框架，对农户林业合作经营的动因、意愿选择、合作伙伴选择、合作方式选择等的实证研究，揭示农户在林业合作经营与选择中的经济现象和规律，揭示农户林业合作经营行为的内在机理。对农户林业合作经营行为理论的研究，对于林权制度改革理论、农户合作行为理论、农业产业化理论的发展也有重要的理论价值。

**(2) 现实意义**

在集体林权制度改革不断推进和配套改革实施中，本研究可能在以下几个方面产生一些影响：①政府关于后集体林权制度改革时期的林业政策设计；②促进林业生态建设、集体林权制度改革的深化和林业跨越式可持续发展，构建和谐林业；③扩大农户林业参与、提高农民（林业）收入、保障林农利益，以巩固集体林权制度改革成果；④进一步引导、激励和规范农户林业经营中合作伙伴选择、合作方式选择行为，确保农户保持积极的营林行为。

## 1.2 国内外研究现状与述评

考虑到农业经营包含林业经营，农户农业合作经营的研究成果对农户林业合作经营的研究具有很好的参考价值。《中国集体林产权制度改革主要政策问题研究》课题组[3]对国内外林业合作经营的研究现状做了较全面的综述，此处借鉴其成果，结合农户农业合作经营和林业合作经营的研究成果，对国外研究现状进行综述。

### 1.2.1 国内外研究现状

#### 1.2.1.1 小规模林业发展的特点与合作经营趋势

**(1) 小规模林业经营效率低下**

Bromley 认为理论上讲私人产权的安排能够提高林业的效率，然而在很多情况下私人产权所有权结构会与林业的可持续经营相冲突，这一产权形式将使得私人产权林业经营者只关心其经济利益目标而对林业中的公共物品和无价格产品的供应问题不予充分考虑，忽视林业资源的生态利用。从另一角度，私人经营者投资林业时会充分考虑林业投资的回报期长和自然风险大等特点，投资谨慎而缺乏积极性，造成森林资源的过度利用和投资不足的倾向，带来了私人产权林业经营的效率低下[4]。

中东欧国家在 20 世纪 90 年代转型时期森林所有权形式处于变化之中，其特点是林地开始了归还给原主和私有化的进程，形成了公共森林数量的逐渐减少和私有森林数量的逐渐增加。中东欧国家私有林业主拥有林地所有权，林地细碎化较严重，有近 35%的私有林业主林地面积均小于 5 公顷。不同国家私有林地细碎化程度差异较大，斯洛伐克有约 60%的私有林业主林地面积大于 100 公顷，而在捷克约 80%的为小型林业主，罗马尼亚和波兰小型林业主几乎占到 100%[5]。IUCN（世界自然保护联盟）依据林地规模及林业主对林地的依赖，将中东欧地区私有林业主分为三类。第一类是拥有大规模林地，以市场为导向的林业主，追求的是林地利益的最大化；第二类是林地规模小，林业为非主要产业，为满足家庭生活需要，特别是对柴薪的需求的林业主；第三类是居住于城市而较少接触林业，疏于林业生产和管理，但可以通过砍伐森林得到林业收益的林业主[6]。在林地细碎化和林农/林业主对林业生产和管理的不同态度下，小规模林业的发展面临着重重困难，如果缺少政府政策的引导与扶持，小规模私有林地联合经营面临各种挑战[4]。

**(2) 林业主合作经营是林业发达国家林业发展的趋势**

世界各林业发达国家和地区都有其特色的林业合作经济组织，

这些组织是林业经营的重要主体，促进了林业主的联合经营，如日本的森林组合、美国的标准化林场、欧洲的森林林主协会等。小型林业主的合作经营基于生态系统的管理方式，是实现森林经营的生态效应和经济效应的一种途径。林业主在空间和时间上对林地的合作管理，实施了集中管理决策，完善了林农/林场主周围自然、经济与文化的资源[4,7,8]。

①合作经营受法律保障，参与率高。由于林业发达国家相关法律的健全，确保了林业主合作经营的法律基础，林业主合作经营上有了法律保障。在芬兰，小型林业主的合作将依据相关法律进行，林业主合作经营的参与率达到75%[9]。在瑞典，合作组织吸引了约50%的林业主[10]。在日本，大约66%的林业主带动75%的林地加入了合作组织。在德国巴伐利亚州，有24%的林业主带动68%的林地加入了林业合作组织[11]。

②林业合作组织的经营范围延伸到林木制品的加工。Kittredge比较分析了欧洲、亚洲、澳洲等19个国家的林业主联合经营情况，共有超过拥有2830万公顷林地的360万名林业主，其中有数以百万公顷的林业主以各种形式参加了合作协会或参与了某种形式的合作。这些合作体现出来的特点有：首先，合作的内容并不只限于信息和教育；其次，合作的行为使得数以百万立方米的林木制品进入市场[12]。在他的另一项研究中，Kittredge认为，林业合作组织由于某些方面的需要如巩固和控制林地林木资源，将实现合作组织之间的联合，形成更大型的组织，如一些基于金融或市场形成的组织会吸纳当地小型组织加盟。并且这些组织除了在圆木销售获益外，也将其功能扩展到工业领域。如在瑞士，曾有几十个林业合作经济组织，但是经过组织之间的加盟联合后，目前只剩下5个大型组织，其中最大的合作组织拥有自己的林业工业——世界最大产能之一的纸浆厂。此外，很多北欧国家和日本的林业合作经济组织也将其功能扩展到工业领域，拥有自己的锯木厂，形成了大型的产能[10]。

#### 1.2.1.2 农户林业合作经营的动因

**(1) 节约交易费用的需要**

Frank 认为农户参与食品工业产业的纵向协作的主要原因是节约交易费用[13]。Hobbs 也通过对食品链纵向协作的研究认为节约交易费用是促成农户参与纵向协作的主要原因[14]。农户单独进入市场进行交易，筹划、执行和监督等市场交易的费用都很高昂[15]，主动参与到农业产业化的经营，与其他农业经营主体合作能为农户降低交易费用[16]。

**(2) 消除林业经营要素缺乏障碍、提升市场竞争力的需要**

众多学者认为农户为适应市场竞争的需要而自发走向合作，农户的合作行为是农户在市场经济条件下的必然选择。农户进行林业合作经营是为了有效地消除小农户与大市场之间的矛盾、林地细碎化与规模经营之间的矛盾，解决林业生产经营中的基础设施、技术、资金、销售、劳动力资源、信息、规模经营、管理等问题，解决弱势产业的发展问题和增加农户农林业经营收入的重要途径[17~19]。

反观农业领域，Moore 认为农户实施合作经营可以帮助小农户消除新技术缺乏的障碍，合作可以获得农业经营的新技术，提高技术利用的效率，从而提高农产品的质量和产量，并增强农户进入市场的能力，提升市场竞争力[20]。Doy 等认为由于消费市场需求变化快，农户对农产品的市场信息缺乏掌握，驾驭市场的能力弱，农户与市场的脱节导致农户可能盲目生产，生产的农产品无法满足消费者的需要。农户与其他农业经营主体的合作就能为自己获取必要的市场信息[21]。Barkema 认为农户与其他主体的合作能使自己根据从合作伙伴处所获得的市场信息调整生产决策，适应市场变化，保障农产品的销售[22]。Boehlje 和 Schrader 认为分散的小规模农户在农产品的保鲜上存在技术和能力障碍，为了保障农产品的及时销售，增强市场竞争力，需要与其他主体实施纵向协调[23]。

#### 1.2.1.3 林业主不参与合作经营的原因

在那些林业主合作经营已经实践几十年并取得成功的国家里，

林业合作组织也没有能够吸引全部的林业主，在解决小规模林业效率和效益问题上，有时候林地的合作经营并不能达到万能的效果。很明显，小型林业合作经营的效率与效益、林业主对林业的情感与态度等各种因素将影响林业主是否采取合作的林业经营方案。Finley认为，由于部分林业主更加关心生活中的其他所需，没有时间或者精力经营其所有的林地，表现为对其林地的关心一般甚至于冷漠[24]。Kittredge认为，在某些情况下，可能由于私人手中的林地数量相对较小（例如希腊），政府和个人都缺乏对林业合作经营的激励，也有可能是信息的缺少、语言障碍或者其他，需要深入研究。Kittredge分析了那些没有参与合作的林业主不参与合作的原因，归纳为以下几点：总体上他们对自己所拥有的森林不感兴趣；这些不合作的林业主对他们拥有的森林的经济价值不感兴趣；对组织或当地合作机构领导人有个人偏见，或者不信任；相信自己经营可以更好的管理自己的林地，取得更多的收益；不参与合作也可以“免费搭便车”，间接获得合作能得到的利益；林业主目前缺乏可采伐森林资源，没有参与合作的市场动机；通过其他不同的方式已经实现了林业主的需要与利益；“参与收益”低于“参与成本”[12]。

#### 1.2.1.4　农户林业合作经营意愿/行为的相关研究

王登举等认为影响农户对林业合作组织的参与意愿选择的因素主要有林业合作组织的规模与实力、经济效益、与林农的利益联结方式等[17]。黄和亮等通过实证研究，寻找农户参与林业合作经济组织的影响因素，研究显示，农户家庭基本特征、地方林业政策导向、就业替代水平、其他产业发展对农户收入替代等因素影响农户参加林农合作经济组织[25]。李华等的实证研究结果表明，影响农户参与林业合作经济组织的重要因素主要有户主年龄、是否了解林业和经济组织、家庭劳动力中从事林业的人数、是否富裕户等[26]。王桂涛等的分析认为，影响农户参与林业合作经济组织的主要因素有户主的文化水平、林地规模、合作组织的作用、合作组织存在的问题等[27]。黄森慰和张春霞认为林业经营者的合作参与意愿是决定小规模林业经营效率的首要因素，他们通过二元 Logistic 回归模型，分析了林业经营者合作经营意愿的影响因素，林地地块数量、林地地块的规模、林地坡度、林种数量等是显著性影响因素[28]。孙翠和翟印礼的研究结果表明，文化程度、家庭林业生产人数、林产品销售价格、林地面积、政府是否配合建立合作社、自筹经营资金比重、所在村贫富差距以及林农参加技术培训次数等变量对林农参与林业专业合作社的行为具有不同程度和不同方向的影响[29]。贺梅英和庄丽娟对广东省荔枝主产区的问卷调查数据进行二元Probit回归分析，研究表明农户对专业合作社需求的显著影响因素主要有文化程度、收入比例、销售范围、地方经济发达程度等[30]。左停等通过案例分析，研究认为农户加入林业专业合作组织的影响因素主要有受教育程度、兼业化程度、农户认知程度、合作社效益、合作社社会化网络化程度等[31]。戴芳等以尚未进入林业合作组织的林农为研究对象，通过大户与小户的分类，比较研究大户小户林农间的合作意愿及其影响因素，具有显著性的影响因素有人均纯收入、劳动力数量比重、非农收入比重、林地数量、林业收入比重、经营林种类型、经营时间和被盗情况等，但各因素对大户和小户的合作意愿产生影响的作用机理有所不同，要么影响方向正好相异，要么影响程度存在较大差异[32]。

而从农业领域的视角，对农户农业合作经营行为/意愿及其影响因素研究成果颇丰。综合起来看，主要有：

①收益的影响。Howard认为，农户决定是否加入合作社最重要的影响因素就是加入合作社是否会给他带来收益的增加，每一个农民是否加入合作社取决于成员的交易成本是否低于非成员的交易成本。此外，农户加入合作社还受到农户自身的属性以及合作社发展前景等的影响[33]。曾燕舞、郭红东认为，是否参加农民专业合作社对于普通农民来说主要取决于其在加入合作社后所能得到的预期利益[34]。

②农户自身特征和家庭特征的影响。Key等认为受教育程度负向影响农户参与合同农业的意愿，受教育程度越低的农户更愿意参与合同农业[35]。L Gadzikwa和M C Lyne认为农户加入农业合作

社受到农户户主年龄、家庭收入、加入合作社的机会成本等农户与家庭特征的显著影响[36]。张广胜等[37]、卢向虎等[38]、姜太碧等[39]、卞琦娟等[40]等对农户加入农民专业合作组织/合作社的影响因素进行了研究，不同程度的认为农户的个体特征如性别、年龄、受教育程度以及农户的家庭特征如家庭收入状况、家庭劳动力人数等对农户加入合作组织/合作社有显著影响。

③政策、经济环境的影响。政府政策的支持对农户参与农业的合作经营、参与合同农业有积极的影响，有政策支持的地区农户的合作可能性更高[41,42]。政策法律环境影响了农民专业合作社的创建和发展[43]，2007年我国《农民专业合作社法》的出台，赋予了农民专业合作社作为市场主体的法律地位，其组织行为也得到规范和法律保障[46,47]。而市场的不确定性增加了农户的经营风险，不确定性越大，农户所承受的风险越大，为降低风险，农户会更倾向于选择参与合同农业，参与意愿越强[13,14]。

④农户农业生产特征的影响。从技术的角度，Gerichhausen M等认为农业合作社能够使加入的农民更快地利用新技术，提高农户收入[46]；Ogunsumi等认为农户加入农民专业合作社，可以帮助提高农户在技术、资本、土地等生产要素上提高投入效率[47]；赵慧峰[48]、邓桂梅等[49]认为农业技术人才缺乏、新技术出现、农业科技推广力度影响农户加入农业合作社，影响合作社的发展。

国外的研究表明，农户离农产品销售市场的距离[50]、农村基础设施的完善程度[51]、社会经济发展、技术水平和管理制度[14]、生产经营规模大小[13,38]、专用性资产的投入[13,14,52]、生产集中度程度[13]、生产经验[51]等对农户加入合同农业参与农业纵向协调的意愿有影响。

国内对农户参与农民专业合作组织/合作社影响因素的研究表明，土地经营规模水平、农户兼业程度、专用资产投入、商品生产率、产品市场价格波动、农产品销售市场半径等影响了农户参与农民专业合作组织的意愿[39,48,53]。

⑤农产品类型特征的影响。卢向虎等[38]、张红云[53]认为农产

品类型的不同影响了农户参与农民专业合作社的意愿。由于不同农产品的耐腐性差异，不同类型农户参与合同农业的意愿存在差异，粮作农户参与合同农业的意愿相对较小，而蔬菜、茶叶、家畜与家禽生产农户参与合同农业的意愿会更高[14,41]。

在研究方法运用上，在农户农林业合作经营的研究方面，更多的是从理论分析、案例分析等角度的研究。从国内文献看，在对农户林业合作经营意愿/行为的影响因素的研究，从计量研究方法运用的角度，主要有 Logistic 模型[27～29,37,39]和 Probit 模型[26,30,38,53]。

#### 1.2.1.5 农户林业合作经营伙伴选择的相关研究

农户林业合作经营中的伙伴主要有其他农户、林业合作经济组织、村集体、企业等，目前对农户林业合作经营中合作伙伴选择研究较少，涉及的伙伴选择主要有林业合作组织和企业。

**(1) 关于林农参与林业合作经济组织的类型选择研究**

从政府与市场对合作社的影响方面，吴守蓉等将林农专业合作社分为政府推动型和市场主导型，提出在现有发展环境下应鼓励发展政府推动型的林农专业合作社[54]。黄和亮等研究认为，对于股份合作林场、农户联户经营、村民小组联户经营等三种形式的林业合作经济组织，农户具有明显的偏好差异，更倾向于选择联户经营[25]。孔祥智等根据林业合作经济组织的创办者身份，将林农合作经济组织分为农村能人领办型、广义政府机构组织型、龙头企业带动型三种。并指出当合作的收益小于成本时，自发性的林业合作经济组织很难出现，但如果这种合作能实现政府的政策目标，具有正外部性时，政府将会牵头成立相关的林业合作经济组织[55]。

**(2) 关于我国农户与林业企业合作的研究**

唐步龙和刘爱军通过案例，研究林业产业化中“公司＋农户”模式存在着的制度缺陷，指出制度缺陷表现在机会主义、敲竹杠行为、合约的不完全性以及风险分摊机制的缺乏等方面。制度缺陷的存在使得违约的收益高于违约的成本，从而导致大量违约现象产生[56]。裴安道和李艳认为，林改前，由于林地使用权与处置权的缺失，农户往往对林地获得利益的取得关心程度较低，因此林业企业可以更容易的通过村集体以租赁承包等方式获得林地，土地也容易在企业的统一管理下做到连片集约化经营。林改后，林业企业想要控制上游资源成本，将农户分散经营的林地统一经营，规模化管理，就必须与农户进行紧密的合作，农户也将参与到林地的管理，关注林地的收益。企业林业基地建设中比较适宜的造林模式主要有订单林业、整体收购、委托合作造林、公司＋农户，企业与农户建立利益共同体，激发农户经营林地的积极性，达到双赢的效果[57]。

反观农业经营中农户纵向协作伙伴选择及其影响因素的研究，Boger 运用交易费用理论通过对生猪产业中纵向协作伙伴选择问题的实证研究表明，养殖户规模的大小将影响其选择倾向，规模越大越倾向于选择加工企业，反之倾向于选择中间商[52]。郭红东通过农业产业化中农户的纵向协作合作伙伴选择影响因素研究表明，与合作伙伴合作可得的收益影响其合作选择，若与企业合作参与订单农业的收益高，则会选择与企业直接合作，否则，更倾向于通过中介组织参与订单农业[58]。郭锦墉等通过对农产品营销环节中的农户合作伙伴选择研究表明，生产经营规模、价格波动、销售难度、生产集中度、距离市场远近、农产品类型等对农户的不同合作伙伴的选择上有着不同程度和不同方向的影响[59]。

在关于合作伙伴选择研究的研究方法上，目前在农业合作经营领域从计量研究方法的角度研究的成果不多，有郭锦墉等[59]运用多元名义 Logit 模型研究农产品营销环节农户合作伙伴的选择影响因素。在企业合作伙伴选择的研究中，研究方法主要有灰色评价法[60～62]、模糊评价法[63,64]、层次分析法[65,66]；神经网络方法[67,68]、遗传算法[69～71]。

**1.2.1.6 农户林业合作经营方式选择的相关研究**

集体林权制度改革以明确产权为基础，赋予了农户选择具体经营方式的自主权。集体林权制度改革推进中，多元化的组织形式和制度安排成为农户与市场对接的需要，目前在南方集体林区的林业经营方式主要有家庭经营模式、合作林场和现代股份制合作经营模式等形式，这些经营形式均具有其制度安排的合理性、适应性和效益性[72]。黄丽萍等从合作组织内部契约的性质，将林业经济合作组织分为以要素契约为主、以商品契约为主和典型的商品契约三类，由于多种因素影响契约的效率，农户在选取组织形式时应根据自身的需求，寻求适合的利益联结方式[73]。孔祥智等研究表明，林地的规模大小将影响农户选择适合的组织形式，小农户由于对以劳动力为主的生产要素的合作需求，更倾向于以合作形式成立合作林场；而大农户由于更需要资金、管理和社会资本，将倾向于成立股份制的合作组织[55]。

而对农业产业化中农户合作方式选择的研究，Boger 的实证研究表明，规模越大的生猪养殖户更倾向于签订书面合同，反之则更倾向于签订口头协议[52]。Goodhue 等认为种植规模和生产历史等影响葡萄园农场主对合作方式的选择，规模小、生产历史短的农场主更愿意选择口头合约，反之，规模大、生产历史长的农场主更愿意选择书面合约[74]。Eaton 的研究认为农产品类型影响农户对合同形式的选择[42]。郭锦墉等研究认为农产品合作营销中户主文化程度、风险态度、经营规模、专用设施投入、销售难度、农产品价格波动、距离市场远近、农产品类型、政策支持等多种因素影响农户合同形式的选择[75]。郭红东的研究认为合作伙伴对合作方式存在影响，和企业合作更倾向于书面合约而与其他中介合作时倾向于选择口头合约，另外，农产品类型一定程度上影响合同方式的选择[76]。

在研究方法运用上，郭锦墉等[75]运用了二元 Logit 模型研究了农产品合作营销中农户对合作方式的选择影响因素，郭红东[76]的研究只是采用了描述统计的方法分析了农户合作方式的选择及其差异。

#### 1.2.1.7 林业合作经营的绩效及其影响因素的研究

合作并不一定能带来经济利益，但合作可以在野生动物栖息地、生物多样性利益、水质等方面获得社会利益和生态利益[77]。Michael 等则通过对林地管理效率与林地规模之间的相关性分析，认为林地地块的规模越大，管理效率也越高[78]。Corten 等研究显示，参与了林业联合经营的林业实体比那些尚未联合的林业实体得到了更高的经济收益，每公顷林地每年平均多出 100 美元[79]。Hoen 等以挪威为例，研究了私有林合作经营的成本支出与收益。结果表明，在同一地区生产同样数量的木材，通过合作的管理，降低了生产成本的 20%；通过对收益水平的对比，合作促进了林木制品的销售并使得收益水平增加了 8.1%。因而，Hoen 等研究认为合作管理下林业具有更大的管理规模，其管理效率和适应环境约束的能力更强，管理规模越大所产生的林业经营净现值越高[80]。

Finley 认为，林地所有者更关注林木产品收益而不是注重保护环境，在明确合作的目的后，头几年通过一些机构的支持成立合作组织，以渡过成长期间的困难，这需要积极维持与当地领导之间的关系，以及良好的沟通能力、决策能力、勇气和创造力[24]。Suda 等认为需要克服以下合作的阻力：经营的前景；林业主的个性；交流、信念与知识的差距；权利、政策或规则；环境保护；管理的经济利益；林业主的家庭结构；技术差别[81]。Gemmell 分析了苏格兰私人土地所有者合作情况，指出合作伙伴关系是一种附加责任（如分摊费用、任务、风险等）的、确定的、实施共同目标的手段，强调了沟通和信息在合作中的重要性，认为成功的合作要求所有者具有以下特征：决策能力、领导能力、组织能力、健全的思想、想象力和勇气[82]。

在农业专业合作社的经济绩效方面，Ferrier 和 Poter 通过对美国牛奶加工合作社的研究发现，合作社比非合作社企业在分配效率、技术效率和规模效率三个方面都要差，更需要得到政府的优惠待遇从而在市场上保持竞争力[83]。Hind 对 34 家农业合作社和 82 家非合作社企业经济绩效的研究得出，在负债比率指标和库存周转率上合作社要明显高于非合作社企业，而在资本增益、收益率、流动性和经营效率指标方面没有明显的区别[84]。

从农业专业合作社的社会影响角度，合作社在促进农村社会发展方面具有积极作用[85]，农业专业合作社在诸如解决就业、提高农民收入、解决环境管理、促进农村可持续发展等问题方面发挥了积极的影响[86]，同时在农村基础设施建设、商业发展等方面对地方经济发展具有促进作用[87]。

对于合作社绩效的影响因素，有研究认为社员对社长的信任程度、合作社人力资源状况和组织成员组成结构等影响合作社绩效[88]。合作社的治理机制也会影响合作社的绩效，合作社治理良好，其赢利能力以及成长能力会增强，合作社社员的满意度也会提高[89]。Egerstrom 运用波特的竞争优势理论分析认为合作社绩效受竞争者、供应者、购买者、产品替代者的影响外，还受政治、文化等环境的影响[90]。

### 1.2.2 当前研究述评

**（1）研究特点**

以上从农业和林业领域对农户的合作经营行为进行了综述，农业合作经营领域的研究成果可以为本研究提供更多的研究基础和研究参考。从林业合作经营的视角，国外的研究不仅关注农户/林场主林业合作经营的必要性，还对农户/林场主林业合作经营的效率和效益进行了贡献率分析，对不参加合作的原因进行了研究。从林业合作经营的视角，国内的研究笔者认为有以下三个特点：

第一，从研究对象上看，这些研究主要集中于林业经济合作组织。这和当前集体林权制度改革推进阶段是相适应的。林业合作组织的发展是我国集体林权制度改革开展后集体林区农户解决分散经营，形成合作经营的必然趋势。

第二，从研究区域上看，这些研究集中于集体林权制度改革首先进行的省份，从这些地方集体林权制度改革中出现的现象着手，为我国全面推进集体林权制度改革提供决策参考。

第三，从研究方法上看，当前的研究定量分析的较少，倾向于理论分析，案例分析。

**（2）研究不足**

第一，缺乏林业经营中农户与其他经营主体的合作研究。随着集体林权制度改革的不断推进，林业产业化组织的发展，农户在林业经营中与其他经营主体开始了更多的接触和合作，但相关的研究较少。缺乏农户林业合作经营的“怎样实施合作”的决策过程即意愿选择、伙伴选择、方式选择的研究，特别是从定量角度通过计量模型分析不同因素对农户的影响方向与影响程度的研究。

第二，目前学术界对农户的林业合作经营行为动因研究还鲜见，主要是从农户参与林业合作组织的角度，从宏观和定性的方法来研究农户合作的动因，缺乏农户在与其他林业经营主体合作中农户“为什么合作”的内在驱动的因素及其差异分析。

**(3) 启示**

从国外的理论与实践来看，当前我国林业分散经营的现状可以考虑采取合作化经营措施，改变小规模林业效率低的状况。在集体林权制度改革的背景下，我国的学术界和社会实践者都赞同林地的规模化经营，小规模林地的合作经营将成为一种必然趋势[36]，我国的林业发展应该探索符合国情的林业合作化经营途径。在已有研究的基础上，从农户合作行为决策过程的角度，构建一个农户林业合作经营行为分析模型，深入探讨集体林权制度改革推进中农户林业合作经营行为的行为机理很有必要。

## 1.3 相关概念的界定

**(1) 农户**

对“农户”这个词，立于不同的研究内容和研究领域，不同学者所下的定义也不同。史清华[91]通过对比分析“家庭”、“家”和“户”的内涵，指出“农户”内涵的三重含义：一是从职业的角度，与工业、商业等非农业户相区别，农户是以农业生产为主的户。二是从经济区位的角度，与城市或城镇户相区别，农户是居住在农区的户；三是从政治地位和身份的角度，农户政治地位相对低下，是不享受国家任何福利待遇的户。尤小文[92]认为，农户是农村社会经济生活中的一种经济组织，它主要是依靠家庭劳动力从事农业生产，以家庭契约关系为基础，家庭与农业生产相互作用，并且必须对生产剩余拥有控制权。洪民荣[93]则从另一个角度对农户进行了分类，依照从事农业的生产目标或经营取向，将农户归并为“商业倾向农户”和“自给倾向农户”两类，“商业倾向农户”是指农户的农业生产是以营利为目的，其生产的农产品大部分是在市场销售；“自给倾向农户”是指农户的农业生产多直接满足自身需要，以自己消费为目的，其生产的农产品基本不在市场销售。

鉴书本文的研究目的，本研究中所指的“农户”为：主要依靠家庭劳动力，具有以营利为目的从事农业生产经营活动的商业倾向农民家庭。本研究所指“农户”的内涵主要有：一是主要以家庭劳动力为人力资源；二是从事农业生产经营活动；三是所从事的农业生产经营是以营利为目的。

**（2）林业经营**

《现代汉语词典》将“林业”定义为“培育和保护森林以取得木材和其他林产品的生产事业”①。《简明林业词典》则将“林业”更详细的表述为：林业是培育和保护森林以取得木材和其他林产品，并利用林木的自然特性以发挥其防护作用的社会生产部门。包括造林、育林、护林、森林采伐和更新、木材及其他林产品采集和加工等②。

对于“林业”的定义这一问题，研究者因不同的研究角度和研究范围而存在不同的理解。有的将林业解释为：林业不仅是指森林的经营，还包括了林产品加工、分配、市场、林地资源与水资源的利用与保护，以及与林产品生产有关的自然、经济、社会、政治和文化等方面的因素[94]。也有从林业法的角度认为，那些被国家确定为林业行政主管部门职能所涉及的事项都是“林业”[95]。也有的认为林产品加工不属于林业生产，属于工业生产，林产品加工业不属于林业部门管理而应归属于工业部门管理[96]。

① 商务印书馆《现代汉语词典》，在线阅读，http：//lz. book118. com/readonline-457-456-61. aspx.

② 陈青法，方灵兰．简明林业词典［M］．兰州：甘肃人民出版社，1981：118.

这些提法从不同角度揭示了林业的涵义，从上述词典和学者对“林业”的解释看，“林业”的定义中已经包含了“经营”的内涵，如“造林、育林、护林、森林采伐和更新、木材及其他林产品的采集和加工”，“……利用与保护”。因此，本研究对“林业经营”的界定将参照词典和学者已有的论述，而从林业所涉及的范围看，本研究将林业经营区分为狭义和广义。狭义的林业经营是指种植和培育、保护和管理森林以及其他林产品的林业物质生产和销售；广义还包括木材运输和木材的初步加工。本研究以狭义的林业经营为主，即“林业经营”是“种植和培育、保护和管理森林、其他林产品的林业物质生产和销售”。本研究林业经营的林产品范围主要指用材林、毛竹林、经济林等。

**(3) 行为**

关于“行为”，不同的学科领域对“行为”的定义与理解有极大差异。哲学从思维的视角，认为人的行为是受其思想支配而表现的外在的活动，是思想的外化；生物学从生理解剖的视角，认为行为是可以观察到的肌肉和外分泌腺的活动；组织行为学从环境对人的影响的视角，认为人的行为是人和环境相互作用的产物和表现；心理学从心理反应的视角，认为人的行为是自身器官在外界刺激下所产生的反应；经济学从经济性的视角，认为人的行为是谋求经济结果的活动。

从行为经济学的角度，人的行为是指行为主体为实现某一目标而发生的全部活动的过程。人的行为是有目标性的，是为了满足自身的某些需要。社会的人处在一个多元化的社会，人的行为是一种复杂的现象，年龄、性别、生活经历、工作经验，以及所处社会的经济发展状况都会使得个体的人的行为出现很大的差异。而群体的行为是个体行为的集中表现，保存这个群体中的个体行为的共同性而过滤了差异性。行为由目标、行为模式和行为后果三部分组成，体现了行为三阶段的本质特征：动因性、过程性、结果性。其中行为的后果处于决定性地位，它决定了目标及行为模式[97~98]。

人是社会的人，是群体的个体，人的行为存在个体的特殊性，又同时显示群体的共同性。本研究认为“行为”是行为主体在一定的环境下为实现自己的目标与需求而采取的一系列活动的综合。

**(4) 农户林业合作经营**

本处在与其他相似概念分析比较基础上，对“农户林业合作经营”概念进行界定，并阐述其特征，为本研究框定研究的边界。

①对林业合作经济组织的已有界定。关于林业方面的合作组织主要有以下几种概念：林农合作组织、林农合作社、林业合作社、林业合作组织、林业经济合作组织、林业合作经济组织。在国外的文献中，大多采用的是森林所有者合作社（FOCs：Forest Owner Cooperatives），国内用的较多的是“林业合作组织”、“林业经济合作组织”、“林业合作经济组织”、“林农专业合作社”等概念。沈静薇[99]将林业合作组织界定为“以家庭承包经营为基础，从事同类林业生产及林副产品加工、流通的林农为维护和实现共同利益，按照自愿、互利的原则，自愿出资联合设立，自主经营、自我服务、民主管理、自负盈亏，实现共同发展的一种新型山区农民合作经济组织”。不同学者基于对林业合作组织不同的理解，形成不同的林业合作组织分类。王登举等[17]基于组织形式完备性，根据组织与成员的紧密程度将我国林农合作组织分为专业协会和专业合作社两大类。孔祥智、何安华等[100]以合作行为为基础，扩大松散型合作组织的范围，将林业经济组织分为家庭合作林场（集体经营式和股份经营式）、股份合作制林场、林业专业技术协会、林业专业合作经济组织、为满足林农贷款需求而出现的合作组织。许向阳等[101]则将企业＋基地＋农户的合作方式也作为林业合作组织之一。

而严格意义上说，2007 年 7 月 1 日起施行的《中华人民共和国农民专业合作社法》第四条明确规定“农民专业合作社依照本法登记，取得法人资格”。很明显，林业合作组织应是一种“取得法人资格”的互助性经济组织，是农户在应对市场时所采取的横向联合的方式。本研究所指的林业合作组织即为此性质。

②对林权流转中“入股”流转方式的已有界定。国家林业局农村林业改革发展司在对林权改革政策的解读中，对林权流转及林权

流转中各种流转方式做出了解释。林权流转“包括林地承包经营权人的林地承包经营权、林木所有权流转和集体经济组织的林地经营权、林木所有权的流转。林权流转方式包括转包、出租、转让、互换、入股、抵押等”。“林地承包经营权入股，是指承包方将林地承包经营权作为股权，自愿联合或组成股份公司、合作组织等形式，从事林业生产经营，收益按照股份分配的行为”①。因此，林权流转中的“入股”形式，实际上也是一种林业的合作经营。

③本研究对“农户林业合作经营”的界定。实践中，农户除了参与横向联合的林业合作组织之外，还会与其他林业经营主体合作，如企业、村集体组织、其他私有经济组织等实施纵向协作，以获取林业经营的资源，获得林业收益的改进。依据上述对“农户”、“林业经营”及几个与林业合作经营相关概念的界定与比较，结合本研究的目标，本研究对“农户林业合作经营”作如下定义：农户林业合作经营是指农户在林地所有权归于集体所有的前提下，以商业化经营为目的，在自愿、平等、互惠的基础上与其他林业经营主体以一定的方式合作并取得相应的林产品收益权的林业抚育、种植、销售等林业合作经营形式。

④农户林业合作经营的特征。

第一，林地家庭承包制是农户林业合作经营的重要基础。在2008年7月颁布的《中共中央国务院关于全面推进集体林权制度改革的意见》提出林地“通过家庭承包的方式”确立农民林地承包经营权人的主体地位，对不宜实行家庭承包经营的林地“通过均股、均利等其他方式落实产权”。以“明晰产权”为核心的此次集体林权制度改革真正赋予了林地为农户的生产资料的定位，明确了农户的林地使用权、林木所有权、收益权和处置权，给农户落实了产权，农户成为了林地经营决策的主体，可依法在保障森林生态功能前提下自主决定林业经营的方向和经营模式。因此，林地的家庭

① 国家林业局农村林业改革发展司．林权流转的含义．中国林业网，http://lygg.forestry.gov.cn/portal/lgs/s/2596/content-402378.html.

承包制使得农户拥有决定林业经营模式的自主权，成为农户林业合作经营的重要基础。

第二，自愿、平等、互惠是农户林业合作经营的基本原则。自愿是林业合作经营得以发展的基础，没有自愿就无法合作。在林业合作经营中，农户愿不愿意合作，愿意与谁合作，愿意以哪种方式合作，都要尊重农户的意愿。政府、组织或个人都不能强迫林农合作或者退出，任何形式的强迫或命令都会影响和破坏合作的发展。应当维护家庭承包经营制度，充分尊重农户的经营主体地位，以尊重农户的意愿为核心，在合作双方法律地位平等的基础上，实施民主管理，民主监督，实现合作利益共享、风险共担。

第三，农户拥有林产品收益权。农户参与林业合作经营的目的是获得林业收益的改进而不仅仅是获得林地转包、出租等所获得的林地费用。因而农户林业合作经营的根本特征是在最终的产品销售后农户能获得林木（林产品）的全部或者部分收益权。有些农户将自己具有经营权的林地通过转租、转包等方式交予其他组织或者个人经营，若只获得林地的收益权而没有获得林产品的收益权，属于林地流转的范畴，不属于农户林业合作经营的范畴。

第四，林产品经营的商业化。农户林业经营的目的存在两种，一是所生产的农产品将通过市场行为获得其商业利益，另一种是满足自身消费的需求。一般来讲，与其他林业经营主体合作必然会产生合作成本，而对于自给自足的林地经营，农户对林地的收益要求也不高，因而不会额外支付这种合作成本。因此，本研究所指的农户林业合作经营特别强调农户林产品的商业化经营，是农户为获得其林业经营的商业化目标而与合作伙伴共同经营。

第五，其他林业经营主体的多元化。林权改革后，农户具有如何经营林业与和谁共同经营林地的决策权。而随着林业生产力的释放，将有更多的经营主体进入到林业领域。农户在林业经营中将可能与其他农户、林业大户、林业合作经济组织、涉林企业、村集体组织等个人和单位合作，体现出在合作过程中其他合作主体的多样性。

第六，林业合作经营方式的多样化。如前所述，农户与其他林业经营主体合作时，要求取得一定的林产品收益权，在与对方合作的过程中，可以采取合同制、合作制、股份制等特定的方式参与合作，这样，依据自身资源禀赋条件和外部环境，选择适合的合作方式可以更大程度的保障农户自身的利益。有些地区农户参与的方式是企业取得林地经营权、林木收益权，农户只是作为雇佣劳动力参与经营，获得劳动力支出的工资收益，并不获得林木的收益权，因此这种方式不在农户林业合作经营的范畴内。

## 1.4 研究目标、研究思路与方法

### 1.4.1 研究目标

在新一轮集体林权制度改革不断推进中，林业分散经营的现状和提高林业生产效益的要求需要农户在林业经营中进行合作。江西是我国典型的山区省份，是南方重点集体林区，2/3 的国土面积和人口在山区，100 个县市区中有 70 个是重点林业县，可见林业经济在江西省经济发展中的重要地位与作用。江西是林业产权制度改革的先行省份，分山到户后，江西省 887 万公顷集体林中，82.5％的分给 600 多万户农户经营管理，细碎化为1 097.32万宗地，单宗地块面积不足 2/3 公顷，农户单户经营平均面积仅 1 公顷[①]。集体林地分户后，原来以集体经营为主的林业生产方式、林地经营模式等发生了深刻的变化。集体林权制度改革的效果和可能存在的问题也将在农户的林业合作经营行为中体现。以江西为例进行农户林业合作经营决策行为的研究对江西省及我国其他省市如何有效引导政府林业政策的制定和农户林业合作经营有较好的借鉴作用。

本研究的目标是在已有研究基础上，通过对江西省的入户调查数据与资料，借助计量经济模型理论与实证研究农户林业合作经营

① 唯物辩证法与集体林权制度改革的思考 . http://www.forestry.gov.cn/portal/stafa/s/576/content-545243.html.

决策行为影响因素及政府扶持政策的优化设计。通过对农户林业合作经营行为决策过程即农户的合作意愿选择、合作伙伴选择、合作方式选择，探讨这些选择的影响因素。在上述研究基础上，认识农户林业合作经营行为特征和规律，认识现行各项林业政策对农户林业合作经营行为的影响，为制定切实可行的宏观政策提供决策参考，以期使农户林业合作行为更加合理与规范，更好地解决林地细碎化的经营困惑，促进我国林业发展和农民增收。

### 1.4.2 研究思路

本研究主要为揭示农户林业合作经营行为及其影响因素，在问题提出后，以相关理论为基础，沿如下思路展开研究："农户为什么合作（合作的动因）→怎样合作（是否愿意合作→选择什么合作伙伴→选择什么合作方式）及其影响因素→提出有效引导农户林业合作经营的对策建议"。技术路线图如图 1-1。

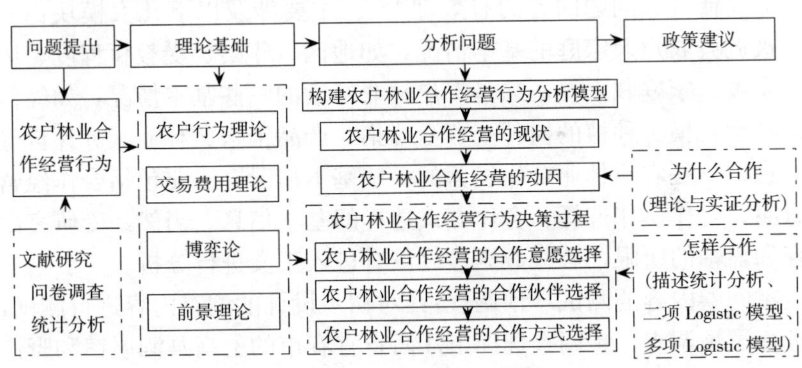


图 1-1 本研究的技术路线

### 1.4.3 研究方法

研究方法是研究中试图发现新事物、新现象，或者提出新观点、新理论，揭示事物内在规律与发展机理的工具或手段。社会科学研究的方法一般包括经验方法与理论研究、文献分析法与问卷调查法、定性方法与定量方法、规范研究与实证研究等。由于对问题的认识角度、研究对象的复杂性等因素，往往在一项研究中会采用多种方法相互结合。本研究综合运用以下几种研究方法：

第一，文献研究法。尽管目前对农户林业合作经营行为的研究尚在初始阶段，学术研究成果不多，但关于农户行为的理论与实证研究文献较丰富。广泛收集已有研究成果，归纳出农户林业合作经营的动因与行为选择的影响因素。

第二，问卷调查法。问卷调查法的运用关键在于问卷内容的设计、调查对象的选择和对问卷数据的统计结果分析。本研究所采用的问卷调查过程主要分以下几个阶段完成：问卷内容的设计、问卷内容的测试（预调查）、问卷内容的修改、正式调查。

问卷内容的设计：在设计调查问卷的问题时，根据本研究的目标、要研究的问题，考虑到问卷调查的质量，设计问题时遵循以下原则：问题具有针对性、问题之间具有递进性和关联性、问题具有浅显易懂性、问题回答的有效性[102]。主要涉及以下几大模块：一是被调查农户及家庭的基本情况，如地区、年龄、受教育程度、风险态度、家庭收入等；二是农户林业经营的一些基本情况，如经营的林地规模、种植的树种、资金筹集、产品销售、林业服务评价等信息；三是农户林业合作经营的一些基本情况，主要包括合作经营意愿、合作伙伴选择、合作方式选择的基本信息。当然，受研究内容和篇幅的所限，有些数据最终没有进入正文进行分析。

问卷内容的测试（预调查）：对初步设计的调查内容进行测试，进行了预调查。预调查选择了江西省宜春市的上高县泗溪镇和野市乡的 30 余户农户进行。

问卷内容的修改：根据预调查中反映出来的问题，如农户对问题的理解难易，问题之间的递进性等，修改问卷（正式调查的问卷见附录 1）。

正式调查：本研究主要通过问卷调查的农户数据进行实证分析农户林业合作经营行为决策过程，所使用的数据来自 2011—2012 年对江西省农户的样本调查。经过对笔者所在教学单位的经济与管理学院的江西籍近200名学生进行必要培训后，对江西的各类森林资源（用材林、毛竹林、经济林等）以及不同地形（平原、丘陵和山区）在11个地市30多个县900户农户进行了调查。受研究费用和调查人员所限，本研究以大学生假期回乡参与社会实践的机会和时间，对当地农户进行问卷调查，没有采用在农户调查中经常使用的多阶段抽样调查方法。考虑到宜春是中国竹子之乡、油茶之乡，赣州是橘橙之乡等因素，在样本数量地区分配选择上，以宜春、赣州、吉安、九江等林业大市为调查重点，其他各市兼顾的方式。科学的统计调查应遵循随机原则，调查中采用了样本地区的重点调查和样本农户随机抽样相结合的方法，样本可能还存在一定局限性。共发放问卷900份，根据研究需要对回收问卷数据进行了筛选和剔除，得到有效问卷821份。被调查农户地域分布情况见表1-1。

**表1-1 被调查农户分布情况**

| 地区 | 户数 | 所占比例 | 地区 | 户数 | 所占比例 |
|---|---|---|---|---|---|
| 南昌市 | 64 | 7.8% | 鹰潭市 | 47 | 5.7% |
| 宜春市 | 169 | 20.6% | 抚州市 | 56 | 6.8% |
| 萍乡市 | 38 | 4.6% | 上饶市 | 65 | 7.9% |
| 新余市 | 12 | 1.5% | 景德镇市 | 38 | 4.6% |
| 吉安市 | 103 | 12.6% | 九江市 | 95 | 11.6% |
| 赣州市 | 134 | 16.3% | | | |

第三，统计分析方法。本研究将运用SPSS软件综合运用多种统计分析方法对所研究的问题进行定量的实证分析，首先对单因素影响农户的合作行为选择进行描述性的统计分析，之后建立二项Logistic模型或多项Logistic回归模型进行影响因素的显著性检验。更详细的计量模型构建见章节3.3.3。

在对数据进行统计分析之前，为保证问卷的可信度，运用SPSS19.0对数据进行了信度和效度检验。

**(1) 信度检验**

信度检验主要是为了检验结果的一致性、稳定性和可靠性。本书采用Cronbachα系数对量表进行信度检验。在821份有效问卷中，从量表数据总体上来看，信度为0.907，说明问卷的总体信度达到了可接受的水平，具有很高的可靠性。

**(2) 效度检验**

为验证量表的结构效度，对整体量表数据进行KMO（Kaiser-Meryer-Olkin）和Bartlett球形检验，从结果来看，KMO值为0.894，同时Bartlett球形检验卡方值为23 870，显著性值为0.000，说明各指标间具有相关性，表明可以对数据进行因子分析。上述结果表明，量表数据的信度检验和效度检验均通过。

## 1.5 研究内容

本研究共由九部分组成。

第1章　导论。指明选题背景、研究意义，在综述国内外现状基础上，对本研究的相关概念进行界定以确定研究边界，提出研究技术路线以统领全文。

第2章　研究理论基础。通过对农户行为理论、交易费用理论、博弈论、前景理论等进行梳理，为本研究提供理论支撑。

第3章　农户林业合作经营行为的分析模型。构建了农户林业合作经营行为的分析模型，为分析农户林业合作经营行为提供了一个总体框架。

第4章　农户林业合作经营的现状。主要通过对我国农户林业合作经营现状做一个概述，从另一个视角阐述农户林业合作经营的必要性、合理性和紧迫性。

第5章　农户林业合作经营行为的动因。运用相关理论分析和实证研究农户林业合作经营行为产生的内在动因和外部动因，以及这些动因在林业经营中的重要程度及其差异。

第6章　农户林业合作经营的合作意愿选择。本章首先通过统计分析归纳出不同特征农户的合作意愿，在总结国内外已有研究成果的基础上进行了合作意愿影响因素的选取与变量的设定，而这些因素的影响程度和预期影响方向通过运用二项Logistic计量经济模型进行了实证检验。

第7章 农户林业合作经营的合作伙伴选择。影响农户合作伙伴选择（如企业、林业经济合作组织、其他农户等）的因素可能存在很多，本章运用统计方法和多项 Logistic 计量经济模型对林业经营中影响农户合作伙伴选择的因素进行理论分析和实证检验。

第8章 农户林业合作经营的合作方式选择。农户确定了合作伙伴后，接着要明确的事项是采取诸如合同（契约）型、合作制型、股份合作制型或其他样的方式与合作伙伴合作。本部分运用统计方法和多项 Logistic 计量经济模型对林业经营中影响农户合作方式选择的因素进行理论分析与实证检验。

第9章 结论与研究展望。以上述研究结论为基础，提出引导农户林业合作经营的建议，并大致归纳出需要进一步深入研究的问题。

# 2 研究的理论基础

## 2.1 农户行为理论

### 2.1.1 小农经济的经典论述

一些经典作家对小农经济和农户行为曾有过一些精僻的论述。亚当·斯密及卡尔·马克思在他们的经典作品中所表达出来的深邃思想认为，在资本主义商品经济发展的冲击下，小农经济会逐渐被资本主义农场所取代，农户经济行为将发生根本变化。

亚当·斯密认为在自由的市场竞争环境下，在个人对财富的追求下，形成了劳动的分工和资本的积累，社会发生变革，资本主义得到发展。而对于以自给自足为主的小农经济，随着劳动的分工和商品化的生产，其资本逐渐积累得到改进，从而使得小农经济向规模经济发生质的变化的以商品化生产为主的资本主义农场转变。

卡尔·马克思从另一个视角诠释了其小农经济为资本家农场所取代的思想。马克思认为资本主义生产是以雇佣劳动为基础的大规模生产，而小农农业是以自身劳动力为基础的小生产，在大鱼吃小鱼的激烈的资本主义商品经济竞争下，众多的小农农户将纷纷破产，沦为农业产业的工人，大规模的资本家农场将在经济社会出现。

列宁对俄国和英国的小农农业分析后认为，小农经济是停滞的前商品化的经济。斯大林认为即可避免资本主义的社会弊端，又可以使小农经济实现现代化的唯一办法是实现"社会主义的集体化"，把单家独户的农民小规模生产转变为高效率的大规模集体化农业经营[103]。

### 2.1.2 农户行为研究的主要学派

对农户行为的研究，主要有三大学派：以美国经济学家西奥多·W.舒尔茨为代表的理性小农学派，以俄国经济学家A.哈亚诺夫（A.V.Chayanov）为代表的组织生产学派，以历史学家黄宗智为代表的历史学派。

**（1）以西奥金·舒尔茨为代表的理性小农学派**

理性小农学派的主要代表性人物有西奥多·舒尔茨（其代表著作《改造传统农业》）、S.波普金（其代表著作《理性的小农》）、弗兰克埃利斯（其代表著作《农民经济学》）等。该学派认为小农户的行为是“理性”的选择，农户在竞争的市场机制中，依据市场需求，把握市场机遇，积极利用资源，追求利润最大化。

舒尔茨认为，改造传统农业的方式，应在现有农户生产组织和自由市场体系中，以合理成本为基础，确保现代生产要素的供应。即便是在传统农业时期，农户在生产要素上的分配极少有明显的低效率，所投入的各种生产资源，其投资收益率鲜见不平衡，农户的经济行为表现为“完全理性”。若传统农业停止增长，不是诸如农户自身进取心不足、市场经济环境的自由与竞争不足，应归于传统边际投入下的收益递减。以合理的成本进行投入来改造传统农业成为必要，若现代技术要素的投入能保证农户获得现有价格水平上的利润时，毫无疑问农户会成为追求利润最大化的理性经济人[104,105]。

这一学派在论证“农户行为的理性”时认为，农户的行为方式类似于小企业家或资本家，生产经营中即冷静又理智。“理性的小农”论学派心目中的农户，除了在生产率、生产规模、商品率、技术水平等方面较落后外，像资本主义农场主一样，擅长于逻辑分析与抽象思维，把握经济发展中的自然规律，能独立地作出价值判断，其行为完全由个人理性支配。该学派以“农户理性”为前提分析了农户贫困的根源，一国的贫困不是由于不良的外在条件、贫困的恶性循环所致，而是因为其糟糕的国内政策所致。在工业化快速发展的社会，重工轻农、利工损农的政策使得农业发展受到忽视，经济政策的失误使得农户无法摆脱贫困的现实[1,106]。

**（2）以恰亚诺夫为代表的组织生产学派**

最早对“理性的小农”论持批评态度的是以俄国A.恰亚诺夫

为代表的组织生产学派，代表性著作有恰亚诺夫的《农民经济组织》、波拉厄的《早期帝国的贸易和市场》。他们的新民粹主义立场认为农户不是经济理性主义者而是经济浪漫主义者。他们依据农民生活方式的道德价值、农民文化的“非资本主义”性质、“村社社会主义”精神与小农经济稳固论等观点，认为农户的经济行为目的是为了生活而不是为了追求“效益”。在组织生产学派看来，农户与资本主义时代的“经济人”并没有共同之处，农户代表着“一种新的人类文化，一种新的人类自觉”，不是“理性动物”[1]。

该学派认为，资本主义企业的生产经营依靠雇佣劳动力，追求利润最大化，而农户的家庭经营的两个特点明显与前者不同，是生产经营靠家庭自有劳动力以及生产的产品满足自我消费。农户不是选择投入成本和生产利润之间的平衡，而是选择了满足其消费需求和劳动辛苦程度之间的平衡[105]。原因在于农户的劳动投入是自身的劳动力，不取得工资收入，因而无法用货币来衡量而计算生产成本，农户家庭的劳动力投入、资金投入与农业产出是不可分割的整体，无法核算其劳动工资、费用与收益。因此他们的劳动不能抽象出“投入”、“产出”并进行“效益”分析[1]。

在对农户与小农经济的理解上，该学派认为农户是与奴隶制、农奴制、资本主义、共产主义等并列的独立的经济关系，是为满足家庭消费的血缘统一体。小农经济并不依市场经济规律而运行，与资本主义的自由市场经济也大相径庭，农户经济本身就是一个遵循着自身逻辑和原则的独特体系。该学派认为，造成农户分化的因素不是市场经济的商品化，而是家庭周期性的劳动者与消费比例变化。提出俄国农户经济改造的方式既非斯大林式的集体化，也非资本主义的自由市场化，而应自发地组成小型合作社。这种改造方式既避免集体化农业的官僚形式，又能避免因自由市场经济引起的社会分化和垄断趋势，还能克服小农经济的一些弊病[1]。

**（3）以黄宗智为代表的历史学派**

另外，以黄宗智为代表的历史学派对农户行为提出了自己的观点。黄宗智在综合分析了以上两大学派成果后，从不同的角度对农户的经济行为提出了新的理解。他认为，可能由于农户没有边际报酬概念，或者农户家庭受耕地规模所限，或者其家庭劳动力有过多剩余，在缺乏其他就业机会而劳动的机会成本几乎为零时，农户家庭在边际报酬十分低下时，依然会“合理”的将剩余劳动力投入到极低收益的农业生产。黄宗智认为革命前中国的小农有三种不同的面貌。首先，中国的小农在农业生产上的决策将考虑家庭的需要，一定程度上是直接为家庭消费而生产的单位；其次，中国的小农又依据产品的价格、市场供求、费用与收益等为市场做出生产决策，某种程度上像一个追求利润的单位；第三，由于生产剩余供非农业部门消费，中国的小农是阶级社会和政权体系的一个成员。

黄宗智将小农分为三个层次，认为主要为自家消费而生产的自耕农接近于实体主义所描绘的小农，经济地位下降的佃农雇农较为符合马克思主义的分析模式的形象，而经济地位上升的富农或农场主符合形式主义分析模式的形象。在深入细致研究了我国华北与长江三角洲地区几个世纪农业发展的历史变迁，黄宗智提出了富有开创性的观点，指出中国农业是“没有发展的增长”和“过密性商品化”的。他还认为，20 世纪 80 年代的中国农村改革，农村副业和工业的发展消化了农业生产的剩余劳动力，其实质是一种反过密化的过程[103]。

### 2.1.3 小结

上述各学派的理论主张，是不同学派在不同的历史时期，运用不同的研究方法对不同的对象进行的研究，对农户是否理性的争论得出了不同的结论，反映了不同时期、不同经济条件下的不同类型农户的行为特征，所取得的成果具有其合理性。在中国，农村资源要素结构的独特性决定了农户行为的特殊性，农户行为具有行为目标的多样性而非追求经济目标单一性[105,107]。对农户行为的理性与非理性之争，看似截然相背的两种观点，而这两种理论的共同点就是均认可现代市场经济条件下的农户经济依然持续存在的事实。无论是农户追求产量最大化还是利润最大化，农户均会依其所处自然和社会经济环境条件及其自身发展情况而定，笼统而绝对地论断农户追求利润最大化或追求产品最大化均有失偏颇[108]。

众多的学者论证说明，农户行为是理性的，只不过由于某些外部的和内部因素的多重影响，使得农户行为表现为有限理性。因此，本书以我国农户是“有限理性”的为前提，结合当前的社会经济环境特征和农户的资源禀赋特征，应用经济学的方法来研究农户林业合作经营行为，这样才能对农户林业合作经营行为有深刻地认识。

## 2.2 交易费用理论

### 2.2.1 交易费用的含义

#### (1) 交易费用理论的概述

罗纳德·科斯（Ronald Coase）在其 1937 年发表的论文《企业的性质》中运用新古典经济学的方法对传统理论中交易费用假设为零及其相关结论的修正，首次提出了交易费用的思想，奠定了交易费用理论的基础。科斯之后，威廉姆森（Williamson）等许多经济学家对交易费用理论（Transaction Cost Theory）进行了诠释与发展，如威廉姆森的一系列论著《市场与等级制》、《资本主义的经济制度》和《治理机制》对交易费用理论进行了完善，形成了交易费用经济学这一新制度经济学的重要分支，使交易费用理论成为一个完整而成熟的理论体系。交易费用理论是以“交易”为基本分析单位，研究企业组织的制度理论，是产权理论坚实的基础。

该理论认为，交易费用同时存在于市场交易和企业内部交易中，“企业”能替代市场是因为通过企业内部交易产生的交易费用低于通过市场交易产生的交易费用。但杨小凯认为企业与市场之间的替代不是市场组织替代市场组织，他从劳动交易和中间产品交易的角度，认为“企业”是以劳动市场代替中间产品市场，劳动力交易效率与中间产品交易效率决定了企业与市场的边际替代关系[109]。

交易费用理论基本论点有：交易费用的节约是企业产生、存在即替代市场机制的唯一原因与动力；企业和市场是两种可以相互替代的资源配置机制，却是不相同的交易机制；市场交易费用的存在决定了企业的存在；企业取代市场实现交易有可能减少交易的费用；企业采取了不同组织方式的努力的根本动力也是为节约交易费用[110~112]。

**(2) 交易费用的形式**

科斯的《企业的性质》首次提出“交易费用”的一般性概念，但因交易费用难以量化，无法进行实证检验，在此后近 30 年时间里被理论界所忽视。1960 年科斯在《社会费用问题》中，进一步界定了交易费用的内容。威廉姆森通过用“资产专用性”、“交易频率”与“不确定性”来度量交易费用，并引入“比较制度视角”，使得“交易费用”概念逐渐成为一个可以证伪的概念[111]。

科斯认为交易费用是利用价格机制的成本。它至少包含两项内容：发现相对价格的成本，即获得和处理准确的市场信息的费用，为交易准备阶段的费用；谈判与履约的成本，包括谈判、签订合约、履行和监督合约等建立企业间有序的联系的费用[113]。

威廉姆森将交易费用喻为“经济世界中的摩擦力”，认为交易费用是经济系统运转所要付出的代价或费用，是产权不清导致制度摩擦而引起的运用经济制度的成本。他将交易费用分为事前的交易费用和事后的交易费用两部分。他认为，事前交易费用是指因对未来的不确定，在事先规定交易双方的权利、义务和责任时，起草协议、过程谈判和保证协议落实所需的费用；事后交易费用是交易之后发生的费用，包括交易双方交易偏离一致性的不适应成本、交易双方矫正偏差的变更成本、纠正所需要的某种规制结构的建立与运转成本、为实现承诺的保证费用等[114]。肯尼斯·阿罗将交易费用明确定义为“经济制度的运行成本”，张五常认为交易成本包括一切不直接发生在物质生产过程中的成本，诺思认为交易成本是规定和实施构成交易基础的契约的成本[110,115]。因此，交易费用是人们普遍社会关系中所发生的成本。因资源的稀缺性，人们将按照自己的约束集选择合宜的交易方式，因而交易费用被赋予了机会成本的性质。由于交易主体之间知识、信息不对称，发生利益冲突以及调和过程都将发生交易费用，损耗资源，因而交易费用又被赋予了损耗资源的性质。社会分工的存在、人们认识的局限、科学技术的进步、个体的利己主义等将导致交易费用是无法彻底消除的。由于事件不确定性的存在，人们对一项经济活动只能在事前估计交易费用的种类与数量，事后才能对其准确的计量，因而交易费用又被赋予了事前估计、事后计量性质。

### 2.2.2 交易费用的成因

交易费用的产生有其决定因素，但科斯的研究并没有系统分析交易费用的成因，只是赋予“交易”以稀缺性，把“交易”作为制度经济学的基本分析单位。威廉姆森则深刻的分析了这一问题，他指出交易费用的影响因素主要是不确定性、小数目条件、机会主义及信息不对称等，构成市场与企业之间的转换关系。这些交易费用的影响因素可归结为两类：一类是人的因素——人的有限理性和机会主义，另一组是“交易特征”——资产专用性、不确定性和交易频率[106,116]。

①人的因素。威廉姆森认为，现实经济生活中的人是“契约人”，其行为特征不同于古典经济学“经济人”的理性行为，具体表现为有限理性和机会主义行为。“契约人”的有限理性和机会主义行为倾向是交易费用产生的根本原因。

第一，有限理性。有限理性这一概念最早是由西蒙（Simon）提出，指人的行为是“意欲合理，但只能有限达到”，虽然个体希望主观上以理性的方式行动，但客观上个体的认知、预测、技能与时间等的有限，只能有限地达到目标，阻碍了个体完全理性的行动，表现为人们经济活动动机的理性与有限条件下的行为有限理性特征[117]。

威廉姆森认为人的理性有限是个无法避开的现实问题。有限理性的主观理性使交易双方会努力实现利益的最大化，导致最小化交易费用的动机。由于有限理性的存在，个体在搜集信息、解决问题、预知未来、应对突发事件等方面不能总是计划周到、有效反应，交易双方也不能将所有的事件可能安排到合约中，因而合约也是不完全的，这种情况下不测分歧的合理解决必然增加交易费用。因此人们就要重视为此所付出的各种交易费用，如计划、适应、实施、协调、监督等所支付的费用。而人们对有限理性的重视深化了对各种组织形式的理解，产生的交易费用主要依靠各种制度所提供的激励与约束来降低。

第二，机会主义。机会主义行为倾向是指交易者在交易过程中不仅追求利益最大化，而且通过不当手段谋求利益，产生投机取巧、背信弃义、逃避责任、合同欺诈、规避法律等意愿，有目的有策略地利用交易对手不利处境尽可能榨取更大份额利益的意愿和行为[118,119]。

机会主义行为分为事前机会主义行为和事后机会主义行为。事前机会主义行为表现为对真实信息的隐瞒、歪曲、作假等来达到自己的目的。以保险行为中的逆向选择为典型，投保人特别是风险较大的投保人不愿意真实披露自己的风险条件信息，甚至会制造虚假、或有意模糊信息。事后机会主义行为以保险行为中的道德风险为典型，体现为契约承诺与执行问题，即已保险的投保人以不完全负责的态度故意不采取本当采取的规避风险的行为。信息不对称问题被这些机会主义行为直接或间接引致，使经济组织中的问题极大复杂化，合同风险被放大。契约人的机会主义行为，不仅使他违背其应履行的承诺，投机取巧，见机行事，使事后的实际情况有悖合同而有利于他。此时，采取措施遏止机会主义导致了新费用的产生，如果契约人没有机会主义行为，问题就简单多了。

人的有限理性和机会主义行为倾向的存在，产生严重的合约问题，导致了交易活动变得更为复杂。为了避免消极影响，交易方式的选择成为必要，组织制度的安排和各类合约的不同设计等又必然导致交易费用不断增加[106]。

②交易因素。不同的交易采用不同的方式来组织必有其经济上的合理性，威廉姆森通过对与特定交易有关的因素对各种交易彼此不同的成因进行了诠释，他认为“交易因素”包含有交易不确定性、资产专用性和交易频率，交易的这三个维度决定了交易协约的方式及应采取的规制结构。当我们的交易选择了合宜的规制结构，机会主义行为将有效防止，交易费用将会最少，否则交易费用高昂甚至交易失败[114]。

第一，交易不确定性。交易的不确定性意味着产品品种、价格、质量、市场需求等交易市场环境以及交易对手及其行为状况无法预料，交易市场环境的不确定性与交易者行为的不确定性增加了交易的难度。实际上，交易环境的不确定性与有限理性相对应，交易者行为的不确定性与机会主义行为相对应。一方面，因有限理性使交易者对客观交易环境的复杂性无法全面认识带来不确定性；另一方面，因机会主义行为倾向使交易者有意隐瞒和扭曲信息不确定性。交易双方为降低对自己的不利影响，会尽量的理解和完善合约，了解合约的更多信息，自然就增加了合约制定和执行的费用。

第二，资产专用性。资产专用性是指某项资产在维持其经营价值的前提下，能够被重新配置于使用的程度，用来描述资产的可调配性。为完成一项交易需要投资并形成一定的资产，按照投资在技术上的选择及其资产挪作它用的沉淀费用，资产可以分为通用性资产和专用性资产（又分为高度专用性资产、中度专用性资产、低度专用性资产）。依据资产的属性，资产专用性可划分为 5 种：地理区位专用性，与存货、运输费用有关，指为节约物流成本当事方在毗邻对方的场地建立其工厂、仓库设施而产生的资产专用性；人力资产的专用性，与干中学有关，指交易者为与对方交易而习得的专属技能或知识价值（与其他方交易时价值减少）而产生的资产专用性；物质资本专用性；特定资产专用性，与顾客特定要求有关；品牌资产专用性，企业的品牌资产对企业的实体产生的资产专用性。

由于资产的专用性及其存在的沉淀成本，交易一方以退出交易相要挟的“敲竹杠”机会主义行为将阻碍另一方专用性资产的投资，从而影响到整个社会的投资及经济绩效[106,116]。

第三，交易频率。交易频率是指同类交易发生的次数。交易规制结构的建立与运行需要发生费用，相比一次性交易，经常发生的交易带来的利益将分摊各种费用，使规制结构的成本更容易得到补偿，交易频率决定了规制结构的成本，从而影响合宜的规制结构的选择[106,116]。

### 2.2.3 农业经营中的交易费用

我国农业经济的“小农户、大市场”的格局，使分散的农户单独进入市场时对品种选择、销售渠道、价格信息等瞬息万变的市场信息掌握匮乏，要么不可获得或不可确知，要么须付出高昂的费用。这些不确定性即增加了交易风险，又增加了农户进入市场交易所支付的交易费用。反之，企业如果到分散的各地搜寻无数独立的农户收购农产品，历经多次重复的议价谈判，其交易费用也是高昂的。

如同企业为市场生产和销售产品一样，农户依赖于其所拥有的承包经营的土地和其他一些生产工具为市场生产农产品，但农户的这些资源除了进行农业生产外无法挪作他用，极强的资产专用性可能造成农户交易费用的上升和预期收益的降低。反之，如果企业农产品收购不足或者农产品质量不符合生产要求，或者为竞争企业所抢先，企业的设施设备等资源也无法他用，资产专业性也可能造成企业交易费用的提高和企业经营收益的下降。

因此，农业产业化制度的兴起和合同农业的发展探索了农业资源有效利用的途径，解决了农产品双重市场障碍，促进了农业增产增收农户增益。合同农业中企业与农户的统一合约，规范了农产品质量等级与价格，降低了交易费用。当其他条件相同时，作为一种成本约束，如果选择了最低的交易费用的安排，可以实现效率。节约交易费用是我国农业产业化组织发展创新的动力，规避经营风险、实现规模经济、合理分配剩余是农业产业化得以发展的保障。但当前我国农业产业化组织的覆盖面不广，利益联结不稳定，适应市场能力有限，这就依然有很大的交易费用降低的空间。

### 2.2.4 小结

农户在林业经营活动中也同样会发生交易费用，农户会寻找种植信息、技术信息、销售信息等，会为了交易而与对方发生议价、合约签订、合约的监督等费用。为了节约交易费用，农户会选择适合他的经营方式，如选择什么样的合作伙伴，选择什么样的利益方式等。与合适的对方建立合适的利益合作关系，相互间的信任减少了机会主义行为，有助于降低搜寻信息费用和违约成本，降低了交易费用。

当然，资源禀赋和特征相异的农户，受所处环境的差异，在林业经营中面对是否合作、与谁合作、怎么合作等不同选择时会影响其交易费用，最终选择结果也将相异。因此，可以依据交易费用理论，从农户的不同资源禀赋特性、交易环境特性等方面探索农户林业合作经营行为的内在机理。

## 2.3 博弈论

### 2.3.1 博弈论的发展

**（1）博弈论的基本含义**

博弈论（Game Theory），又称为对策论，其产生源于人们对斗智现象的思考，核心的问题是：斗智的最后结局会怎样？什么样的结局才是最合理的？一方行动后，参与的其他人将会如何行动？为取得最佳结局应如何应对？

对博弈论有各种定义，豪尔绍尼（J. C. Harsanyi）在其诺贝尔经济学获奖词中认为，“博弈论是关于策略相互作用的理论，即是关于社会形势中理性行为的理论，其中，每个局中人对自己行动的选择必须以他对局中其他人将如何反应的判断为基础”[126]。

在博弈论中把现实博弈中的最基本要素抽象出来，构成了策略型或称标准型的模型描述。策略型博弈有三个最基本的要素[120]。

①局中人。博弈中的参与者和决策主体，可以是自然人，也可以是各种组织。

②策略。每个局中人在博弈中在给定的信息集下的行动方案，即可选择采用的行为或策略的集合，每个局中人均有可供其选择的多种策略。

③支付。简单的讲就是局中人选择某种策略的得失。

在更为复杂的博弈论中，如不完全信息动态博弈、非合作博弈等，所涉及的博弈要素更多，一般还包括[121]：

①行动。局中人在博弈中某个时点的决策变量。博弈中行动的顺序是指局中人做出策略选择的先后，往往决定博弈的结果。

②信息。局中人所掌握的对其选择策略时有用的情报资料。

③结果。局中人博弈的后果，博弈分析者感兴趣的东西，如均衡行动组合、均衡策略组合、均衡支付组合等。

④均衡。所有局中人的最优策略组合。

信息和行动称为博弈中的“积木”，局中人、行动和结果是“博弈规则”，博弈分析的目的就是使用博弈规则来预测均衡。

**(2) 博弈论的发展**

博弈论按不同基准有不同分类：合作博弈理论和非合作博弈理论；静态博弈和动态博弈；完全信息博弈和不完全信息博弈等。博弈论的发展历程大体可以分为[120]：

①萌芽期（19 世纪末到 20 世纪 30 年代）。博弈论的早期思路与方法与现代博弈论有很大差异，但这些思想为博弈论起到启发与推动作用。近代对于博弈论的研究，始于泽梅罗（Zermelo）及冯·诺伊曼（John von Neumann）。1928 年，冯·诺依曼证明了博弈论的基本原理，从而宣告了博弈论的正式诞生。

②建立期（20 世纪四五十年代）。1944 年冯·诺伊曼和奥斯卡·摩根斯坦（Morgenstern）合著的《博弈论与经济行为》出版，标志着博弈论的诞生。该书极大的促进了博弈论与经济研究之间的联系，从此，博弈理论拓宽了经济学的研究领域。随后纳什（Nash，1950、1951）利用不动点定理证明了均衡点的存在，提出

了“纳什均衡”概念和“纳什定理”，为博弈论奠定了坚实的基础。

③发展壮大期（20 世纪 60—80 年代）。这期间合作博弈理论继续得到充实，非合作博弈理论迅速发展，成为博弈论研究和应用的主流。塞尔腾的“子博弈完美纳什均衡”与“颤抖手均衡”；海萨尼的“贝叶斯纳什均衡”等，使这一阶段博弈论的研究取得重大成果。

④完善与应用期（20 世纪 80 年代至今）。这期间博弈论走向成熟，本身发展成为了一个内容丰富、相对完善的理论体系，并在各种经济学科中得到深入运用，作为一种重要的经济理论和经济学方法，在社会学、政治学、道德哲学、生物学等学科领域开始占有越来越重要的地位。

### 2.3.2 演化博弈理论

演化博弈理论（Evolutionary Game Theory）是这样一种博弈理论，它结合经典博弈理论以及生态理论的研究成果，基于人的有限理性的假说，利用动态分析方法把影响局中人行为的各种因素纳入其模型中，以系统论考察群体行为的演化趋势[122]。

演化博弈理论的主要思想：模拟生物进化过程，一个群体之间不断进行某种形式的博弈，各自决定自己所采用的博弈策略。假如最初群体采用同一种策略，突然产生了一种突变，某个人的策略发生了变化。在后续的博弈过程中，如果这种变异策略对比群体其他策略能获得更高的收益，那么，采取变异策略的人将越来越多，变异扩散开来，直到采取新策略的人在群体中占优势地位[120]。

演化博弈理论最早源自于一些遗传生态学家对生态现象的解释，Lewontin 在 20 世纪 60 年代运用演化博弈论的思想对动物和植物合作行为博弈分析。标志着演化博弈理论正式诞生的是 Maynard Smith 和 Price 提出了“演化稳定策略”概念。使演化博弈理论取得又一次突破性发展的是 Taylor 和 Jonker 提出了基本动态概念“模仿者动态”，使演化博弈理论有了明确的研究目标。“模仿者动态”与“演化稳定策略”构成一对演化博弈理论最核心的基本概念①。

20 世纪 80 年代以后，博弈论一些固有的缺陷逐渐被人们所认识。80 年代末期，正当人们准备放弃博弈论的幻想时，Maynard Smith 的著作《演化与博弈论》将博弈论学家的注意力从日益精炼的理性定义中转移[123]。尽管多数人对用研究生态演化的演化博弈论来研究局中人的行为存在质疑，但随着有限理性概念的提出和心理学研究的发展，众多经济学家运用演化博弈论成功分析产业演化、社会制度变迁等社会经济现象。

21 世纪，演化博弈论仍然处于不断发展和完善的阶段，出现了一些新的思路，开始关注带有随机因素影响的演化过程。如今，该理论广泛运用于经济学、社会学、生态学等学科领域，研究群体行为进化的过程及其结果。

### 2.3.3 演化博弈论与传统博弈论的主要区别

**（1）研究的假设不同**

传统博弈论沿袭新古典经济学的参与人完全理性和一致偏好的假说，且参与人以自身最大利益为目标，在完全信息条件下进行博弈。演化博弈论以生物进化论和遗传基因理论为基础，不需要“完全信息”和“完全理性人”的条件。

**（2）研究的方法论不同**

传统博弈论将重点放在静态均衡和比较静态均衡上，而演化博弈论把博弈理论分析和动态演化过程分析结合起来，强调的是一种动态的均衡。

**（3）研究的目标不同**

传统博弈论研究的是单个参与人在既定的条件下如何能达到一个最优方案，而演化博弈论以参与人群体为研究对象，解释群体为什么以及怎样达到目前这种状态。

---

① 参考百度百科和 MBA 智库百科：http：//baike. baidu. com/view/400913. htm；http：//baike. baidu. com/view/2145576. htm；http：//wiki. mbalib. com/wiki.

**(4) 对随机(突变)因素的处理不同**

传统博弈论模型对存在的不确定性因素以随机变量的形式处理而往往被忽略，理性的参与人仍可达到最优结果。演化博弈模型的随机(突变)因素起着关键作用，演化过程常被看成是一种试错过程。

**(5) 研究的结论不同**

传统博弈论会出现多重均衡的困难。“不同的博弈论学家提出的理性的定义是如此之多，使得纳什均衡定义的集合大的让人不知所措。最终，按照某个精炼的标准，几乎任何纳什均衡都是合理的”[123]，在出现多个纳什均衡时，无法预测什么是博弈的结果。而演化博弈论认为，多次博弈后依赖于初始状态才能达到纳什均衡，是路径依赖的，且经群体选择下来的行为具有一定的惯性，有一个动态选择及调整过程。

### 2.3.4 小结

当前我国在农业经济领域运用博弈理论作为分析工具主要集中在“三农”问题，涉及土地制度、合作组织与产业化、农村合作医疗、农业投资、农业保险等领域。其实，农业经济领域的很多问题可以使用博弈理论进行分析，一些新的博弈论理论可以成为农业经济研究的有力工具[124]。

农户林业合作经营行为在决策中会涉及是否选择合作、合作伙伴的选择和合作方式的选择，农户是否合作以及如何合作实际上是追求个人效用最大化的过程，是一个博弈的过程。

## 2.4 前景理论

前景理论[125] (Prospect Theory) 是由心理学家 Daniel Kahneman 和 Amos Tversky 在 1979 年提出，是在众多不确定性下的现代行为决策研究领域中最具影响力的理论之一，成为应用心理学、行为金融学、管理学、行为经济学等学科的研究基础，“前景理论”使 Kahneman 本人在 2002 年荣获诺贝尔经济学奖[126]。

国内目前系统运用前景理论主要在金融学、心理学等领域，如樊少华[127]、何飞[128]、于小沣[129]、赵凛[130]、王平[131]等就运用前景理论在各个领域开展了研究。本处借鉴这些研究成果对前景理论进行梳理。

### 2.4.1 前景理论的理论基础

Kahneman 和 Tversky 通过一系列的调查和实验研究发现，不确定条件下人们的决策偏离理性主要表现为四种方式，并构成了前景理论的理论基础[127]。

**(1) 确定性效应**

“确定性效应”是指在对未来做出预期选择时，决策者经常会对仅有可能性结果的预期做出低估，而对具有确定性结果的预期做出高估，偏好于确定性收益而不是非确定性收益。

**(2) 反射性效应**

面对赢利预期时，决策者所体现的是“确定性效应”，显示出“风险厌恶”的偏好特征，决策者倾向于选择更具确定性的预期，即便赢利预期值较低也是如此。面对亏损预期时，决策者所体现的是“反射性效应”，决策者的偏好发生了颠倒，显示出“风险追逐”的偏好特征，决策者偏好于非确定性损失而不是确定性损失。上述“确定性效应”和“反射性效应”表明，在有收益预期情况下，决策者更倾向于风险规避；在有亏损预期情况下，决策者更倾向于寻求风险。

**(3) 概率保险**

“期望效用理论”认为，决策者因为“风险厌恶”而购买保险，其货币的效用函数为凹型。但现实中“风险厌恶”在决策者对不同险种险别进行选择时出现了偏差，决策者的选择偏离了“凹效用函数”，通常更愿意购买小额保单而不是大额保单。这其实与“风险厌恶”是不一致的。

**(4) 分离性效应**

面对一组不同的预期，决策者可以采用不同形式的分解，分解形式不一样，这些预期的相同点和不同点就不一样。而在对这些不同的预期比较选择时，决策者趋向于关注这些预期中的不同点而排除了相同点，这容易导致决策者偏好的不一致，Kahneman 称之为“分离性效应”。

### 2.4.2 前景理论的内容

“前景理论”主要包括三个内容：决策过程、价值函数和决策权重函数[127,128]。

**(1) 前景理论下的决策过程**

Kahneman 和 Tversky 认为，人们在风险决策时可以分为两个阶段：编辑阶段和评价阶段。在编辑阶段，决策者为做出选择而建立适当的参照点，“收益”部分为大于参照点的水平，“损失”部分为低于参照点的水平。评价阶段中，决策者在编辑阶段的结果基础上加以评价，选择最高价值的前景做出最终决策。

**(2) 价值函数与决策权重函数**

前景理论的价值函数 $v$（$x$）和决策权重函数 $\pi$（$p$）是两个非常重要的概念。价值函数反映预期结果的主观价值；决策权重反映行为给人们带来的主观满意程度即预期效用，一般不等于真实概率；决策权重函数不是决策者行为的真实概率的函数，而是根据结果出现的概率 $P$ 做出的主观判断的函数。

价值函数具有如下特征（图 2-1（右））：

①价值的载体是财富的变化值而非财富的最终状态。即人们更加看重财富的变化量而非财富的绝对水平，对行动后果偏离参照点的变化很敏感。价值函数是相对于参考点的收益和损失，而不是指期末的财富或消费，含有两个自变量：参照点的财富值和相对于参照点的财富偏离值。

②价值函数是对应变量的增函数，表明损失越小，价值越高，或者收益越大，价值越高。价值函数以原点（即参照点）为中心向收益和损失两个方向偏离呈 S 型反射。位于参考点之上的是凹函数，即风险回避，决策者偏好于确定性收益而不是非确定性收益；

参考点之下的为凸函数，即风险追逐，决策者偏好于非确定性损失而不是确定性损失。在函数曲线的收益区和损失区，远离参照点（原点）其斜率均逐渐减小，价值曲线出现边际递减特征，即表明决策者对于收益和损失都是敏感性递减的，离参照点越近人们越敏感。

③价值函数在亏损部分的斜率大于盈利部分的斜率，亏损曲线的下降速度更快，表明决策者对等量财富变化的态度，对获益和损失敏感程度不同，同价值的损失的痛苦远远大于获益的快乐。

前景理论的价值运算为：值函数 $EP = V = \sum_{i}^{n} \pi(p_i)\nu(\Delta x_i)$ ，先规定一个参照点 $x_0$ ，然后根据价值的变化来分析决策。

假设决策选择的收益和损失都可以用货币形式 $x$ 来衡量，决策者选择行为 $a$ 而非行为 $b$，当且仅当

$$\sum_{i}^{n} \pi(p_i)\nu(\Delta x_i) \geqslant \sum_{i}^{n} \pi(q_i)\nu(\Delta x_i) \quad \text{式（2.1）}$$

式中：

$x$ 为自变量，决策过程的财富货币值；

$\Delta x_i = x_i - x_0$ 是 $x_i$ 相对于参考水平 $x_0$ 的偏离值；

$p_i$ 为行为 $a$ 导致不同财富值 $x_i$ 最终实现的概率；

$q_i$ 为行为 $b$ 导致不同财富值 $x_i$ 最终实现的概率；

关于首先规定的参照点水平 $x_0$ ，不同的决策行为将产生不同的参照水平，因而就有不同的盈亏变化，从而使不同的决策行为产生不同价值的主观感受函数 $V$，影响并改变决策者的风险偏好。

**（3）前景理论引申出的基本结论**

依据前景理论，人们在风险决策时，偏好于如下决策，也即是前景理论所引申出来的通俗的结论。

A. “确定性效应”表明，大多数人面临确定性获益时风险规避，不愿冒险；

B. “反射性效应”表明，大多数人面临不确定损失时风险追逐，愿意冒险；

C. “参照依赖”表明，大多数人在判断获益与损失时取决于其参照点。

D. “损失规避”表明，大多数人对获益和损失敏感程度不同，同价值的损失的痛苦远远大于获益的快乐。

### 2.4.3 前景理论对传统风险决策理论的修正

风险状态下决策的第一个规范性理论为期望价值理论（Expected Value Theory，EV），经过历代研究者对风险决策模型的创设与修正，发展到后来的期望效用理论（Expected Utility Theory，EU），以及最新的前景理论（Prospect Theory，PT）。

“前景理论”的主要理论贡献就在于其比传统的“预期效用理论”更准确地反映了不确定条件下真实世界里人们的实际决策行为[127]。以下结合图 2-1 对期望价值理论、期望效用理论、前景理论进行比较，归纳出前景理论对传统期望效用理论的修正方面。

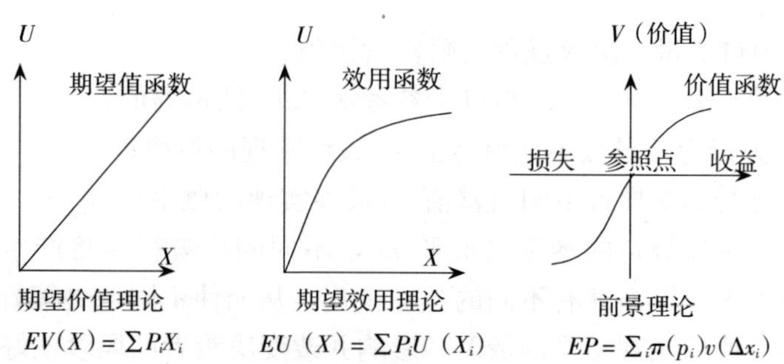


图 2-1　期望价值理论、期望效用理论和前景理论的差异

资料来源：樊少华（2007），略改动。

“期望价值理论”假设风险中立，收益值 $X$ 和效用值 $U$ 呈线性关系（图 2-1（左））。风险决策者以几种可能的收益值（$X_i$）分别乘以该收益发生的概率（$P_i$），求出期望价值（$EV$），做决策时选择期望价值较大的项目。用数学模型可以表示为 $EV(X)=\sum P_iX_i$。

“期望效用理论”假设风险规避，效用曲线凹向原点，收益的边际效用递减（图 2-1（中））。风险决策者以几种可能的效用值（$U(X_i)$）分别乘以该收益发生的概率（$P_i$），求出期望效用值（$EU$），做决策时选择期望效用值较大的项目。用数学模型可以表示为 $EU(X)=\sum P_iU(X_i)$ 。

“前景理论”假设在“收益”区域，风险规避：在“损失”区域，风险追逐。效用曲线在第一、第三象限都是凹向原点的（图 2-1（右））。风险决策者以几种可能的效用值（$\nu(\Delta x_i)$）分别乘以该收益发生的心理概率（$\pi(p_i)$），求出期望预期（$EP$），做决策时选择期望预期较大的项目。用数学模型可以表示为 $EP=\sum \pi(p_i)\nu(\Delta x_i)$ 。

通过上述对三个理论的比较，前景理论对传统期望效用理论的修正具体表现在以下几个方面[127]：

第一，传统期望效用理论假定人们的偏好满足完备性、独立性、传递性、连续性等公理化体系的基本要求；而前景理论表明，不确定条件下因决策者的环境、认知条件与认知水平的不同，其决策明显会系统地偏离效用理论的预期，出现“偏好颠倒”的现象。

第二，传统期望效用理论认为期望效用是收益值的函数，不确定性条件下对经济事件的决策是依据该事件给自己带来的期望效用绝对值作出的；前景理论认为，价值的载体是收益值的变化，而非收益值的最后状态。

第三，传统期望效用理论对效用函数用概率加权，而前景理论则要求对行为发生的概率（$P$）本身再构造一个“概率函数”$\pi(P)$ 。

第四，传统期望效用理论中的函数形状总是平滑或者凹的，表明决策者是风险中性或风险厌恶；前景理论的价值函数为 $S$ 型，位于参照点之上的是凹函数，即风险厌恶，决策者偏好于确定性收益而不是非确定性收益；参考点之下的为凸函数，即风险追逐，决策者偏好于非确定性损失而不是确定性损失。

第五，传统期望效用理论认为人的行为是完全理性的，而前景理论认为，人的行为是有限理性的，不确定性条件下的决策通常会违背基本概率法则，认知的局限性将限制其理性的发挥。

### 2.4.4 小结

尽管目前前景理论的研究成果还受到一些质疑，但前景理论的提出无疑是具有重大创新性意义[132,133]。从期望价值理论到期望效用理论，再到前景理论，前景理论是最有力的描述性理论，更适合解释人们在实际生活中的风险决策行为[134]。但前景理论和期望效用理论并不矛盾，期望效用理论是公理性理论，前景理论是描述性理论，在分析人的决策选择时都是不可缺少的。前景理论的贡献除了丰富了经济学理论、运用认知心理学探讨人类行为外，更重要的是让人们更近一步的理解自身实际行为，开始正视现实。

在不确定条件下风险决策方面，前景理论提出，决策者并非“完全理性”，也不是“非理性”，而是表现为“有限理性”。“有限理性的风险决策行为”更真实地反映了决策者在不确定条件下的风险决策行为倾向，更现实地描述了决策者实际辨优过程[127,128]。

农户在林业合作经营决策时，在不确定的社会经济条件下，在判断、评价和决策过程中会受社会、心理等因素的影响，在情绪、认知等方面产生各种主观偏差。因此，研究农户林业合作经营行为，除了结合当前的社会经济环境和农户的资源禀赋外，还要考虑这些因素引起的心理、情绪、认知等方面产生各种主观偏差对行为产生的影响，这样才能对农户林业合作经营行为有更准确的认识。

# 3 农户林业合作经营行为的分析模型

作为整个农业经济的细胞，农户的经济行为与农户家庭情况和生存的社会环境复杂的联系在一起。研究农户林业合作经营决策行为，分解、认识、揭示和掌握其一般特点和内在规律性，将有助于有效的、正确的引导农户进行林业合作经营。本章在农户林业合作经营行为理论基础和已有文献基础上，构建农户林业合作经营决策行为分析模型，作为本书研究的逻辑构架，深入研究和探讨农户林业合作经营决策行为的内在特点与规律。

## 3.1 个体行为一般分析模型

关于个体行为动因的讨论反映了人们对行为动机的不同认识，因而形成不同的行为理论与流派。行为心理学家勒温（Kurt Lewin）的场论（Filed Theory）认为，个体的行为（Behavior）取决于个人（Personality）和他的环境（Environment）的相互作用，是其个人（$P$）与其当时所处环境（$E$）的函数，即 $B=f(P, E)$，也就是说人的行为，是“场（Filed）”——人与环境共同决定，是个体内在因素和外在环境相互作用的结果[135]。人格心理学家默里（［美］H. A. Murray）的需求理论（Demand Theory）认为需求是动机产生的基础之一，是一种内在的驱动力，可以从内部或外部组织和控制个体的心理过程，渗透到个体行为的各个方面，各种需要之间并非独立，外界环境对个体需要的变化也将产生影响。社会心理学马斯洛（［美］A. H. Maslow）著名的需要五层次理论认为人的需求有高低之分，依生理需要、安全需要、归属需要、尊重需要和自我实现需要之低高层次，在满足更低等级的需求后将产生更高等级的需求。赫尔（［美］Clark L. Hull）的驱力理论（Drive Theory）认为行为的潜能（Excitatory Potentia）等于驱动力（Drive）乘以习惯（Habit），即$E=D\times H$，驱力和习惯对于个体行为的产生共同起作用[136]。

作为美国现代心理学的主要流派之一的行为主义，其动机作用观的核心即行为主义动机作用理论模型认为个体是按照过去曾经受到强化的方式来作出反应的，个体的复杂行为取决于环境刺激的影响，他们的刺激—反应理论（Stimulus-Response Theory）把"S-R"（刺激—反应）作为解释人的一切行为的公式。新行为主义针对早期行为主义"S-R"公式不能解释行为的选择性和适应性的特点，认为在个体所受刺激与作出行为反应之间存在着中间变量，个体的行为表现为：S→O→R（刺激—个体—反应），即主张"S-R"之间要有个体（Organism）作连结，此处"个体"中间变量意指个体受刺激当时的生理和心理状态，这些状态包括需求变量和认知变量，是行为的实际决定因素。简言之，新行为主义认为，在一定的刺激因素下，不同的个体将作出不同的行为表现，在考察行为的同时也兼顾心理活动[137]。

以后的行为科学研究者遵循个体对刺激做出的行为反应是个体内在因素和外在环境相互作用的结果这一广泛认可的基础理论，扩展了个体行为理论模型。其中，具有代表性的霍华德—谢思模型广泛用于消费者行为研究领域，该模型认为在刺激或投入因素和外在因素的共同作用下，影响个体的心理活动内在过程（内在因素），并形成个体的行为（反应或产出因素）[138]。

自从 20 世纪 30 年代社会心理学家拉皮尔（［美］R. T. Lapiere）"发现"态度—行为的不一致性，关于态度和行为关系的研究已经走过了漫长的道路。依据 20 世纪 60 年代和 20 世纪 70 年代早期态度—行为的关系取决于"其他"变量的观点，美国社会心理学家里斯卡[139]构建的行为决定因素模型支撑了传统态度概念和其他变量与模型概念的关系，指出其他变量包括心理因素如对某事项的感知。

上述理论基础下的个体行为一般分析模型如图 3-1 所示。

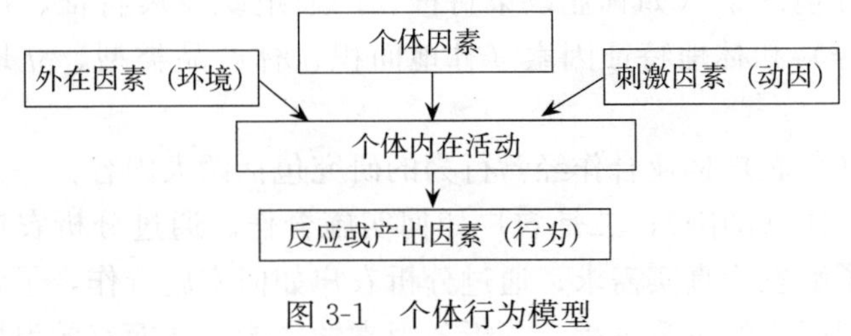


图 3-1　个体行为模型

## 3.2　农户林业合作经营行为分析模型的构建

农户林业合作经营行为作为个体行为，具有个体行为的一般性，是农户在某些因素的刺激下做出的行为反应，可以借鉴个体行为一般分析模型解释其部分规律，本书构造如下农户林业合作经营行为分析模型，如图 3-2。

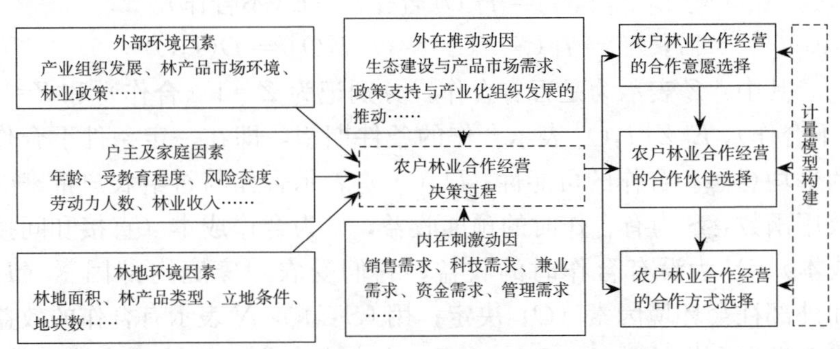


图 3-2　农户林业合作经营行为分析模型

图 3-2 是一个农户林业合作经营行为分析的模型，本书以此为基础来构建农户林业合作经营行为的一般结构与行为过程，以此形成本书的逻辑架构。在农户林业合作经营中，不同农户是在一些不同因素（动因）的刺激下，形成不同的合作决策行为。

可见，农户林业合作经营行为受三方面因素的影响，概括为农户及家庭特征因素（如户主特征、家庭人口与经济特征等）、外部社会环境因素（如林业政策特征、产业组织发展特征、产品市场特征等）和林地特征因素（林地面积、林产品类型、立地条件等）。

另外，农户林业合作经营行为的研究包括两大内容：一是农户为什么合作（动因）；二是农户如何实施合作。通过分析农户合作动因，了解农户真实需求；通过分析农户如何实施合作，了解农户合作经营行为的决策过程，分析各因素的影响，从而有效引导农户合作。

## 3.3 分析模型的简要说明

### 3.3.1 分析模型数理解释

通过建立农户林业合作经营行为选择的数学分析模型，从理论上分析农户林业合作经营行为的行为产生机理，其表达式为：

$$E[Z|I,O]=P\{U(\text{合作})>U(\text{不合作})$$
$$|I,O\}=f[(S-C)>N|I,O]=D(I,O)$$

其中：$Z$ 表示为是否有合作，分别记为 $Z=1$（合作）和 $Z=0$（不合作），$E[Z|I,O]$ 表示合作的条件期望，即在一定条件下合作的平均意愿和合作的可能性；$U$（·）表示合作与否给农户带来的效用函数，$S$ 为有合作时的预期收益，$C$ 为合作成本（直接和间接成本），$N$ 为没有合作时的收益，它们受农户家庭内部因素（$I$）和外部社会环境因素（$O$）决定；用 $(S-C)>N$ 表示有合作的效益优于没有合作的效益；$D$（$I$，$O$）为农户合作可能性的决策函数，受 $S$、$C$、$N$ 所决定，最终受 $I$、$O$ 所决定。

依此建立农户林业合作经营行为选择经济学分析模型，用数理形式证明如下[140]：

$$\max \quad U(Z,K,H)=U_1(Z)+U_2(K,H)$$
$$\text{st. } M_1(Z)+M_2(K)+H=m \qquad \text{式 (3.1)}$$

式中：

$Z$：农户林业合作经营选择（$Z=1$ 或 0，1 表示合作，0 表示不合作)；

$K$：其他非林业经营的投资和消费项；

$H$：农户家庭自持资源；

$M$：给定农户家庭的资源水平；

$M_1$（$Z$）：对 $Z$ 的资源支付；

$M_2$（$K$）：对 $K$ 的资源支付；

$M_1+M_2+H=m$：资源水平的约束条件；

$U$：效用函数；

$U_1$（$Z$）：林业合作经营选择与否得到的效用；

$U_2$（$K$，$H$）：农户家庭其他非林业经营的投资与消费项和自持资源得到的效用；

当效用函数满足一定条件时，可得均衡条件为：

$$\frac{\frac{\partial U}{\partial K}}{\frac{\partial M_1}{\partial K}}=\frac{\frac{\partial U}{\partial Z}}{\frac{\partial M_2}{\partial Z}}=\frac{\partial U}{\partial H}$$

即：$$\frac{\partial U}{\partial K}=\frac{\partial M_1}{\partial K}\frac{\partial U}{\partial H}，\frac{\partial U}{\partial Z}=\frac{\partial M_2}{\partial Z}\frac{\partial U}{\partial H} \qquad 式（3.2）$$

$\frac{\partial M_1}{\partial K}$、$\frac{\partial M_2}{\partial Z}$ 表示对一单位的 $K$、$H$ 的资源支付。

由上可知，农户林业合作经营行为选择受农户家庭特征、林地环境特征和社会环境特征的共同影响，农户在考虑合作的预期收益后才会做出选择。

### 3.3.2　影响因素假设

模型（3.2）初步给出了解释行为的外在可观察的可能性因素假设。后续章节将通过文献综述，作出农户林业合作经营行为选择决策的影响因素的假设，并通过实证研究给予充分的论证。

从图 3-2 可以看出，影响农户林业合作经营行为选择决策的因素主要来自于三大方面的因素：合作行为主体特征（农户及家庭因素）、合作的客体特征（林地环境因素）以及合作的外部环境特征

（外部环境因素）。

本研究考察的是农户行为，合作经营的主体特征即指农户及家庭特征。农户及家庭特征以农户户主的特性、家庭特征和家庭生产经营特性为主要特征。一般来说，农户家庭的决策主要由户主依据自身的年龄、文化程度、对事物的认知和风险态度等，以及劳动力人数、经济状况、生产经营历史等因素的约束下来进行，因此不同的农户其合作经营行为不同。

合作经营的客体特征用林地环境特性表示，作为某些可能的外在决策影响因素，如林产品类型、林地面积、林地立地条件、成熟年限等，这些因素存在的差异，可能给农户林业合作经营行为带来不同的影响，如在合作对象、合作方式等各方面表现为合作行为的不一样。

合作经营的环境特征用市场环境、政策环境、产业组织发展等因素表示，作为外在的决策影响因素，不同的社会、经济、制度和市场环境，交易成本、市场不确定性等存在的差异可能影响到农户对合作伙伴、合作方式等合作行为的选择不一样。

因此，主要影响因素假设有以下一些，具体的研究将在后续的章节中论述：

合作经营的主体特征因素，包括户主特征、家庭特征等。其中，户主特征有年龄、教育、风险类型等；家庭特征有家庭收入、家庭人口数、劳动力人数等。

合作经营的环境特性视为外部社会环境因素，包括产业组织发展、政策环境、市场环境等因素。

合作经营的客体特征以林地因素为主，包括林地面积、林地立地条件、林产品类型、成熟年限等。

### 3.3.3 研究内容的解释与计量模型的构建

依赖于选择相应的统计分析方法进行的实证分析，本研究将农户林业合作经营行为分为两个部分：

第一部分研究农户林业合作经营的动因，通过理论和实证分析，农户林业合作经营行为产生的内在动因和外部动因，以及这些内在动因在林业经营中的重要程度及其差异。

第二部分合作行为选择的决策过程，又分为三个阶段。

①第一阶段选择（合作意愿选择）的决策分析，可以建立二项选择的计量回归模型进行分析。

尽管线性回归模型没有对所使用的自变量的值量度加以限制，自变量可以是连续的，也可以是正数和0，也可以都只是整数，或者是二分类的，但因变量必须是连续的，因变量的取值范围必须在负无穷至正无穷之间，不适用于二项选择问题。因此，对二分类因变量的分析应使用非线性函数。在经济学、社会学和其他社会科学中，在二分类因变量分析中可以使用多种分布函数，较为流行的是Logistic 分布，如果假设误差项 $\varepsilon_i$ 为 Logistic 分布，就得到Logistic 回归模型。另一个可供替代的分布函数是标准正态分布，如果假设误差项 $\varepsilon_i$ 为标准正态分布，就得到 Probit 模型。二项Logistic 模型的优点是不需要假设相同分布性或称方差不变，没有关于自变量分布的假设条件，也不需要假设它们之间符合多元正态分布的要求[141]。Logistic 模型的用途，或者说 Logistic 模型运用的意义在于寻找出某一事件或者决策者的选择的影响因素，可以根据模型，预测在不同的自变量情况下，发生某种情况的概率有多大。因此，本部分的研究选用二项 Logistic 模型进行计量分析。

假设所抽取的农户样本一共有 $n$ 组观测数据，$y_i$ 是农户 $i$ 的0—1型二项选择的因变量，$x_{i1}, x_{i2}, \ldots, x_{ik}$ 是农户 $i$ 的与 $y_i$ 相关的 $K$ 个自变量。

所观测农户 $i$ 的二项选择的概率为：

$$P(y_i) = p_i^{y_i}(1-p_i)^{(1-y_i)} \qquad 式（3.3）$$

其中，$y_i=1$ 或者 $y_i=0$。

$n$ 个观测值的似然函数为：

$$L(\theta) = \prod_{i=1}^{n} P(y_i) = \prod_{i=1}^{n} p_i^{y_i}(1-p_i)^{(1-y_i)} \qquad 式（3.4）$$

Logistic 回归函数为：

$$P(y_i = 1 \mid x_i) = \frac{e^{(\alpha + \sum \beta_i X_i)}}{1 + e^{(\alpha + \sum \beta_i X_i)}} = \frac{1}{1 + e^{-(\alpha + \sum \beta_i X_i)}}$$

式（3.5）

$\alpha, \beta_i$ 为待估计参数，$X_i$ 表示上述假设的各影响因素。

Logistic 回归模型的对数似然值为：

$$\ln[L(\theta)] = \sum_{i=1}^{n} [y_i(\alpha + \beta_0 + \beta_1 x_{i1} + \beta_2 x_{i2} + \cdots + \beta_k x_{ik}) - \ln(1 + e^{\alpha + \beta_0 + \beta_1 x_{i1} + \beta_2 x_{i2} + \cdots + \beta_k x_{ik}})]$$

式（3.6）

那么，农户林业合作经营意愿 Logistic 回归模型可以表达为：

$$\ln[P/(1-P)] = \alpha + \beta_0 + \beta_1 x_1 + \beta_2 x_2 + \cdots + \beta_k x_k + \varepsilon$$

式（3.7）

对其进行似然估计，得出参数估计量。

②第二阶段选择（合作伙伴选择）的决策分析，所要分析的因变量是“农户林业合作伙伴选择”，实质上是一个定性的多分类选择问题。

当分类因变量的类别为三类及以上，且类别之间并没有次序关系时，可以应用多项 Logistic 回归模型。有些时候非次序多分类因变量可以用判别分析（Discriminant Analysis）。相比之下，多项 Logistic 回归模型不需要对自变量做多元正态分布的假设，其结果也更好解释，是 Logistic 回归分析的另一种自然扩展。本节研究考察的是农户在选择合作伙伴类型上的概率与农户的特征变量之间的关系，适用于多项 Logistic 模型。

对于有 $j = 1, 2, \cdots, J$ 类的非序次因变量，多项 Logistic 模型可以通过以下 Logit 形式描述（王济川等，2001）[141]：

$$\ln\left[\frac{P(y = j \mid x)}{P(y = J \mid x)}\right] = \alpha_j + \sum_{k=1}^{K} \beta_{jk} x_k$$

式（3.8）

式（3.8）中 $\beta$、$\alpha$ 为待估计的参数，$x$ 为模型的自变量，$\beta$ 的第一个下标标志不同的 Logit，第二个下标标志不同的自变量。在有 $J$ 个类别的多项 Logistic 模型中，有 $J-1$ 个 Logit 表达式，其中最后一个类别（即第 $J$ 个类别）被作为参照类。

归入因变量中第 $j$ 类的概率可以由下列公式进行估计：

$$P(y=j \mid x)=\frac{e^{\alpha_j+\sum_{k=1}^{K}\beta_{jk}x_k}}{1+\sum_{j=1}^{J-1}e^{\alpha_j+\sum_{k=1}^{K}\beta_{jk}x_k}} \qquad \text{式（3.9）}$$

可以计算得到（$J-1$）个对数发生比为：

$$\ln\left(\frac{p_2}{p_1}\right)=\alpha_2+\sum_{k=1}^{K}\beta_{2k}x_k\ ,$$

$$\ln\left(\frac{p_3}{p_1}\right)=\alpha_3+\sum_{k=1}^{K}\beta_{3k}x_k\ ,\cdots,$$

$$\ln\left(\frac{p_{J-1}}{p_1}\right)=\alpha_{J-1}+\sum_{k=1}^{K}\beta_{(J-1)k}x_k \qquad \text{式（3.10）}$$

对于第 $i$ 个农户，如果选择第 $j$ 类合作伙伴，则令 $d_{ij}=1$。如果没有选择第 $j$ 类合作伙伴，则令 $d_{ij}=0$。同时，对于第 $i$ 个农户，在 $J$ 类合作伙伴，只能存在 1 个 $d_{ij}=1$。

于是，可以得出模型的对数似然函数为：

$$\ln L=\sum_{i=1}^{n}\sum_{j=0}^{j}d_{ij}\ln p(y_i=j) \qquad \text{式（3.11）}$$

其微分形式为：

$$\frac{\partial \ln L}{\partial \beta_j}=\sum_i(d_{ij}-p_{ij})X_i \qquad j=1,\ 2,\ \cdots,\ J$$

$$\frac{\partial^2 \ln L}{\partial \beta_j\,\partial \beta'_i}=-\sum_{i=1}^{n}p_{ij}(l(j=l)-p_{ij})X_iX'_i$$

利用 Newton 迭代法可以得出模型的参数估计量（李子奈等，2003）[142]。

③第三阶段选择（合作方式选择等）的决策分析，也是一个多分类选择，建立多元选择的 Logistic 模型，分析各因素对合作方式选择决策的影响机理，进而找到相关的影响因素。计量模型的构建与解释可以参照第二阶段的决策选择。

# 4 农户林业合作经营的现状

林地地块的规模越大，管理效率也越高[78]。为有效地消除小农户与大市场之间的矛盾，在林业经营实践中大量涌现了林业合作经营的现象。寻求林业的合作经营与规模化经营成为林农为适应市场竞争、满足林业生产经营的需要而自发走向'统'的过程[19]。本章对我国及江西省的农户林业合作经营的现状进行概述，从另一个视角表明农户林业合作经营的必要性、合理性和紧迫性。

## 4.1 我国农户林业合作经营的现状

**(1) 我国林业合作组织发展处于初级阶段，呈现区域发展不平衡**

随着集体林权制度改革在全国的推进，近九成的集体林地已通过明晰产权的方式承包到农户家庭。但林地的分户经营带来了单独面对市场、经营成本高、市场风险大等难题。发展林业合作组织，可以消除或缓解林地的资金、技术、销售等经营障碍，也可以通过林农的联合获得林地的规模效应，除了能节约经营成本，提高经营效益外，还可以在林业保险、金融信贷等方面获得优势，更可以使林农避免林地流转而造成"失山失地"的困境，成了政府推动与农户自发的选择。2007 年颁布实施的《中华人民共和国农民专业合作社法》，以及 2009 年国家林业局《关于促进农民林业专业合作社发展的指导意见》，为林业合作组织的发展提供了政策保障。总体来说，我国林业合作组织发展处于初级阶段，呈现区域发展不平衡。

①林业合作组织类型多样，提供了各种林业生产服务。根据国家林业局集体林权制度改革监测项目组 2012 年对江西、辽宁、福建、湖南、陕西、云南、甘肃等 7 个省份 70 个样本县3 500个样本

户的连续监测，到 2011 年年底，样本县林业合作组织数量快速增长，在 2010 年基础上增加了 11.37%，林业合作组织类型包括有农民林业专业合作社、家庭合作林场、股份制林场、“三防”协会、林业专业协会和其他组织，其中林业专业合作社所占比例最多，达到 37.8%，其余分别为 10.25%、6.46%、27.3%、14.56% 和 3.63%。这些林业合作组织提供了多种林业经营服务，其中提高科技服务比例最多，为 27.42%，其余服务有营林生产服务、销售服务、“三防”服务和其他服务，所占比例分别为 22.29%、18.93%、16.96%和 9.86%[①]。

②各类林业合作组织发展虽然快速，但经营林地面积依然偏少。到 2011 年年底，全国已有各类林业专业合作组织近 10 万个，加入林业合作组织的农户有1 200多万户。但林业合作组织的发展成效不明显，并未在全国普及，各类林业合作组织经营的林地面积约为1 333万公顷，不到全国集体林地面积 1.82 亿公顷的 8%。而对于林业专业合作社来说，到 2011 年年底全国共有 3.17 万个，加入林业合作社的林农 531 万户，林业合作社经营的林地面积 556 万公顷，只有集体林地面积的 3%[②]。而如与整个农民专业合作社相对比，林业合作社发展则相去甚远。这几年，农民专业合作社的发展可谓是高速增长，2011 年年底农民专业合作社达 52.17 万家，到 2012 年年底，比上年底增长 32.07%，达到 68.9 万家[③]。

③已启动全国农民林业专业合作社示范县活动，有效引导林农

① 林业专业合作组织成了“香饽饽”. http://www.gdf.gov.cn/index.php?controller=front&action=view&id=10018503.

② 数据来源和整理自：林业局．目前全国已建立林业专业合作组织 9.78 万个．中央政府门户网站，www.gov.cn，http://www.gov.cn/jrzg/2012-11/22/content_2273466.htm；积极引导农民专业合作社健康发展．http://news.china.com.cn/rollnews/2012－06/21/content_14788550.htm.

③ 数据来源：工商总局．农民专业合作社已达 68.9 万家．http://finance.sina.com.cn/nongye/nyhgjj/20130110/141614247100.shtml.

合作经营。由于林业专业合作社发展相对缓慢，为加快林业专业合作社发展步伐，2011 年 12 月，国家林业局发出了《关于确定首批创建全国农民林业专业合作社示范县活动的通知》，确定了北京昌平区等 200 个县（市、区）为首批创建农民林业专业合作社示范县（表 4-1），将林业专业合作社纳入整个农民专业合作社的政策扶持范围，享受国家各项扶持政策。

**表 4-1　首批林业专业合作社示范县各省份数量分布情况**

| 省（自治区、直辖市） | 个数 | 省（自治区、直辖市） | 个数 | 省（自治区、直辖市） | 个数 | 省（自治区、直辖市） | 个数 |
|---|---|---|---|---|---|---|---|
| 北京 | 1 | 福建 | 8 | 四川 | 11 | 海南 | 4 |
| 河北 | 11 | 江西 | 11 | 贵州 | 6 | 浙江 | 10 |
| 山西 | 9 | 山东 | 8 | 云南 | 8 | 重庆 | 8 |
| 内蒙古 | 7 | 河南 | 10 | 陕西 | 10 | 安徽 | 9 |
| 辽宁 | 9 | 湖北 | 10 | 甘肃 | 5 | 广西 | 8 |
| 吉林 | 4 | 湖南 | 11 | 宁夏 | 4 | 江苏 | 7 |
| 黑龙江 | 4 | 广东 | 3 | 新疆 | 4 | | |

资料来源：中国林业新闻网，http：//www. greentimes. com/green/econo/hzgg/ggqs/content/2011-12/28/content _ 161654. htm.

④全国林业合作组织发展呈现区域发展不均衡。首先，上述对林业专业合作社示范县的确定，一定程度上反映了林业专业合作社发展的区域不平衡。对林业专业合作社示范县的确定与扶持，与各省（自治区、直辖市）的林业合作组织发展状况相关。各省（自治区、直辖市）在申报示范县时，根据实际情况，了解拟申报示范县本县农民林业专业合作社建设发展情况，特别是林业专业合作社的规模、成员情况、运作模式、收益分配等，要求成员达到 100 名以上、具有较好的市场前景、能够发挥良好的示范带动作用[①]。因

① 详见：国家林业局关于组织开展创建农民林业专业合作社示范县活动的通知 . http：//www. caein. com/index. asp? xAction=xReadNews&NewsID=60819.

而，从表4-1的数据看，总体来说，南方集体林区和集体林权制度改革的先行省份农民林业专业合作示范社的数量相对更多，一定程度上反映了林业专业合作社发展的区域不平衡。

其次，从整个各类林业合作组织的发展来看，区域发展也呈现不平衡。集体林权制度改革先行省份福建省和江西省各类林业合作组织呈现良好发展态势。2012年，福建省已建立包括林业专业合作社、林业专业协会、股份合作林场和家庭合作林场在内的各类林业合作组织3 751个，涉及的农户251.6万户，涉及的林地经营面积52万公顷。其中，林业专业合作社1 728个，涉及的农户39.8万户，涉及的林地经营面积42万公顷。到2012年6月，江西省共建立包括农民林业专业合作社、民营林场、林业“三防”协会等在内的各类林业专业合作组织14 832个，参与农户241.75万户，涉及经营林地面积约490万公顷。部分省份的林业合作组织发展则相对更慢，到2012年年底，四川省建立涉林农民专业合作组织1 987个，比上年增长42.5%，涉及农户成员26.74万户，涉及林地经营面积57万公顷。贵州省组建林业专业合作组织1 655个，其中林业专业合作社955个，涉及农户23.7万户。黑龙江省到2012年底共发展林业专业合作组织165家，入社农户4.3万户（表4-2）。尽管林业合作组织区域发展出现不平衡，但这些林业合作组织促进了各地区林业合作化、规模化和集约化经营，在林业发展中发挥着重要作用。

⑤我国林业合作组织发展中存在诸多问题。建立林业合作组织的目标是在维护森林的责任下改善森林管理，保障农户利益，但在初期阶段，发展存在诸多问题。由欧洲联盟出资、中国国家林业局和联合国粮农组织共同实施的某项目研究对浙江、江西、湖南、贵州、福建、安徽六省林农合作组织发展状况进行了调查，认为我国林业合作组织发展中普遍存在的主要问题表现在：总体上发展阶段较低，处于发展的初级阶段；经营规模偏小，林农的参与程度仍然较低，对集体林地经营效益的增长影响有限；内部管理机制不够规范，民主决策机制、运行机制和利益分配机制不合理；缺乏带头人

和懂经营会管理的人才，产品市场销售渠道单一，缺乏应对市场的能力；资金缺乏，融资难度较大；经营内容或服务单一；缺乏提供林业基础设施的能力，不利于林农进行联合经营；林木采伐限额管理政策和木材加工利用政策的限制阻碍了林农开展用材林的联合经营；难以获得针对性的政策扶持等[143]。

表 4-2　部分省份林业合作组织发展状况

| | 截止时间 | 各类林业合作组织（个） | 涉及农户数（万户） | 涉及经营的林地面积（万公顷） |
|---|---|---|---|---|
| 福建省① | 2012 年年底 | 3 751 | 251.6 | 52 |
| 江西省② | 2012 年 6 月 | 14 832 | 241.75 | 490 |
| 四川省③ | 2012 年年底 | 1 987 | 26.74 | 57 |
| 贵州省④ | 2012 年年底 | 1 655 | 23.7 | — |
| 黑龙江省⑤ | 2012 年年底 | 165 | 4.3 | — |

注：①福建已有农民林业专业合作社 1 728 个 . http://www.hbly.gov.cn/wzlm/xwzx/xwzx/shgz/40957.htm.

②江西林改配套改革取得新突破 . http://nyzc.xn121.com/zcdt/09/1619527.shtml.

③四川省农民林业专业合作组织发展迅速 . http://www.yuanlin365.com/news/235802.shtml.

④贵州建成林业专业合作组织 1 655 个覆盖农户 23.7 万户 . http://gz.cnr.cn/gzyw/201303/t20130301_512057813.shtml.

⑤黑龙江省 2013 年林业产值力争 1 400 亿 . http://www.chinaacc.com/new/184_900_201301/22su2260408638.shtml.

**（2）林业产业化龙头企业初显产业集聚效应，还须做强带动农户能力**

为推进我国林业产业持续快速发展，发挥林业龙头企业引领林业产业的龙头作用和示范效应，国家林业局在 2005 年发布了《关于开展省级林业重点龙头企业扶持工作的通知》，加大对林业龙头企业的扶持力度。各省、自治区、直辖市结合自身林业产业发展的实际，制定了省级的认定标准和扶持政策。以认定标准为规范、以扶持政策为激励、以接受监测为鞭策，林业龙头企业在加强自身管理建设、增强自主创新能力和市场开拓能力上获得了提升，努力与林农通过各种利益联接机制形成了利益共享、风险共担的合作经营，不断增强辐射和带动林农的能力，初显产业集聚效应，带动林农发展商品生产。如到 2012 年 6 月，福建省认定的省级林业产业化龙头企业达到 141 家，带动基地面积 80 多万公顷，带动林农 60 万人①。2010 年安徽省 13 家林业龙头企业带动农户数 18 万余户，农户增收近 1.5 亿元②。总体看，林业龙头企业在获得自身发展的同时，也引导了林农增收致富，取得了良好的经济效益和社会效益。

但毕竟林业产业化龙头企业数量少，对全国 3 亿多林农来说，所能起到的带动作用有限。黄敏等通过重点考虑林农对林业产业化企业的评价，对江西省 32 家林业产业化企业的研究认为，林业产业化龙头企业在其功能、行为与绩效上并不一致，功能强的企业不一定行为好，行为好的企业不一定绩效优[144]。有些林业龙头企业尽管注重林业基地的建设，与林农形成合作，但在带动农户和引领农户增收方面还没有达到很好的合作绩效。陈俊华等以福建省为例分析了农业产业化龙头企业带动农户的效率，研究认为福建省农业产业化龙头企业带动农户能力总体上效率低下，但带动效率逐渐提升，呈现波动上升趋势，同时存在区域发展不平衡，部分地市出现带动效率不稳定现象。从企业带动效率的影响因素上，财政支持力度、企业规模、科研开发力度对企业的带动效率有显著正相关关系，企业固定资产投入和流动资产投入对企业带动农户和促进农户增收的影响程度相对较大[145]。

由于林业经营周期长，受自然环境与气候的影响大，很难实现标准化生产，农户普遍存在林业粗放经营的现象。而与大农业领域的龙头企业相比，林业龙头企业相对更少，林产品的市场化程度更

---

① 为民谋富 八闽释放绿色能量．http：//www.fjforestry.gov.cn/InfoShow.aspx?InfoID=59241&InfoTypeID=5.

② 我省超额完成 2010 年林业贴息贷款计划．http：//www.ahly.gov.cn/main/model/newinfo/newinfo.do? infoId=14954.

低。因此，对于林业企业来说，发挥其带动农户的作用，从企业自身来说，要加大科研开发力度，以产品求市场，以市场求发展，扩大企业规模，增加企业固定资产投入和流动资产投入，从而增加农户对企业能力的信任与合作。政府应增加对林业企业的财政支持力度，来帮助企业投入资金，扩大规模，提高林农与企业合作参与市场化的程度，增强企业带动效率。

**(3) 农户林业合作经营模式多样化**

农户在林业合作经营中由于合作对象的多元化、合作利益联结方式的多样化使得合作呈现多种模式。上面所提到的林业龙头企业与农户的利益联结在各省（自治区、直辖市）对林业产业化龙头企业认定中有所要求，如四川、福建、江西等省对林业产业化龙头企业认定中包括“公司＋基地＋农户”、“订单林业”、“合作造林”等形式。又如国家发改委、财政部、国家林业局制定的《全国油茶产业发展规划（2009—2020年）》中指出，引导和鼓励龙头企业通过“企业＋基地”、“企业＋基地＋农户”、“企业＋专业合作组织”等多种形式，鼓励农民与企业开展合作，积极探索以龙头企业带动为主体，各类专业合作组织和种植大户为辅的油茶产业发展模式及运行机制[①]。河北藁城市鑫鑫木业公司在工业原料林专业基地建设中通过“企业＋基地”、“企业＋基地＋林农”等方式，带动60多个农户种植速生杨180公顷。中国农业银行福建分行推出了以“企业＋林农”、“企业＋基地＋林农”等为主要内容的“1＋N”保证担保贷款模式，累计发放贷款超亿元，支持农户超千户[②]。总体来说，农户林业合作经营的模式可以概括为以下几种：

①“村集体组织＋农户”模式。广东“均股均利”集体林权制度改革模式体现了“村集体组织＋农户”合作模式。广东省在集体

---

① 国家林业局．把油茶培育成兴林富民的支柱产业．http：//news.xinhuanet.com/fortune/2009-11/09/content_12419574.htm.

② 农行助林业发展促美丽中国建设．http：//www.gf.com.cn/commons/newsContent.jsp?docId=1647767.

林权制度改革中根据实际情况，没有推行“均山制”改革模式，而是探索“明晰产权、量化到人、家庭承包、联户合作、规模经营”的“均股均利”改革模式，林地由村集体统一经营或经村民同意对外流转，农民按股分利，即避免了林地的细碎化和分散经营，实现林地规模经营，又有效保障了林农的合法权益，农户在取得山林分红的情况下，也可以集中资源和精力发展其他经济增收。另外，集体林权制度改革中有些地区对于不宜均山到户的村民小组集体商品林、村委会统一经营的山林或者已划定为生态公益林的集体山林还是由集体组织统一经营管理，但采取均股或均利的方式落实到农户，确立经营主体地位。尽管放弃了林地的经营权，但明晰了农户的林木收益权，农户对集体林地也有了管护积极性。

②“家庭联户经营”模式。这种模式来源有三种，一是对难以完全按人均确权到户的山林，将经营主体下移，实行联户经营，能充分调动农户的营林积极性；二是由几户农户家庭以自留山、责任山、承包山林等自由组合形成联合体，依靠自有的资源与劳动力采取联户合作经营模式，实现规模经营；三是由几户农户自愿联合，通过招投标、租赁、承包方式共同出资（股份形式）取得大面积林地，实现联户经营，并明确规定各自的职责与利益，既节约了投资，又能有计划、有规模地管理山林。由于单户经营所能依靠的资源有限，家庭联户经营以亲缘、地缘、业缘为纽带，依靠资金和劳动力的联合共同经营山林，提高效率。

③“大户+农户”模式。一些有经济头脑、经济实力的大户为了扩大其林业经营的效益，会寻求与其他农户的合作，不同的林产品类型存在不同的合作方式。对于林木产品来说，农户一般以其林地经营权入股，而大户则在新流转的林地上投入资金，种植林木，双方的合作会以合同契约的形式，以法律为保障来规范各自的责任与利益分配。对于其他林业经济作物如水果种植，大户在引进新品种、新技术、产品销售渠道上有优势，对当地其他农户有明显的示范作用，带动其他农户。双方的合作一般以合作制或者合同契约形成，小农户在与大户的合作中可以免费获得信息，降低搜寻信

息的成本，可以利用大户的销售渠道解决产品销售问题，而大户则通过向小户出售原材料获取利润，或者帮助小户销售产品时收取费用。

④“林业合作组织+农户”模式。有些学者会将上面所提到的“家庭联户经营”模式和“大户+农户”模式归为林业合作组织，而2007年7月1日起施行的《中华人民共和国农民专业合作社法》第四条明确规定，“农民专业合作社依照本法登记，取得法人资格”。很明显，“取得法人资格”的互助性经济组织运作需要成本，从理性的视角，无论大户还是小农户，如果“家庭联户经营”模式和“大户+农户”模式在无需支付“运行成本”的情况下能获得收益的改进，则组建真正意义上的合作组织就没有动力。

当然，无论是政府主导还是农民自发组建的“取得法人资格”的林业合作组织，在提高农民的组织化程度、增强农民进入市场的竞争力、保障农民的利益上发挥了重要作用，是集体林权制度改革新时期我国林业发展的重要载体。农户可以以股份、缴纳会费等方式参与林业合作组织，与林业合作组织合作，林业合作组织依据章程，规范合作农户的责任与义务，按照合作组织的利益分配方案合理维护合作农户利益，同时也确保合作组织的盈利，以更好的吸引更多农户参与合作，提高农户的合作积极性。

⑤“企业+农户”模式。“企业+农户”模式因在合作利益联结和合作的林产品对象上的区别又分为几种模式。其一是林木产品的“企业+农户”型的股份合作林场，是营林公司与农户合作的结果。农户由于自身资源禀赋的所限，但又不愿意放弃未来可能很高的林木的收益，以林地为股份入股，只让渡林地经营权，对未来林木的收益权按双方的股份合同协议设定的份额分配。其二是林业经济作物的“企业+农户”型的模式，是加工企业为保证农产品的供应与质量和农户的合作，涵盖了股份合作型、合同契约型等利益联结方式。其中股份合作型以股份为纽带，使农户和企业在资本上结成了利益共同体，而合同契约型以市场交易为出发点，农户在经营中可以获得企业的生产要素或者技术服务，又能保障农产品的销售

和价格稳定。但由于企业在与农户直接合作中存在的较高的交易费用，使得这种模式的效率低下。当然，在合作发展的初期，在企业和林业合作组织本身发展不完善的情况下，这种模式对于农户单独的林业经营还是可以获得营林效率的提高。

⑥“企业＋大户＋农户”模式。为提高林业合作经营的效率与效益，也为了降低合作中的交易费用，企业在与农户的合作中自然追求组织制度的创新，首先在当地寻找规模大、能力强、信誉好的经营大户，企业只与大户通过各种利益方式合作，而企业所需要获得的各种农户所掌握的资源由大户与分散农户合作。这种模式由于大户的加入，一方面大户和农户之间的地缘与亲缘关系使得相互之间的信息沟通、合作的执行监督更直接有效；另一方面企业只与大户签订合同，减少了合作对象，降低了合同的签约、执行与监督成本，降低了交易费用。但由于大户在合作中也只是简单的自然经济人，在与其他分散农户合作时因追求自身利益最大化，在信息沟通、价格谈判中难免会因个人的机会主义行为损害农户的利益。

⑦“企业＋林业合作组织＋农户”模式。上述“企业＋大户＋农户”模式和“企业＋农户”模式相对于农户直接进入市场，能减少交易成本，提高经营效率。但由于农户缺乏组织化的联结，在面对强势的企业和大户时，也存在风险机制不完善、监督成本高、利益分配风险等合作风险。因此，通过林业合作组织联接企业和农户是追求降低风险的制度创新，合作组织的加入使得整个合作模式运行机制较为完善，形成分配机制、风险机制较完善的企业与农户的合作关系，保障了农户的收入。“企业＋林业合作组织＋农户”模式中农户与企业的利益联结方式也存在合同制、股份制等形式，不同农户通过选择合适的合作方式依赖林业合作组织与企业实施合作，实现林业发展的适度规模经营，提高经营效率与效益，实现企业与农户的互利双赢。

⑧“企业＋基地＋农户”模式。“企业＋基地＋农户”模式是林业产业化发展中林业产业化龙头企业依托村集体、林业大户、或者林业合作组织，将分散的农户联系在一起，由企业统一规划种

植，统一负责技术，农户分片承包经营。这种农户林业合作经营模式强化企业发展基地的作用，强调企业对基地农户的带动能力，即推进了林业生产基地化、产业化，促进了当地林业产业结构调整，保障了林业企业加工原材料的供应，又解决了林农林业技术缺乏和林产品销路不畅的问题，提高了林农抗风险能力，有效提高农户林业收入和林业经营积极性。

## 4.2 江西省农户林业合作经营现状

**(1) 林业合作组织发展速度走在全国前列**

由于江西省推行集体林权制度改革较早，与其他省份相对比，林业专业合作组织发展快，参与农户数量多，涉及林地面积广，林业合作组织的发展走在了全国的前列。为应对林业产权到户、林地经营分散的新形势，江西省在开展集体林权制度改革的过程中，积极引导农户以多种方式进行合作经营。在政府鼓励和引导下，农户自愿联合，形成了林业专业合作社、林业“三防”协会、民营林场等多种形式的林业合作组织。2009 年 12 月，全省共组建各类林业合作组织14 012个。其中，林业专业合作社有 952 个，经营林地面积 23.5 万公顷，涉及林农 12.42 万户；“三防”协会11 004个，涉及林农 198.42 万；另外还有民营林场1 244个，造林公司 305 个，木竹加工协会 507 个[①]。到 2012 年 6 月，全省各类林业合作组织增长到 1.48 万个，涉及农户达到 240 多万户，涉及的林地面积近 490 万公顷，提高了林农林业生产的组织化程度[②]。

**(2) 全国农民林业专业合作社示范县主要分布在林业大市**

在国家林业局公布的首批创建全国农民林业专业合作社示范县

---

① 江西省林农合作组织研究报告．世界粮农组织网，http：//www.fao.org/forestry/tenure/china-reform/58258/zh/.

② 江西林改配套改革取得新突破．新华网，http：//www.jx.xinhuanet.com/news/fmbd/2012-09/18/c _ 113110313.htm.

名单中，江西省共有 11 个示范县，主要分布在宜春、九江、赣州等林业大市（表 4-3）。从示范县在全省的分布看，也一定程度上反映了江西省林业合作组织发展的区域差别。

**表 4-3 江西省 11 个林业专业合作社示范县分布情况**

| 示范县 | | 示范县 | |
|---|---|---|---|
| 九江市 | 修水县、武宁县 | 赣州市 | 崇义县、兴国县、于都县 |
| 上饶市 | 横峰县、鄱阳县 | 吉安市 | 遂川县 |
| 抚州市 | 资溪县 | 宜春市 | 铜鼓县、靖安县 |

资料来源：江西省政府网，http：//www.jiangxi.gov.cn/dtxx/tjdt/201202/t20120215_693069.htm.

**（3）林业合作组织发展的质量存在不足**

尽管江西省林业合作组织的发展速度快，数量多，但发展质量存在很大不足。江西省林业厅曾经对全省的林业合作组织运作状况进行了调查，江西省的“三防”协会运行与发展处于尴尬地步，能有效运行的只有 1/3，处于维持境况的为 1/3，已有 1/3 陷入停滞状态。江西省林业合作组织发展中主要存在的问题或困难有：合作组织宣传和辐射作用有限，林农缺乏对合作组织的了解，思想认识不到位；合作组织缺乏对政策、信息和技术的了解；经济困难，合作组织运营资金投入不足，发展慢；组织内部运行不规范，运行机制和利益分配机制不健全，管理低效，缺乏民主决策；基础设施陈旧落后，阻碍林农联合经营；合作组织缺乏科学的规划，服务领域单一；政府支持力度不足，难以有效解决合作社运营面临的困难等[①]。如何解决上述困难，进一步扩大林业合作组织的规模，吸引更多林农参与林业合作组织，提高林农的组织化程度和参与市场竞争的能力，从而提高合作组织的经营规模和经营效益，是各类林业合作组织共同面临的挑战，也是林业合作组织发展的目标。

① 江西省林农合作组织研究报告．世界粮农组织网，http：//www.fao.org/forestry/tenure/china-reform/58258/zh/.

**(4) 林业龙头企业发展进入新阶段，带动林农积极参与林业发展**

表 4-4 江西省 243 个省级林业龙头企业分布情况

| 企业个数 | | 企业个数 | | 企业个数 | | 企业个数 | |
|---|---|---|---|---|---|---|---|
| 南昌市 | 18 | 九江市 | 12 | 景德镇 | 6 | 吉安市 | 21 |
| 萍乡市 | 14 | 新余市 | 20 | 鹰潭市 | 3 | 抚州市 | 28 |
| 赣州市 | 44 | 宜春市 | 43 | 上饶市 | 45 | | |

资料来源：关于公布江西省省级林业龙头企业名单的通知，http://www.jxly.gov.cn/ggl/201207/t20120726_66699.htm.

2012 年 7 月，江西省林业龙头企业扶持工作领导小组认定 254 家企业为江西省省级林业龙头企业（分布情况见表 4-4），努力为这些企业创造良好的发展环境，加大政策、信息、技术等方面的扶持力度，要求这些企业自身提升企业管理水平，注重产品质量和品牌建设，增强市场竞争力，通过“公司＋农户”或其他模式与农户建立可靠和稳定的利益联结机制，发挥企业应具有的带动能力和示范作用，带动农户增收致富。不过，从表 4-2 看，各地市林业龙头企业分布有很大差距，体现为传统林业大市和经济发达地区林业龙头企业的数量相对更多。江西省林业龙头企业的认定与扶持，对林农参与林业合作经营提供了合作机会，带动了林农积极参与林业发展。

## 4.3 小结

不同合作模式的组织制度安排具有其发展的阶段特点，有着不同的激励与约束机制。这些机制激励与约束了各合作主体的经济行为，产生了各种合作模式所具有的不同的合作效率。通过各合作主体之间的博弈，通过对合作效率的比较，农户将选择适合当前发展阶段的合作模式。而农户林业合作经营模式的创新与发展方向将可能集中于农户通过林地入股、资金入股等方式建立各种林业股份合作制经济组织如家庭股份林场，参与“企业＋林业合作组织＋农户”、“企业＋基地＋农户”等风险机制、分配机制、激励机制都相对完善的组织模式。

# 5 农户林业合作经营的动因

从微观层次，特别是从农户视角，对农户林业合作经营行为的内在刺激因素和外在推动因素的研究成果甚少。农户对林业合作经营的需求是受内在因素和外在因素的共同影响。从内在因素和外在因素两方面探讨林业经营中农户合作需求产生的动因，可以有针对性的提供相关支持，以促进农户林业合作经营，对林业的发展和林农的增收有重要的意义[146]。

另外，农户在林业生产决策中会考虑到林业生产的特点。首先，林业生产的长周期性需要农户在生产决策前就要考虑到可能存在的一些经营中的障碍，需要生产经营者具备前瞻性。如不同生长时期所需要的技术能力，资金的需求，也就是林业生产经营者需要有技术的持续能力和资金的持续能力。同时要考虑到潜在的市场风险和自然风险，甚至要考虑到政策风险。其次，林业生产经营具有规模经济效益。特别是在森林防护上，对病虫害的防治、防火、防盗等方面，单户经营的成本和管理效率低下。因此，在林业经营中农户就会寻求各种方式的合作以降低经营成本，提高经营效益。以下通过先建立动因模型，来分析农户林业合作经营中的内在动因和外在动因。

## 5.1 动因模型

从理论、案例与实证的视角研究农业产业化经营对农户收入的正向效应的成果颇丰[147～149]，可以说，农业产业化经营对大部分农户收入增长有积极作用。因此，实现效用最大化是农户林业合作经营主要动因，既是说农户为获得更大的效用而在林业经营中采取了合作行为，而这种效用的增加可以是来自于林业收入，也可以来自于因为合作而获得的其他效用。在实现效用最大化过程中不可或缺存在很多障碍，那么消除各种障碍也是合作的动因，如来自资金的约束、管理能力的制约、技术能力的不足等。

另一方面，除了具备农户自身的内在需求因素外，外部的环境因素成为农户林业合作经营的推动力量。政府的政策扶持、林业产业化组织的发展、林产品市场的驱动等。建立农户林业合作经营的动因模型鱼刺图如图 5-1 所示。

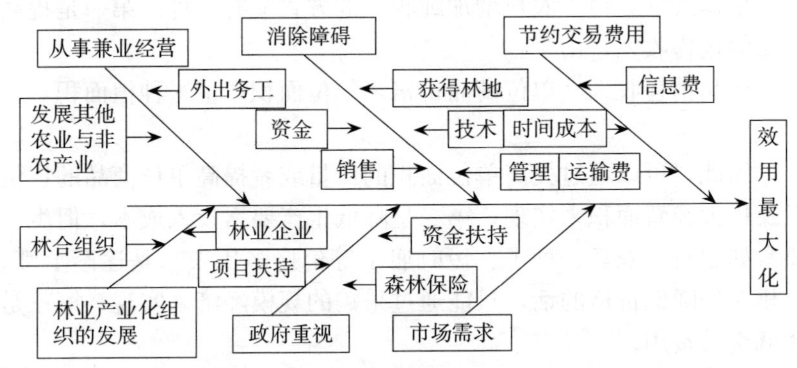


图 5-1　农户林业合作经营行为动因模型

以下对农户林业合作经营行为动因进行内在动因和外在动因两方面的分析，并对内在动因进行差异分析。

## 5.2　内在动因

### 5.2.1　分析基础

农户林业经营的目的是获得林业收益，希望获得效用最大化。效用的表现可以是货币化的，也可以是非货币化的如时间节约。为简化分析，假设非货币化的效用如节约的时间可以按当地平均劳动报酬进行货币化。另外，一般农户纯收入的测度指标有纯收入和净收入，纯收入指销售收入扣减生产要素成本和市场交易费用，而净收入指销售收入扣减生产要素成本。依研究目的，两种测度方式均为学术界所采用，但由于交易费用的范围和统计方法无法统一，学术界更多的是采用后者[150]。由于本部分研究不涉及交易费用的量化分析，此处采用前者分析。

假设农户的预期效用最大化是纯收入最大化，建立农户预期效用的目标函数如下：

纯收入＝产品销售收入－生产要素投入成本－市场交易费用　式（5.1）

根据式（5.1），农户增加纯收入的方式就有三种。第一是提高产品的销售收入，由于：

产品销售收入＝单位商品价格×单位面积产量×种植面积　式（5.2）

因此，可以通过提高单位面积的产量或者提高单位商品的售价以及扩大经营面积来实现；第二是降低生产要素投入成本，但生产要素如肥料、农药、种子、短时雇工等价格多年来都是逐渐上涨，要相对的降低价格的话，只能通过采购的规模经济来实现；第三是降低交易费用。

对农业产业化能促进参与农户增收基本成为共识，但对农户市场交易费用的影响并不确定[150]，例如双方的不同契约安排以及违约产生的摩擦等均会影响交易费用的变化。Williamson 认为，在人的有限理性和机会主义行为假设下，取决交易费用的关键因素有资产专业性、不确定性、交易频率。但对于什么是交易费用，以及如何测定交易费用学者之间的研究也不统一[151]。何坪化和杨名远将交易费用划分为市场机制运行时按照交易的时间顺序在供应、生产、销售等环节的策划市场交易费用、执行市场交易费用和监督市场交易费用[152]。蔡荣将市场交易费用认定为生产要素供应和产品销售环节发生的信息费、交通费和时间成本[150]。借鉴蔡荣[150]对交易费用的分类方法，为简化分析，本部分将农户的交易费用分为各种生产要素即在农资采购和农产品销售环节的信息费、交通运输费和时间成本。时间成本考虑两个参数，交易时花费的时间（天数）和当地日平均劳动报酬（元）。具体计算方法如下：

交易费用＝［信息费＋交通运输费＋（花费天数×

当地日平均劳动报酬)] 式 (5.3)

结合式 (5.1)、(5.2)、(5.3), 将纯收入公式记为:

纯收入=单位商品价格×单位面积产量×种植面积-要素投入成本
- [信息费+交通运输费+ (花费天数×
当地日平均劳动报酬)] 式 (5.4)

当然, 如果产品没有销售出去, 意味着单位商品的价格为零。而生产要素成本和信息费、交通运输费等我们可以合并理解为经营成本。单位面积的产量除了林业技术的投入外, 可能还有其他一些管理性质的要素的影响。

### 5.2.2 内在动因分析

#### 5.2.2.1 内在动因总体情况

本部分研究的目的一是探讨哪些因素是农户合作的内在动因, 二是探讨这些动因在不同资源禀赋农户体现怎样的差异。为了研究的需要, 课题组为方便农户理解, 把内在动因设计为以下问题:

"您家愿意与其他农户或组织进行林业合作经营, 主要是为了(可多选):

①保障产品销售、稳定产品价格; ②获得科技信息; ③减少经营成本; ④提高管理效率; ⑤筹集经营资金; ⑥节约时间从事其他经营;

在愿意与其他主体合作的 607 户农户中, 对不同动因的选择见表 5-1。

**表 5-1 农户愿意与对方合作的原因统计**

| 原因 | 已参与合作农户 (475 户) | | 有合作意愿但还没有合作的农户 (132 户) | | 合计 (607 户) | |
|---|---|---|---|---|---|---|
| | 频数 | 比例 (%) | 频数 | 比例 (%) | 频数 | 比例 (%) |
| ①保障产品销售、稳定产品价格 | 312 | 51.4 | 20 | 3.3 | 332 | 54.7 |
| ②获得科技信息 | 289 | 47.6 | 36 | 5.9 | 325 | 53.5 |
| ③减少经营成本 | 179 | 29.5 | 31 | 5.1 | 210 | 34.6 |

（续）

| 原　因 | 已参与合作农户（475 户） | | 有合作意愿但还没有合作的农户（132 户） | | 合　计（607 户） | |
|---|---|---|---|---|---|---|
| | 频数 | 比例（%） | 频数 | 比例（%） | 频数 | 比例（%） |
| ④提高管理效率 | 187 | 30.8 | 16 | 2.6 | 203 | 33.4 |
| ⑤筹集经营资金 | 62 | 10.2 | 15 | 2.5 | 77 | 12.7 |
| ⑥节约时间从事其他经营 | 113 | 18.6 | 27 | 4.5 | 140 | 23.1 |

注：因为问题可以多选，所以表中各项比例总值大于 100%。

从表 5-1 可以看出，愿意合作的 607 户农户中有 54.7%的选择为了保障产品销售稳定产品价格，可以说是各种因素中最为重要的因素。次之的另外重要原因是获得科技信息，以提高单位面积的产量。此外，减少经营成本、提高管理效率、筹集经营资金、节约时间以从事其他经营，也是促进农户林业合作经营的内在动因。

另外，从有合作意愿但还没有进行合作的 132 户农户看，获得科技信息、减少经营成本和节约时间从事其他经营的选择比例稍大些，与已参与合作农户的选择稍有不同。鉴于从有合作意愿但还没有进行合作的 132 户农户选择动因的比例偏少，为便于分析，以下仅从有合作意愿的 607 户农户的角度分析合作动因的差异。

#### 5.2.2.2　保障产品销售、稳定产品价格

在我国，由于受教育年限少、经济实力低、对外部环境及市场知识掌握有限，单个农户在销售农产品时还不具备实力成为营销主体[153]。这表现为从交易流程看，和谁进行交易、交易对手的情况、交易价格如何以及交易何时达成等都无法预先确知，农户无法事先掌握必要的信息，农户决策往往带有较大的盲目性。例如在水果销售中，由于农户所掌握的销售信息资源有限，信息传播途径更多的依靠人际关系的传播，而销售渠道主要是通过外地的贩运户、客商。由于外地贩运户和客商对国内外市场行情了解较多，包括销售价格、销售旺淡时节等市场信息，这样，谈判议价的主动权就掌

握在外地客商手中。同时由于农户没有自己的组织，处在无组织状态，农户与农户之间不是一致对外，在销售市场中互相压价、导致恶意竞争，结果造成销售市场混乱，农户水果销售价格被越压越低，增产不增收。因此可以发现在很多情况下单家独户的农户单个的交易往往因无法找到交易对象最后被迫无奈退出市场；有时尽管发现了交易对象，但由于农户之间迫于将易腐烂的农产品尽快销售而进行非理性的竞争，即所谓“贱卖”。

农户增加林业经营收入，可以通过增加或稳定农产品价格来实现。但是如果农户单独进入市场，搜寻市场信息的成本高，且销售渠道有限，谈判能力弱，市场风险大。有必要增强农户的组织化程度，成立专业合作社或行业协会，积极开拓市场，组织农户销售。如 2012 年春节期间，江西省德兴市的各个椪柑专业合作社就组织联系市场，做好果农椪柑的销售工作，保障果农增产增收①。从蔡荣的研究看，“合作社＋农户”模式比市场交易模式的产品销售平均价格高出 13％左右[150]。农户实施林业合作经营，通过和其他经济主体如企业、经济合作组织、协会等的合作，可以降低农产品销售风险，避免盲目种植，扩大了农产品的销售渠道。

参照江西省林业厅网《江西省森林资源概况》对林业资源的分类，依据调查中农户所种植生产的林产品，将之分为用材林、毛竹林、经济林三大类。对于这些有合作意愿的 607 户农户，用材林种植面积最小值 0.27 公顷，最大值 27 公顷，均值为 2.97 公顷；毛竹林最小值为 0.27 公顷，最大值为 10 公顷，均值为 1.52 公顷；经济林最小值为 0.2 公顷，最大值为 8 公顷，均值为 1.01 公顷。由于不同林产品“生产经营规模”存在差异，对此进行了处理，求出不同林产品的平均规模（所有 821 份样本）。样本平均规模数的 80％以下记为规模小，80％～120％记为规模一般，120％以上记为规模大。

---

① 果农销售忙　上饶之窗．http：//www.srzc.com/news/srxw/shizhengjingji/2012/0115/175223.html.

**表 5-2 不同农户选择原因①的统计**

| | 按不同林产品分类农户 | | | 按不同规模分类农户 | | |
|---|---|---|---|---|---|---|
| | 用材林 | 毛竹林 | 经济林 | 规模小 | 规模一般 | 规模大 |
| 选择原因①频数（户） | 43 | 67 | 222 | 91 | 179 | 62 |
| 愿意合作的农户户数 | 211 | 145 | 251 | 250 | 280 | 77 |
| 占同类愿意合作户比 | 20.4% | 46.2% | 88.4% | 36.4% | 63.9% | 80.5% |

从表 5-2 看，在对所属具有合作意愿的 607 户农户样本分析发现，不同农户在选择“保障产品销售、稳定产品价格”上存在较大差异。从不同林产品种植农户看，经营经济林的农户有 88.4%的选择了这一原因，而经营毛竹林和用材林的农户分别只有 20.4%和 46.2%的农户选择这一原因。这说明经济林产品的销售对比毛竹林和用材林来说，市场存在更大的风险，价格的起伏波动可能性大，波动幅度有时可能达到一半甚至一倍。从不同种植规模农户看，规模小的农户只有 36.4%的选择了此原因，规模一般和规模大的农户选择这样原因的比例分别达到 63.9%和 80.5%。这说明农户的林产品种植规模越大，产品产量越多，销售的难度可能就更大，对产品的销售更为关心。而规模小的农户由于农产品的产量较少，如果销售不出去，其所受损失比规模大的农户要少，所以他们对农产品稳定销路的关注程度相对要低很多。

#### 5.2.2.3 获得科技信息

农业科技是农业发展的第一推动力，2012 年中央 1 号文件指出，“实现农业持续稳定发展、长期确保农产品有效供给，根本出路在科技”，农业科技是“加快现代农业建设的决定力量”。在党中央、国务院对农业科技的高度重视下，近十年来国家先后出台了一系列具有基础性、长远性战略的农业科技法规文件等，我国农业科技发展取得长足进步，农业科技进步贡献率从 2003 年的 45.97%提高到 2011 年的 53.5%，8 年间提高约 8 个百分点①。最近由国家

① 韩乐悟．我国农科进步贡献率提高 8%. http://www.chinadaily.com.cn/micro-reading/dzh/2012-07-25/content_6531303.html.

林业局作出的《林业科学和技术"十二五"发展规划》指出，到2015年，我国林业科技进步贡献率将达到50%①。而随着对林业经营的积极性的高涨，农户也更多的关注对林业技术的需求[154]。

**表 5-3 不同农户选择原因②的统计**

| | 按不同林产品分类农户 | | | 按不同规模分类农户 | | |
|---|---|---|---|---|---|---|
| | 用材林 | 毛竹林 | 经济林 | 规模小 | 规模一般 | 规模大 |
| 选择原因②频数（户） | 75 | 92 | 158 | 111 | 165 | 49 |
| 愿意合作的农户户数 | 211 | 145 | 251 | 250 | 280 | 77 |
| 占同类愿意合作户比（%） | 35.5 | 63.4 | 62.9 | 44.4 | 58.9 | 63.6 |

根据式（5.4），农户增加林业收入的方式之一是提高单位面积产量，其取决于林农的科技应用水平。尽管农户营林积极性高涨，但因受教育程度和科技能力所限，农户的林业科技应用还是存在问题。抗灾技术、高产技术、节本技术等都能够提高单位面积产量，但农户依靠自身的能力很难在短时间内获得和掌握这些技术。农户为抗击自然风险，提高单位面积产出率，需要谋求其他林业经营主体如企业、技术协会等的支持，获得林业科技信息。

从表5-3看，在对所属具有合作意愿的607户农户样本分析发现，不同农户在选择"获得科技信息"上相对于原因"保障产品销路、稳定产品价格"来说，存在的差异更小些。经营毛竹林和经济林的农户分别有63.4%和62.9%的选择了这一原因，之间的差距较小，而相对于原因①，经营用材林的农户也有35.5%选择了原因②，更希望获得林业科学技术。对于不同规模种植农户，选择原因②的差异更小于原因①，尽管规模大农户有63.6%选择原因②，规模小的农户也有44.4%选择了原因②，之间的差距只有不到20%，而在原因①上的差距有近45%，这也说明无论是规模大小，农户对林业科学技术都有较强烈的需求，希望通过科学技术获得更

① 林业科学和技术"十二五"发展规划发布. http://www.forestry.gov.cn/portal/main/s/195/content-554395.html.

多的林业收益。

#### 5.2.2.4 减少生产经营成本

目前，随着农药、化肥、种子、农膜等农业生产资料的价格不断上涨以及劳动力用工成本增加持续运行，农业生产已经进入“高成本时代”，尽管农产品价格上涨，但是农药生产成本的上涨减少了农业生产效益，冲击了农业收益的增长①。而早在 20 世纪，就有学者指出降低农业生产成本是增加农民收入的基础。牛凤瑞认为降低农业生产成本的方法有降低单位农产品生产的物质要素的消耗，以调整农业产业生产的布局来降低相对成本、按农产品的最终用途组织生产、实行农业资源的转换和替代，减少单位农产品的活劳动耗费[155]。

以新制度经济学的视角，我国农户参与农业产业化进程，与其他主体的合作是外部利益诱导下的制度创新。当农户意识到“小农户、大市场”的困境只有通过合作才能解决时，就有了制度创新的需求，以获得单家独户无法获得的利益[156]。作为一种组织和制度创新，农业产业化经营的生存和存在的根本动因就是以组织边界的扩张来将市场交易变化为组织内部交易，进而降低交易费用[157]。研究农业产业化节约交易费用的成果有黄祖辉和梁巧[158]、Birthal 等[159]、蔡荣[150]等。蔡荣对山东苹果种植户的调查研究成果表明，“合作社＋农户”模式使农户节约交易费用（交通、通讯、时间成本等）48 元/亩（合 720 元/公顷），纯收入增加 321 元/亩（4815 元/公顷），交易费用的降低对纯收入增长部分的贡献率约为 15%。另外，从蔡荣的研究看，生产要素成本中的雇工成本对于农户纯收入的影响具有显著性，从肥料、农药、灌溉等生产要素成本的均值看，“合作社＋农户”模式比市场交易模式节约近 317 元/亩（4755 元/公顷）[150]。农户进行林业合作经营，在生产要素如农药、肥料

① 农业生产高成本时代来袭高成本助推物价上涨．新浪网，http://www.sina.com.cn，2012-04-27，http://finance.sina.com.cn/nongye/nyscdt/20120427/012011936697.shtml.

等的购买上，可以通过团体购买而获得规模购买、规模运输等的折扣优惠，对比与自己单独购买生产成本更低。农户通过与其他经营主体的合作进入市场，能使得交易费用降到最低[160]，即通过林业合作经营的方式，减少直接入市的交易费用，节约生产成本，增加经营收入。

从表5-4看，在对所属具有合作意愿的607户农户样本分析发现，不同农户在选择“减少经营成本”上相对于原因①和原因②来说，存在的差异就更小了。经营用材林和毛竹林的农户分别有43.1%和40%的选择了这一原因，之间的差距较小，而相对于原因①和②，经营经济林的农户只有24.3%选择了原因③。因此，相对于保障产品销售和获得林业技术，经营经济林的农户在减少交易费用、节约生产成本上的选择就更弱些。而对于用材林和毛竹林经营农户来说，降低生产成本的动机更大些。从经营规模看，不同规模经营农户在原因③上的选择差异不大，都在1/3左右，说明降低生产成本的动机是不同交易规模农户的共有的特性。

**表5-4　不同农户选择原因③的统计**

| | 按不同林产品分类农户 | | | 按不同规模分类农户 | | |
|---|---|---|---|---|---|---|
| | 用材林 | 毛竹林 | 经济林 | 规模小 | 规模一般 | 规模大 |
| 选择原因③频数（户） | 91 | 58 | 61 | 92 | 92 | 26 |
| 愿意合作的农户户数 | 211 | 145 | 251 | 250 | 280 | 77 |
| 占同类愿意合作户比 | 43.1% | 40% | 24.3% | 36.8% | 32.9% | 33.8% |

#### 5.2.2.5　提高管理效率

农户的农业生产经营管理从管理过程看就是农户作为决策者通过计划、组织、实施、控制等职能协调农业生产，使生产劳动和要素投入一起实现既定生产目标的活动。管理的效率则可以通过农业生产管理中农户投入和产出的比例关系来衡量。农户农业生产的目标是获得良好的农业收入，当外部的环境不确定而农业收入增长也越发变得不确定时，农户就需要提升农业管理的效率。由于我国的农业是以农村土地家庭承包责任制为基础的以农户家庭为生产单位的分散型小农经济，农业生产经营规模小，农户受教育程度低，在一定程度上不利于农业科技成果的大规模推广与转化，成果转化的难度加大，严重制约了农业的发展[161]。过去依靠生产经验进行的农业管理方式受到了前所未有的挑战，提高农业管理效率的途径可以依赖于农业科技水平的提高，但产生不了规模效益，而农业科技的更有效应用须通过农业的规模化经营来实现，规模化经营是发展农业生产的有效途径[162]。

集体林权制度改革后，林农面临诸多的管理问题。病虫害防控、森林防火、林道建设等均由农户个体承担，林地的细碎化带来了森林经营管护的难题。加之林农缺乏必要的管理经验与资金，经营管理不善，存在造林成活率低、树木被盗、幼树被毁等较大的经营风险，森林经营能力下降，个体经营效率低下。国外的实践表明，从管理效率看，规模较大的林地要优于规模较小的林地[78]。20 世纪西方国家林地的合作化改革实践，基本改变了林地规模小、效率差的问题[163]。所以。农户有必要通过林业的合作经营，实现林地的规模化经营，解决个体林业经营效率低下的问题。

**表 5-5　不同农户选择原因④的统计**

| | 按不同林产品分类农户 | | | 按不同规模分类农户 | | |
|---|---|---|---|---|---|---|
| | 用材林 | 毛竹林 | 经济林 | 规模小 | 规模一般 | 规模大 |
| 选择原因④频数（户） | 89 | 52 | 62 | 112 | 76 | 15 |
| 愿意合作的农户户数 | 211 | 145 | 251 | 250 | 280 | 77 |
| 占同类愿意合作户比 | 42.2% | 35.9% | 24.7% | 44.8% | 27.1% | 19.5% |

从表 5-5 看，在对所属具有合作意愿的 607 户农户样本分析发现，不同农户在选择“提高管理效率”上存在的差异较大。经营用材林和毛竹林的农户分别有 42.2%和 35.9%的选择了这一原因，之间的差距较小，而经营经济林的农户只有 24.7%选择了原因④。因此，用材林经营农户更为重视管理效率的提高。从经营规模看，不同规模经营农户在原因④上的选择差异也较大，规模越小，农户更加重视管理效率的提高，当然，相对于其他原因来说，规模越大

的农户在管理效率上的重视就没有对销售需求和技术需求的重视高了。

#### 5.2.2.6 筹集经营资金

足够的、稳定的农业投资是保证农业经济持续增长、实现农业稳定发展的重要动力，是农业发展的重要影响因素。随着我国“间接型、诱导型和补充型”财政农业投资体制的逐步建立，农业企业、外资等内外产业资本将与农户一起成为我国农业投资的主体，在新的投资主体结构中广大农户已占据主导地位，体现了农业投资的主要地位[164,165]。

农业资金除了具有流动性、多功能性、收益性等一般资金所具有的共同特征外，还因为所承受的自然风险具有了低收益性、所产生的生态效益和社会效益具有了外部性、国家为达到国家农业发展的目的以各种农业补贴、公共投资、公共服务等形式所具有了政策性。作为农业投资的基本主体，农户可以利用自有资金和政策性资金，根据各种要素的相对价格，以一定的货币、财产等形式在农业生产经营中生产、销售等环节投入各种财物和资源，如购买生产资料的费用、水电费、机耕费、人工费、交通运输费、信息费等，选择最优的生产要素和产品组合进行生产[166]。

因资金可以转化成经营中几乎所有生产要素，林业资金的投入成为林业经济发展的第一启动力[167]。集体林权制度改革后，林农成为了林业的投资主体。但目前投入资金主要靠家庭自有资金，资金渠道单一，融资较困难，农户的林业投资还是受到资金不足的限制。农户实施林业合作经营，可以获得来自外部的资金支持，解决林业经营资金短缺的问题。如农户采用“家庭合作林场”或“股份合作制林场”等合作模式，将分散的林地集中经营，可以申请政策性资金支持，以及获得林权抵押贷款业务。也可以通过和林业企业建立“企业＋合作社＋农户”的合作模式，由企业带动成立专业合作社，林农获得企业的部分资金或者生产资料的扶持，或者企业做担保，农户向金融机构贷款，实现对森林资源的融资需求。

**表 5-6 不同农户选择原因⑤的统计**

| | 按不同林产品分类农户 | | | 按不同规模分类农户 | | |
|---|---|---|---|---|---|---|
| | 用材林 | 毛竹林 | 经济林 | 规模小 | 规模一般 | 规模大 |
| 选择原因⑤频数（户） | 42 | 20 | 15 | 17 | 35 | 25 |
| 愿意合作的农户户数 | 211 | 145 | 251 | 250 | 280 | 77 |
| 占同类愿意合作户比 | 19.9% | 13.8% | 6% | 6.8% | 12.5% | 32.5% |

从表 5-6 看，在对所属具有合作意愿的 607 户农户样本分析发现，无论是经营何种林种，或者经营规模的大小，农户在“筹集经营资金”的动因选择上的比重都不高，经济林经营农户和规模小经营农户对这一选择均在 6%左右，用材林经营农户比重稍微更大些。规模大经营农户对这一原因的选择最大，达到 32.5%，说明规模越大，在获得政策性资金扶持或者获得龙头企业产业资本资助的机会更大，更体现规模优势。

#### 5.2.2.7 节约时间、降低机会成本、从事其他经营

农户兼业是指农户从单一的农业生产转向为农业生产与非农生产相结合的经营方式，主要包括农业内兼业和非农兼业，是改革开放、家庭承包责任制实施出现的现象，而工业化、城市化的推进促进农民兼业的不断发展。对农户来说，兼业经营是增加农户家庭收入的途径之一，对我国农户增收具有重要影响。但是随着非农兼业机会的增多，非农收入比例的提高，农户农业生产投入的积极性将受到影响，进而影响到农户农业生产中的资源配置，在现有资源约束下，农户将优化配置资源，以增加家庭收入，改善生活条件[168]。

农户自家的资源如资金、人力等有限，在进行投资决策时，农户会考虑投资的最大化收益。若将有限的资源投入到林业，可能存在失去其他投资机会，增加林业经营的机会成本，当林农重视经营林业的机会成本时更容易放大林业的行业风险。孔凡斌和廖文梅[169]从家庭收入结构差异化的视角研究了农户林地流转的影响因素。在林地流转出行为上，林兼业型、农林兼业型、农业型、农兼

业型等因素对农户林地流转出行为均具有显著影响；在林地流转入行为上，只有农林兼业型因素对农户林地流转入行为具有显著影响。农户在林业经营时，应考虑实施合作经营，与其他主体合作，降低自己林业生产产前、产中、产后等阶段决策的难度与繁杂，还可以增加兼业性的收入，实现家庭收益最大化。

**表 5-7 不同农户选择原因⑥的统计**

| | 按不同林产品分类农户 | | | 按不同规模分类农户 | | |
|---|---|---|---|---|---|---|
| | 用材林 | 毛竹林 | 经济林 | 规模小 | 规模一般 | 规模大 |
| 选择原因⑥频数（户） | 95 | 24 | 21 | 82 | 56 | 2 |
| 愿意合作的农户户数 | 211 | 145 | 251 | 250 | 280 | 77 |
| 占同类愿意合作户比 | 45% | 16.6% | 8.4% | 32.8% | 20% | 2.6% |

从表 5-7 看，在对所属具有合作意愿的 607 户农户样本分析发现，规模小农户有近 1/3 的选择了原因⑥，规模越小，农户在林业生产经营中的收益小，对兼业经营的意愿越强。用材林经营农户有 45%的选择了原因⑥，而经济林农户只有 6%选择这一原因，说明劳动力密集型程度越低，对农户来说就有更多的时间从事兼业生产，对兼业的需求越强。

### 5.2.2.8 不同规模农户内在动因差异

由于林地经营规模不同，投入的生产要素、劳动力资源等均应有差异，在林业合作经营上也会体现不同的动机。从表 5-8 看，对于愿意合作的样本农户分析发现，规模不同，选择的动因多少也有一定的差异。规模小的农户平均选择了 2.02 个原因，规模一般和规模大农户分别选择了 2.15 个和 2.36 个原因，说明规模越大，经营中所遇到的困难可能越多，农户合作的愿望可能更高，选择的动因也越多。另外，规模不同，侧重的动因也不同。规模小农户更侧重于动因“提高管理效率”和“获得科技信息”，规模一般农户和规模大农户更侧重于动因“保障产品销售”和“获得科技信息”。从纵向看，规模越大越重视销售、技术和筹集资金，规模越小越重视兼业经营、提高管理效率。

表 5-8 不同规模农户选择原因的统计

| | 原因① | 原因② | 原因③ | 原因④ | 原因⑤ | 原因⑥ | 合计 |
|---|---|---|---|---|---|---|---|
| 规模小 | 36.4% | 44.4% | 36.8% | 44.8% | 6.8% | 32.8% | 202% |
| 规模一般 | 63.9% | 58.9% | 32.9% | 27.1% | 12.5% | 20% | 215% |
| 规模大 | 80.5% | 63.6% | 33.8% | 19.5% | 32.5% | 2.6% | 236% |

#### 5.2.2.9 不同林产品经营农户内在动因差异

不同林产品由于生长周期的差异性、产品收获时的季节性、林木采伐的限额性，农户所投入的生产要素、劳动力资源等也会不同，从而体现不同的林业合作动机。从表 5-9 看，对于愿意合作的样本农户分析发现，林产品不同，选择的动因多少稍微不同。用材林农户平均选择了 2.06 个原因，毛竹林农户和经济林农户分别选择了 2.16 个和 2.15 个原因，不过之间的差距不大，但也可以看出毛竹林和经济林对林业合作经营的动因更多。用材林农户更侧重于兼业经营和减少经营成本，毛竹林农户更侧重于获得林业科技和销售，经济林农户更侧重于销售和技术。从纵向看，从用材林到经济林，劳动密集程度越大，越重视销售、技术，反之，从经济林到用材林，劳动密集程度越小，越注重于兼业、获得资金、提高管理效率、减少经营成本。

表 5-9 不同林产品农户选择原因的统计

| | 原因① | 原因② | 原因③ | 原因④ | 原因⑤ | 原因⑥ | 合计 |
|---|---|---|---|---|---|---|---|
| 用材林 | 20.4% | 35.5% | 43.1% | 42.2% | 19.9% | 45% | 206% |
| 毛竹林 | 46.2% | 63.4% | 40% | 35.9% | 13.8% | 16.6% | 216% |
| 经济林 | 88.4% | 62.9% | 24.3% | 24.7% | 6% | 8.4% | 215% |

### 5.2.3 对方主动合作时农户可能的合作优势

林业合作经营是双方在自愿基础上理性的经济行为，以上分析的是农户愿意与对方合作时的动因。为了进一步探寻有合作意愿的农户如果对方主动寻求合作时他们可能存在的合作优势和心理感受，设计了如下问题：

“如果对方主动寻找你合作，你认为对方选择自己的原因在于自己的主要优势有（　　）（限选2项）

①自己在村里的信誉好；②自己是村里的致富能人；③自己是村里的技术能手；④自己的市场信息广；⑤自己有林业开发的资金；⑥自己有林地资源；⑦自己的产品质量好，出色；⑧产品产量多”。这些选项可能存在一些递进或者重叠的可能，但不影响农户对此的认识。

**表5-10　对方主动合作时农户可能的优势**

| 自己可能的优势 | 频数（户） | 占607户比例 | 自己可能的优势 | 频数（户） | 占607户比例 |
|---|---|---|---|---|---|
| 在村里的信誉好 | 528 | 87% | 有林业开发资金 | 95 | 15.7% |
| 是村里致富能人 | 111 | 18.3% | 有林地资源 | 85 | 14% |
| 是村里技术能手 | 60 | 10% | 产品质量好，出色 | 158 | 26% |
| 市场信息广 | 56 | 9.2% | 产品产量多 | 121 | 19.9% |

从表5-10选择情况看，农户趋于一致的认为由于自己的信誉好，对方更愿意主动寻找自己合作。当然，从农户的自我满足心理角度看，若对农户信誉度的调查，农户不会对自己的信誉看低。对信誉的认可，一般可以从以下几个方面认识。一是做事勤劳、踏实。二是注重自己在村里的口碑，对自己承诺的事情讲信用。三是对村里的一些公事或者其他农户家的事愿意帮忙，肯吃亏。这里我们并不试图讨论这种信任是普遍主义的信任还是特殊主义的信任，是制度信任还是乡情信任。农户认为如果有合作方主动寻求与他合作，就会有一种被信任的心理知觉，这种信任可能是来自于上述对信誉的认可，也可能是来源于以下方面。

产品质量好，出色，以及产品的产量多是农户感觉可能的优势之二。自己的产品为对方所认可，一方面产品的销售问题不大，二来也说明了自己在农业经营领域的能力。之后的一些选择分别是有林业开发资金、有林地资源、是村里致富能手。对于技术能手和市场信息广两个选择项认可度最低，可能在于对于林业领域来说，普遍都存在技术和市场的问题。

农户参与林业合作经营的意愿或者行为，一方面是对林业领域的经济效益的追求，另一方面是通过合作获得非林业经营的时间从而获得非林收益，但获得了家庭收益的最大化。第三，也是一种心理的效用，被选为可能的合作者是对农户的某些方面的认可，给予了农户心理方面的满足。

### 5.2.4 农户无合作意愿的原因

以上分析表明，农户参与林业合作经营受多重因素的驱动，但样本中仍有部分农户没有合作经营意愿，其原因如何？为此，在没有合作意愿的 214 户农户调查了其不愿意合作的原因（表 5-11）。数据表明，合作预期的效益不明显是制约农户林业合作的关键因素，合作利益的分配问题和合作过程风险问题也是农户考虑的重要因素。

**表 5-11 没有合作意愿的原因统计**

| 原　因 | 频数（户） | 占 214 户的比例 |
|---|---|---|
| 合作预期效益不明显，成本大 | 153 | 71.5% |
| 合作利益分配容易引起麻烦 | 120 | 56.1% |
| 参与合作过程风险大 | 110 | 51.4% |
| 自家规模小没有合作必要 | 69 | 32.2% |

注：因为问题可以多选，所以表中各项比例总值大于 100%。

对于合作预期的效益不明显，可以从两个方面解释。一方面从我国现有的农民专业合作组织发展来看，发展质量与发展数量不均衡。随着政府的推动和 2007 年我国《农民专业合作社法》的颁布，农民专业合作组织呈现“井喷式”的增长，但其发展的质量堪忧，粗放式的数量扩张下合作组织的发展质量问题没有得到重视，合作组织的绩效没有获得提高[174]。林农通过对以往的农民合作组织的参与或观察，认为在当前情况下进行林业合作经营可能会呈现合作的成本大，预期效益不好。另一方面，农户可能是初次进行林业经营，对林业经营中所要投入的要素成本和可能的收益缺乏认知，无法判断合作后获得的收益大小，认为合作的成本将大于合作的收益，因而不意愿参与合作。

而合作利益的分配问题和合作过程的风险问题，可以从我国农业产业化进程中的高违约率来解释。众多的研究表明，农业产业化中违约问题一直是困扰我国订单农业发展、影响企业与农户合作关系的焦点问题。而对订单农业中的违约问题有所认知的农户，或者曾经的利益受损者，则会认为林业的合作经营利益分配容易引起麻烦，参与合作过程的风险大，当然不愿意参与合作的可能性就高。

## 5.3　外在动因

### 5.3.1　生态建设与林业产业发展的双重要求

林业是生态安全的保障，担负着生态建设和林产品供给的双重责任，是人类与自然和谐发展的绿色纽带，是集生态功能、经济功能和社会功能于一体的统一体，在产业发展中具有重要的战略位置。虽然当前我国生态建设已从“治理小于破坏阶段”进入到“治理与破坏相持阶段”①，林业生态建设虽获得了一些成就，但并没有根本改善生态整体恶化的局面。在气候变暖、能源危机、水土流失等问题易发突出的情况下，在国家可持续发展战略、国家林业发展战略思想下，林业发挥着改善生态环境，发展生物质能源，实施碳汇交易等重要作用，林业的基础性地位得到进一步加强。但是生态环境的建设和成果的巩固离不开林业产业的发展，林业产业的科学发展即有利于获得更多林业资源，缓解资源压力，更有利于支持生态环境保护，推动生态建设。林业产业的发展必须坚持“生态优先”的原则，生态建设已成为社会对林业的第一需求[170]。

在集体林权制度改革的推进下，林地产权明晰，配套措施落

① 国家林业局关于继续深入落实《中共中央　国务院关于加快林业发展的决定》的意见．政策法规网，http：//www.ahnw.gov.cn/2006zcfg/html/200506.

实，极大地激发了社会资本投资林业发展的积极性，促进了地方经济发展和农民林业增收，实现了由“保护生态林业”向“保护和经营生态林业”林业发展方式的转变，加快了生态脆弱地区现代林业建设和科学发展的步伐，实现了生态脆弱地区生态与经济的双赢[171]。因此，促进农民增收，维护农村稳定，也要求林业更大发展，需要林业产业作出更多的贡献。

但是在某种程度上，政府所追求的林业生态功能和农户的收入增长之间存在的矛盾可能导致集体森林生态系统功能的整体下降[172,78]。提升林业生态系统功能的途径在于改变小规模林业低效率的状况，提高林业的合作程度，实施规模经营，提升林业生产经营效率，这就要求农户改变单独经营的林业生产方式，在发展林业经济中实施林业产业化经营的模式，林业产业的发展当然就离不开林业产业化发展的模式。

随着社会经济发展和城乡居民消费水平不断提高，消费市场对林产品的需求不断增加，林业产业也越来越受到关注。我国已成为世界上的木材消费大国，而市场对于水果、油茶、森林蔬菜、药材、森林旅游等非木质林产品的需求也越来越大。生态建设为主的林业发展战略减缓了木材等林产品供给增速，进一步推动了林产品市场价格的持续上涨。对未来林产品市场的合理预期激发了农户林业经营的积极性，但林业产业结构的多元化发展，使得农户在林业经营中面临市场、技术、资金等多方面的难题。解决这些问题的方式离不开林业产业化经营的模式。实现林业的可持续发展，构建人和自然和谐的社会，是林业产业化发展的内在要求。实现这一要求需要在林业产业化发展中树立现代林业理念，实施合作化经营，通过企业化管理、社会化服务，达到多元资源的集约利用、高效生产。通过林业产业化发展的带动，千家万户分散经营的林农组织了起来，林农、基地、专业合作社、龙头企业等紧密联系，通过利益共享、风险共担的合作机制建立“企业＋（基地/专业合作组织）＋农户”等林业产业化组织形式，优化整合了各方面的资源，更好地解决农户小生产与大市场的对接问题，缩短林农与企业、市场的距离。

因此，农户林业合作经营既是我国生态建设的要求，也是我国林业产业发展的要求。在发展林业经济中，寻求林业合作经营，发挥一林多效，农户的合作行为将有利于提高林业产业发展的效率，即满足社会经济发展和消费者对林产品需求，提高了林业经济的效益，又进一步增加了林业资源，促进了生态环境的建设。

### 5.3.2 政府扶持与林业产业化组织良好发展的推动

2003年《中共中央 国务院关于加快林业发展的决定》是党中央、国务院加快林业发展、实现人与自然和谐作出的一项重大战略决策，是我国林业建设史上一个新的里程碑[①]。之后，福建、江西等地区先后开始探索集体林权制度改革。2008年7月颁布《中共中央 国务院关于全面推进集体林权制度改革的意见》后，我国进入到全国范围内全面推进集体林权制度改革阶段。2006—2010年的5个中央1号文件，从“统筹推进农村其他改革，加快集体林权制度改革，促进林业健康发展”，到“全面推进集体林权制度改革”、“支持发展林农专业合作社”，即显示了中国政府解决生态建设和林业发展问题的决心，千方百计促进农民增收，又显示了政府已开始关注林业合作经营对我国林业发展的促进作用。2009年国家林业局《关于促进农民林业专业合作社发展的指导意见》指出，促进农民林业专业合作社发展，规范农民林业专业合作社组织及其行为，维护农户林业专业合作社及其成员的利益，加快现代林业发展[②]。2012年8月国办发布《国务院办公厅关于加快林下经济发展的意见》对增加农民收入、巩固集体林权制度改革和生态建设成果、加快林业产业结构调整步伐强化政策扶持，对符合小型微型企

① 国家林业局关于继续深入落实《中共中央 国务院关于加快林业发展的决定》的意见．http：//www. ahnw. gov. cn/2006zcfg/html/200506.

② 国家林业局关于促进农民林业专业合作社发展的指导意见．国家林业局公报，2009（3）．

业条件的农民林业专业合作社、合作林场等，可享受国家相关扶持政策；符合税收相关规定的农民生产林下经济产品，应依法享受有关税收优惠政策；支持符合条件的龙头企业申请国家相关扶持资金[①]。政府重视和政策支持促进了农户林业合作经营的发展，各级地方政府相继出台扶持林业专业合作经济组织发展在项目扶持、资金支持、基础设施完善、品牌创建等各方面的政策。

集体林权制度改革后林业合作组织发展迅速，到2011年年底，各类林业专业合作组织已有近10万个，加入的农户有1 200多万户[②]，已成为林业社会化服务体系的重要载体，提高了林农的组织化程度。林业合作组织即降低了林农的交易成本，又推广了林业技术，提高了林农参与市场竞争的能力，有效解决了单户分散经营的困难，重要的是实现了林业的规模经营，提高了林地经营效率。我国的林业合作组织发展还处于起步阶段，还存在诸多问题，但作为农民自己的组织，在吸纳农户的能力上还存在很大的潜力。从实践情况看，有些省份如福建、浙江等林业合作组织发展较好，实现了较强的主导作用。提高组织的管理绩效，使得林农在参与中收入获得增长，林业合作组织的作用就能得到应有的发挥，也就能大大提高其对林农的吸引力，进一步促进农户的林业合作经营。

政府对林业龙头企业的扶持及其自身发展也推动了农户对林业合作经营的需求。在现代林业产业发展进程中，各级政府把培育壮大龙头企业作为林业产业化工作的重中之重，在林业资源整合、资金、基地和品牌建设等方面予以政策扶持，即充分发挥林业龙头企业对农户的带动帮扶作用，又保障了林业企业的原料林基地建设。从企业的产品供应链的视角，企业的产品既要满足消费市场的实际需求，以高品质的产品占据市场，解决林产品的销售市场问题；同

① 国务院办公厅关于加快林下经济发展的意见．中央政府网，www.gov.cn，2012-08-02.

② 林业局．目前全国已建立林业专业合作组织9.78万个．中央政府门户网站，www.gov.cn，http：//www.gov.cn/jrzg/2012-11/22/content _ 2273466.htm.

时，企业在产品原材料供应上，又要内连农户，与农户结成利益共同体，指导林农实行标准化生产，按照市场需求确保林产品原材料的品质。集体林权制度的改革使得林地分散于单户农户，而林业龙头企业谋求自身的原材料基地发展，不得不寻求与农户合作。小农户实现与大市场的有效接轨，应实施中介组织主导型的市场农业体制[173]，通过林业企业的带动与辐射，农户与企业的合作可以为农户保障林产品的销售和稳定价格，增强抵御市场风险的能力。

## 5.4 动因研究小结

以上通过理论与实证分析了农户林业合作经营的内在动因和外在动因，得出不同规模种植和不同林产品种植农户在合作的内在动因上存在着差异，总体上说，为了保障产品销售，稳定产品价格是最为重要的因素，次之的重要动因是获得科技信息。减少经营成本、提高管理效率、筹集经营资金、节约时间以从事其他经营等几个动因在农户林业合作经营中所取得作用稍弱。而合作预期的效益不明显、合作利益的分配问题和合作过程风险问题是一些农户不愿意合作的重要考虑因素。上述对农户合作动因的理论与实证分析结果表明，农户愿意参与林业合作经营的动因主要是出于经济利益的改进，也有出于对非经济收益的追求，如非直接货币形式的收益兼业时间的获得、心理的满足。

## 5.5 关于合作绩效的思考

事实上，从农户参与林业合作经营的动因来看，农户愿意参与合作，是预期能获得经营效益的改进。然而，要量化农户合作所获得的绩效，必须对已经参与的农户进行考察，并且要求农户已经在当前的林业合作经营中获得了收益。

对农户林业合作经营绩效的研究，目的在于：①合作经营是否对农户能产生经济收益的增长；②有哪些因素显著影响到合作经营的绩效；③这些影响因素对合作经营绩效的贡献率是多少，其中突出的影响因素是什么；④针对这些因素，如何采取政策设计，使得能更好的促进农户林业合作经营，保障农户获得尽可能多的收益增长。

课题组在上述指导思想下，以章节 5.2.1 分析为基础，对农户林业合作经营的绩效情况进行了专题访谈。通过入户访谈，有以下几点体会：①从价值预期看，参与合作经营的农户普遍认为合作经营的绩效是会增长的，对投资林业经营、积极参与合作有极高的热情；②对农户林业合作经营绩效的量化存在较大困难。首先，很多农户没有全面记录生产经营情况的习惯，很多情况下也只是记录化肥、农药等购买成本，对其他成本如科技信息费用、交通通讯费用等并没有更多的记载（采访中所能获得的多是回忆的大概数据）；其次，农户在林业生产经营中所发生的成本并不是独立进行的——农户还会存在粮食、蔬菜、经济作物、禽畜养殖等农业生产，农户农业生产的多元化能降低经营风险，降低单项农业生产经营的成本，增加家庭的农业生产收入——因此，所发生的生产成本若没有特殊记载是很难准确地分摊到林业生产经营中的；再次，从林业生产经营的长期性看，需要农户在林业经营中每年投入一定量的生产要素（一般不会有详细的生产要素投入的记录），只有在林产品成熟收获销售后才能获得收益，对用材林经营来说，收益更是要等到多年后林木销售或活立木整体转让才能实现。生产的长期性和收益的滞后性使得在当前阶段量化农户林业合作经营的绩效还存在困难。

本着研究的科学性、严谨性和准确性，在当前研究条件还不成熟的情况下，本项目并不对农户林业合作经营的绩效深入分析，有待以后进一步的研究。对农户林业合作经营的动因及其动因差异的分析，在某种程度上能体现农户在林业合作经营中合作绩效的影响因素及其影响力差异，尽管这种影响力还不能准确定量得出影响因素的贡献率大小。

# 6 农户林业合作经营的合作意愿选择

农户在林业分散经营中存在的困境以及农户在林业经营中的合作实践受到相关政府机构高度重视。在当前林业产业化推进的背景下，谋求林业产业的发展和林农利益的实现，成功与否很大程度上取决于林农的林业合作经营意愿，这对于推进我国林业改革具有重要的现实意义。

## 6.1 合作意愿的含义

如前面对农户林业合作经营的定义，农户林业合作经营是农户在自愿、平等、互惠的基础上与其他林业经营主体以一定的方式合作并取得相应的林产品收益权的林业抚育、种植、销售等林业合作经营形式，双方以书面的或口头的有稳定、合理的利益联结关系，形成了一定的利益关系或结为利益共同体。合作行为指一定条件下农户已经采取了林业合作经营的一系列具体活动，包括林业培育、种植、虫害防治、产品销售等若干环节的整体或部分，同时也包括农户在一定条件约束下的思维活动——意愿。意愿是合作行为的前期思想准备，是合作行为一系列具体活动中的起始部分，只有在农户具有合作意愿的前提下，当某种经济行为的条件满足时，农户的合作行为才得以发生。因此，合作意愿是指在条件约束集下农户主观上是否愿意与其他林业经营主体进行林业合作经营。

## 6.2 理论依据

决策者在对每个决策事件（即自然状态）做选择时，都有可能引出两个或多个事件，导致不同的决策结果。一般来说，从经济学角度，决策者决定采取哪种选择取决于采取一种行为的收益是否大于采取另一种行为的收益。由于林业经营与其他农业经营有一些特殊性，如经营周期更长、自然风险更大，另外，在长时间的经营中，还可能存在政策风险。因此，农户考虑是否要进行林业经营以及林业合作经营时，不仅要考虑正常的收益（即林业的货币收益），还要有心理上的收益或风险规避。因此，从效用的角度，农户是否愿意经营林业以及是否愿意合作经营取决于这些选择给他带来的效用。换言之，从新制度经济学角度来看，当某一制度已经不再适合现有经济主体的经济行为时，在内部变革的动力和外部利益的诱导下制度创新就存在了其发展的土壤，林农与其他林业经营主体进行林业合作经营的行为成为当前分散农户难以适应变化多端大市场的形势下的制度创新诉求，如郭红东和蒋文华[175]所言，期望通过合作，获得一家一户单独入市所不能获得的收益，只要合作时的收益大于非合作收益，农户就会愿意合作。

在集体林权制度改革后，农户对分山到户的林地具有经营的决策权，决策的起点可以认为，在现有一些条件的约束下，农户可以决策是否经营林地，选择不经营的决策点后一般可以选择林地流转获得一些流转收益，也有些会选择维持林地现状，任其自然。选择经营林地的决策点后也会有合作与不合作的二次决策。

农户对林业经营与林业合作经营事件的决策过程可以用图 6-1 来表示，只有在状态点 D 获得的合作效用大于在状态点 E 获得的非合作效用，农户才愿意合作。

现考虑农户甲与合作可能参与方乙是否会参于林业合作经营进行博弈分析，见图 6-2。甲、乙采取（不合作，不合作）策略时林业经营的初始效用为（$a$，$b$），甲、乙采取（合作，不合作）策略时农户甲损失了为合作准备的初始成本 $c$，合作可能参与方乙的效用依然为 $b$，此时双方的效用为（$a-c$，$b$）。同样，甲合作而乙不合作时双方的效用为（$a$，$b-d$），$d$ 为乙损失的初始成本。当甲、乙采取（合作，合作）策略时，分别获得了增加的收益（$e$，$f$），此时双方的效用为（$a-c+e$，$b-d+f$）。博弈的结果是存在两个

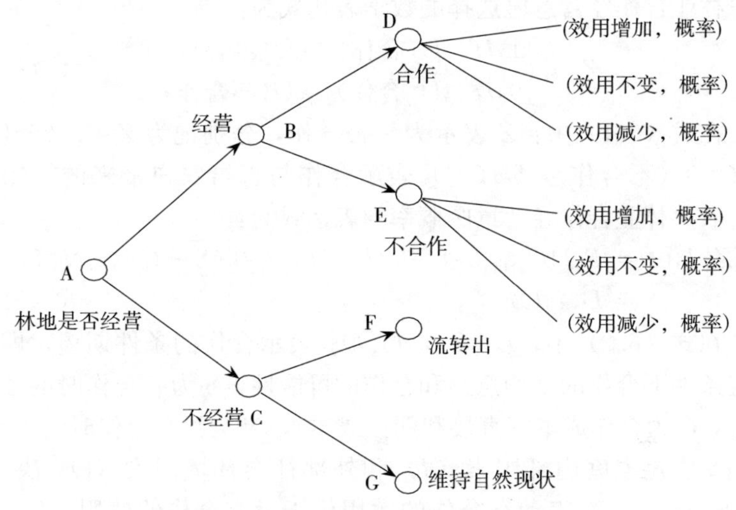


图 6-1　农户林业合作经营的决策树

纳什均衡策略（合作，合作）和（不合作，不合作）。用$U$（·）表示农户甲的效用，$u$（·）表示乙的效用。因此，从农户的视角，若要合作的效用大于不合作的效用，即$a-c+e>a$，要求合作获得的效用增加大于成本支出，即$e>c$。不同资源禀赋农户可能对效用的感知不一样。如有些农户在其资源约束条件下认为合作的效用大于不合作的效用即$U$（合作）$>U$（不合作），而有些农户则正好相反，认为不合作的效用大于合作的效用即$U$(不合作)$>U$（合作）。

| | | 合作可能参与方乙 | |
|---|---|---|---|
| | | 合作 | 不合作 |
| 农户甲 | 合作 | $a-c+e$,　$b-d+f$ | $a-c$,　$b$ |
| | 不合作 | $a$,　$b-d$ | $a$,　$b$ |

图 6-2　双方博弈的支付矩阵

结合图 6-2，对图 6-1 中的决策点 B 和状态点 D、E，可以设定农户林业合作经营意愿选择的数学表达式为：

$$Z=\begin{cases}1, if & U(\text{合作})>U(\text{不合作}) \\ 0, if & U(\text{合作})>U(\text{不合作})\end{cases} \qquad \text{式（6.1）}$$

在式（6.1）中：$Z$ 表示为是否合作，分别记为 $Z=1$（合作）和 $Z=0$（不合作），$U$（•）表示合作与否给农户带来的效用函数。农户林业合作经营意愿概率的表达式为：

$$E[Z|I,O]=P_{rob}\{U_{\text{合作}}>U_{\text{不合作}}|I,O\}=f[(S-C)>N|I,O] \\ =D(I,O) \qquad \text{式（6.2）}$$

在式（6.2）中，$E[Z \mid I, O]$ 表示合作的条件期望，即在一定条件下合作的平均意愿和合作的可能性；$S$ 为有合作时的预期收益，$C$ 为合作成本（直接和间接成本），$N$ 为没有合作时的收益，它们受农户家庭内部因素（$I$）和外部社会环境因素（$O$）决定；用 $(S-C)>N$ 表示有合作的效用优于没有合作的效用；$D$（$I$，$O$）为农户合作可能性函数，受 $S$、$C$、$N$ 所决定，最终受（$I$）和（$O$）所决定。

对于合作时的预期收益和合作成本的感知，未合作农户会通过比较周边其他农户的行为和收益来判断。依据前景理论，对于还没有合作的农户 1 其是否有合作意愿，他可以通过寻找一个参照点，观察和比较其他农户在合作后所取得的效用的高低。当将合作农户 2 作为参照点时，观察到其获得的效用高于未合作时的效用，未合作农户 1 可能产生合作意愿。反之，当观察到合作农户 3 合作后的效用并不高于其未合作时的效用时，未合作农户 1 可能不会有合作意愿。此时，农户 1 就会比较其他一些因素，如农户 1 与农户 2、3 的个体特征、林地特征、政策特征、风险特征等。当然，对于已合作农户 2 来说，是否继续合作，在感知合作的效用比以前未合作时的效用大时，他会继续合作；当感知合作的效用低于以前未合作的效用时，他会选择不再合作，有时就是涉及合约的履行问题，产生违约成本。

另外，依据前景理论的“确定性效应”，当农户参与合作时，他感知的是获得了“确定的收益”，落袋为安。比如说，参与合作一定能赚3 000元，不参与合作有80%的概率赚4 000元，有20%的概率亏损什么也得不到，这种情况下，大部分人会选择确定性收益，即选择合作。当然，按照"确定性效应"，这种合作选择要在合作具有确定的收益如保底收购、定期分红等形势下才可能发生。

而依据前面第五章对农户合作经营的动因分析可知，林业经营中农户合作还受交易费用的影响。农户林业经营的目的是获得林业收益，希望获得效用最大化。林农通过与其他经营主体合作进入市场，是降低农户交易费用的一种组织形式优化的制度选择。因此，对交易费用有影响的因素也可能会影响到农户合作意愿。

综上所述，农户是否会产生合作意愿受自身因素、生产经营因素、政策因素、群体因素、市场因素等共同影响。

## 6.3　影响因素假设

更多的已有文献并没有直接探讨农户林业合作经营意愿影响因素，只是从农户参与林业合作组织影响因素的视角研究。这些有价值的研究成果表明，农户是否参加林业合作组织主要受以下因素影响：户主年龄、户主受教育水平、农户家庭特征、家庭经济状况、从事林业人数、农户收入中其他产业的替代性和就业替代水平、是否了解林业经济合作组织、林地面积、林业收入占家庭收入的比重、林业合作经济组织作用发挥、现有林业经济合作组织管理效率、林业合作组织的规模与实力、经济效益、与农户的利益联结方式、合作的机会成本、地方林业政策等[17,25～7,55]。戴芳等[32]通过把尚未参与林合组织的农户分为大户与小户，研究认为劳动力数量比重、非农收入比重、人均纯收入、林业收入比重、林种类型、林地数量、经营历史等显著影响不同规模林农的合作意愿。

由于林业经济合作组织是指农业经济合作组织中与林业经营相关的更为专业的经济组织，因此，此处可以借鉴国内外对农户加入农业经济合作组织的影响因素的研究。国内外学者对农户加入农业经济合作组织的影响因素进行了颇有成效的研究，综合来看有以下几个方面：

一是关于农户个体特征和家庭特征的影响。Nikos 等发现，合作社中成员的非同质性、社员自身对待风险态度等将影响社员对合作社选择的偏好；Howard 认为，农户决定是否加入合作社最重要的影响因素就是加入合作社的成员的交易成本是否低于非成员的交易成本以及是否会给他带来收益的增加，而这又受农户自身和家庭的属性等的影响[33]。L Gadzikwa 和 MC Lyne 对南非农户的调查研究认为农户年龄、收入和机会成本等农户特征对农户加入合作组织有显著影响[36]。我国学者的研究也证实了农户个体特征和家庭特征会不同程度的影响农户加入农民合作组织，包括的因素有户主性别、年龄、受教育水平、家庭劳动力人数、家庭收入中务工收入比重等[38~40]。

二是关于农产品及其生产特征的影响。如生产的农产品的类型[39]，农业生产技术的特点如技术革新、新技术出现、生产技术要求、技术效率等[39,40,46]，生产投入、销售的市场半径、农产品价格波动、农产品的规模化水平、土地规模、兼业程度等[38,48,53]将影响农户参加农民专业合作组织的意愿，影响农民合作经济组织的发展。

三是关于社会文化、经济、政策法律环境等特征的影响。黄祖辉等[43]认为当地农产品市场的发展程度、合作组织发展的文化底蕴、资本来源、合作组织的法律地位等将影响农民合作经济组织的创建与发展。可以预见，随着《农民专业合作社法》的颁布与实施，将赋予农民合作经济组织相应的市场经济主体的法律地位，其规划、组织、运营、考核等管理将更为规范，农民参加合作经济组织的诉求与利益也将得到法律保障[44,45]。

根据已有成果对影响因素的论证分析，依据研究的实际情况和定性经验，本研究从户主自身与家庭特征、农户生产特征、政策与环境特征、林地与林产品特征等，假设农户林业合作经营意愿的影响因素有以下这些（表 6-1），这些因素的影响程度和影响方向将通过实证来检验。

**表 6-1 各种因素对合作意愿的预期影响**

| 影响因素（变量名称） | 预期影响 |
| --- | --- |
| 户主自身与家庭特征： | |
| 户主年龄 | ? |
| 户主受教育程度 | ＋ |
| 劳动力人数 | － |
| 林业收入在家庭收入中的重要程度 | ＋ |
| 农户生产特征： | |
| 对自有林业经营技术评价 | － |
| 林业经营资金筹集难度 | ＋ |
| 林产品销售难度 | ＋ |
| 政策与环境特征： | |
| 户主对林业经营风险的评价 | ＋ |
| 户主对林业政策稳定性的评价 | ＋ |
| 当地是否有鼓励林业合作经营的政策 | ＋ |
| 同村村民参与林业合作经营比例 | ＋ |
| 林地与林产品特征： | |
| 林地经营规模 | ＋ |
| 林地地块数 | ＋ |
| 树种的生长收获周期 | － |
| 对林地立地条件的评价 | ? |
| 林产品类型： | |
| 毛竹林 | ? |
| 经济林 | ? |
| 用材林 | ? |

注：预期影响中符号＋表示正相关，－表示负相关，? 表示不清楚。

### (1) 户主自身与家庭特征

主要用户主年龄、户主受教育程度、家庭在家劳动力人数和林业收入在家庭收入中的重要程度等因素表示。

①户主年龄。从户主年龄的角度，对农户林业合作经营意愿的影响指向可能会不明确。例如，户主年龄越大，可能自身能力和精力所限，对比于年龄较小的农户，越希望通过和其他林业经营主体的合作来解决林业生产经营中遇到的困难，对合作经营的需求可能会更高。而另一方面，户主年龄越大，林业经营的经验可能越多，

可以自己解决经营中的某些问题，对外部的帮助需求可能会减少，导致合作经营的需求意愿降低。

②户主受教育程度。户主受教育程度越高，对林业技术的掌握和外部市场信息的接受分析能力更强，在和其他林业合作经营主体合作中，能有效的利用外部资源，提高林业经营的效率，对合作经营的意愿将更高。另外，受教育程度越高，非林经营能力可能越强，通过参与林业合作经营可以降低机会成本。

③劳动力人数。家庭劳动力人数越少，可能对林业合作经营的意愿更高。自有劳动力的不足使得农户无法通过自身的社会网络资源获得相应的技术、销售等信息，希望通过合作经营来弥补不足。

④林业收入在家庭收入中的重要程度。在与其他林业经营主体实施林业合作经营过程中，在一定程度上农户可以从外部获得资金和技术的支持，可以拓宽林产品销售渠道，降低交易费用，减少经营成本，提高林业经营效率[146]。因此，林业收入越重要，农户对林业合作经营的意愿越强，越希望于通过林业合作经营来进一步提高林业经营的收益。

**（2）农户生产特征**

主要用农户对自有林业经营技术评价、林业经营资金筹集难度、林产品销售难度等变量表示。

①农户对自有林业经营技术评价。由于林业经营周期长，不同经营时期所需要的林业技术存在差异，因此，对于高效益的林业生产需要有好的林业技术。一般认为，因为与其他林业经营主体如企业、林业合作组织合作时可以获得技术上的支持和帮助，技术掌握不好的农户，由于需要技术的提升来提高林业经营效率，因此，对自有林业经营技术评价越低的农户，林业合作经营的意愿会更强。

②林业经营资金筹集难度。农户林业经营投入的资金可能来源于自家储蓄、银行或民间借贷、政府补贴等，资金获得的难易反映了农户的家庭经济状况、借贷还贷承受能力。同时，林业经营各资源要素的获取需要投入大量的资金，资金不足将影响农户林业经营积极性。在林业经营资金获得较为困难情况下，农户通过林业合作

经营，形成经营规模，提高经营实力，可以获得政府财税支持、企业资助等，解决筹资困难。因而表现为林业经营资金获得越困难农户对林业合作经营意愿越强。

③林产品销售难度。林产品一般可以分为木质利用林产品和非木质利用林产品，木质利用林产品的市场价格通常稳定或有上涨趋势，但受林木采伐管理制度的制约；非木质利用林产品市场竞争更为激烈，替代产品多，市场需求不稳定，价格波动大，受销售渠道和销售信息的影响大。如果林产品销售越困难，无法通过自身的条件和能力解决产品的销售问题，则农户希望通过和其他林业经营主体合作拓宽销售渠道，降低产品市场风险，因而表现为产品销售越难，农户对林业合作经营的意愿越强。

**(3) 政策与环境特征**

主要用农户对林业经营风险的认知程度、农户对林业政策稳定性的评价、当地是否有鼓励林业合作经营的政策、同村村民参与林业合作经营的比例等变量表示。

①农户对林业经营风险的评价。林业经营风险是在林业生产经营中，受自然环境、人为因素、市场环境、技术环境等因素影响而给林业可持续性经营带来的危害或损失。一般而言，林业经营风险除具备有风险的偶然性、必然性和可变性等特点外，还具有多样性、非独立性、潜在性和长期性等特点[176]。农户认为林业经营风险越高，越希望通过合作经营来降低经营的风险，获得稳定的林业经营收益。

②农户对林业政策稳定性的评价。我国集体林业自新中国成立初期起至今历经了几次大的变革，对农户的林业经营积极性影响较大，另外有些地方在林业政策的宣传和执行不到位导致农户对林业政策的理解有误，这些都有可能影响农户林业经营的积极性。从林业政策稳定性的视角，林业经营的长期性、林业风险的不确定性等特点导致农户在和其他林业经营主体合作时特别考虑合作的稳定性，如果林业政策出现波动，将影响到农户在合作期内的林业经营收益，因而认为林业政策更稳定的农户，对林业合

作经营的意愿也更高。

③当地是否有鼓励林业合作经营的政策。当地若有鼓励林业合作经营的政策，则林农对林业合作的作用、途径和可能取得的成效可以通过林业合作政策的宣传中获得，可以从提倡和鼓励合作的政策中获得诸如资金、技术、基础设施等资源配给的支持。因而表现为有鼓励林业合作经营政策的地方，林农合作经营意愿会更高。

④同村村民参与林业合作经营的比例。同村村民参与林业合作经营的比例一定程度上一方面反映了林业合作带给农户可能的经营效益，若政府对林业合作经营的扶持颇有成效，或者说合作了的农户获得了更多的经营效益，将吸引更多的农户参与进来，个体的行为将逐渐的演化为群体的行为。另一方面，参与合作的农户越多，可能表明农户对当前或者以往合作中对合作方的信任度越高，在双方的合作中彼此能够相互信任，维持契约，也能在合作中共担风险，共享收益。因此，同村村民参与林业合作经营的比例越高，农户合作经营意愿可能越强。

**（4）林地与林产品特征**

主要用林地经营规模、林地地块数、户主对林地立地条件的评价（即对林地灌溉、坡度、肥沃程度等种植适应性的评价）、林产品类型等变量表示。

①林地经营规模。林地经营规模越大，所需投入的资金、技术、劳动力等资源越多，林产品产量更多，销售也需要更多的渠道，同时承担的风险也越大，农户很难依靠自身的能力解决这些问题，对林业合作经营的意愿也可能越强。

②林地地块数。林权确权改革中，为了让农户分得的林地更“均匀”，人为地将本是整体的林地分离开，形成了农户林地地块数的不均与林地细碎化。林地地块数越多，表明林地的细碎化程度越高，如对于一些高地、偏地，单独管理的成本可能会很大，可以采取合作经营的方式来降低管理成本，提高管理效率，因而表现为地块数越多，农户的合作经营意愿越高。

③户主对林地立地条件的评价。林地立地条件对农户林业合作

经营意愿的指向可能不明确。立地条件越好的地块，产出会更高，一方面基于对眼前比较利益的追求，农户将通过与其他林业经营主体合作获得更多的林地收益，合作经营的意愿也更高。而另一方面，若采取合作，合作伙伴可能分得部分收益，林农因而可能会不大意愿采取合作。

④林产品类型。由于经营不同的林产品所要投入的资源要素的差异，以及经营中所遇到困难的不同，因而表现为不同林产品经营农户可能会有不同的合作意愿。

## 6.4　影响因素的描述性统计

### 6.4.1　农户合作意愿的总体情况

本章研究的目的是探讨哪些因素影响农户的合作意愿，所有样本农户即 821 户有效样本农户数据作为本部分数据分析的基础。在这 821 户农户中，有 607 户农户做出了愿意合作的选择，占总有效样本农户数的 73.9%；做出不愿意合作选择的农户有 214 户，占总有效样本农户数的 26.1%（表 6-2）。

**表 6-2　农户合作意愿的总体情况**

| | 愿意合作 | 不愿意合作 | 合计 |
|---|---|---|---|
| 数量（户） | 607 | 214 | 821 |
| 占样本总农户的比重（%） | 73.9 | 26.1 | 100 |

从样本数据可见，在林业经营中，大多数的农户会参与到与其他林业经营主体的林业经营合作，农户合作经营的意愿情况较好，但还有过 1/4 的农户选择不愿意合作。在第 5 章已经分析了样本农户数据中农户愿意合作的动因和不愿意合作的原因，农户愿意合作的动因主要有保障产品销售稳定产品价格、获得科技信息、减少经营成本等，农户不愿意合作的原因主要有合作预期效益不明显、合作利益分配容易引起纠纷、参与合作过程风险大。据此，我们认为农户愿意合作的动因主要在于对销售、技术和成本的考量，农户不

愿意合作的原因主要是对收益不明显、利益分配纠纷和合作风险的考量。

以下通过从户主自身与家庭特征、农户生产特征、政策与环境特征、林地与林产品特征等方面可能影响农户林业合作经营意愿的因素进行单因素的描述性统计分析，以揭示不同禀赋农户在不同条件下的合作意愿。

## 6.4.2 农户合作意愿影响因素的描述性分析

### 6.4.2.1 户主自身与家庭特征与农户的合作意愿

我们主要用户主年龄、户主受教育程度、家庭在家劳动力人数和林业收入在家庭收入中的重要程度等因素来反映户主自身与家庭特征。

**(1) 户主的年龄与农户合作意愿**

在实际调查中，户主年龄是按实际年龄记录，此处考察农户年龄与合作意愿时，为便于分析，将农户的年龄进行了分组处理，如表 6-3。从表 6-3 看，受访农户年龄多在 46～55 岁间，达到了 38.6%，有少数在 65 岁以上和 35 岁以下，可能的原因在于江西省是劳务输出大省，农村的青壮年劳动力多会外出务工。

分析合作意愿，以 36～45 岁年龄段合作意愿比例最高，有 80.3%，以此为界，之前随年龄的增加农户的合作意愿也增大，而后随年龄的增加合作意愿却降低。在后一节的模型分析中将采用原始数据分析农户年龄对其合作意愿的影响。

**表 6-3 户主年龄与农户的合作意愿**

| | | 愿意合作 | 不愿意合作 | 总计 | (占 821 户比例,%) |
|---|---|---|---|---|---|
| 35 岁以下 | 户数 | 13 | 8 | 21 | (2.5) |
| | 比例（%） | 61.9 | 38.1 | 100 | |
| 36～45 岁 | 户数 | 159 | 39 | 198 | (24.1) |
| | 比例（%） | 80.3 | 19.7 | 100 | |
| 46～55 岁 | 户数 | 245 | 72 | 317 | (38.6) |

（续）

| | | 愿意合作 | 不愿意合作 | 总计 | （占821户比例，%） |
|---|---|---|---|---|---|
| | 比例（%） | 77.3 | 22.7 | 100 | |
| 56～65岁 | 户数 | 166 | 80 | 246 | （30.0） |
| | 比例（%） | 67.5 | 32.5 | 100 | |
| 65岁以上 | 户数 | 24 | 15 | 39 | （4.8） |
| | 比例（%） | 61.5 | 38.5 | 100 | |

## （2）户主的受教育程度与农户合作意愿

**表6-4 户主受教育程度与农户的合作意愿**

| | | 愿意合作 | 不愿意合作 | 总计 | （占821户比例，%） |
|---|---|---|---|---|---|
| 小学及以下 | 户数 | 244 | 126 | 370 | （45.0） |
| | 比例（%） | 65.9 | 34.1 | 100 | |
| 初中 | 户数 | 298 | 77 | 375 | （45.7） |
| | 比例（%） | 79.5 | 20.5 | 100 | |
| 高中及以上 | 户数 | 65 | 11 | 76 | （9.3） |
| | 比例（%） | 85.5 | 14.4 | 100 | |

表6-4数据显示，受访的户主受教育程度整体偏低，小学及以下的达到45%，高中及以上的学历只有9.3%，说明被访农户的受教育程度总体偏差，农业生产经营的人力资本状况不尽如人意。

在合作意愿上，随着户主受教育程度的提高，其合作意愿也随着提高，高中及以上的有85.5%的农户表示愿意合作，初中文化程度的户主有79.5%表示愿意合作，小学及以下的户主合作意愿为65.9%。

## （3）劳动力人数与农户的合作意愿

为便于分析，将劳动力人数数据整理，分为两组：2人及以下，3人及以上。表6-5数据显示，受访的农户家庭劳动力人数比较相差不大，有52.4%农户家庭有2人及以下劳动力人数，有47.6%的农户家庭有3人及以上劳动力人数。

在合作意愿上，3 人及以上劳动力人数的家庭有 69.8%的有合作意愿，而劳动力更少的 2 人及以下劳动力人数的家庭合作意愿更高，达到 77.7%。

**表 6-5　劳动力人数与农户的合作意愿**

| | | 愿意合作 | 不愿意合作 | 总计 | （占 821 户比例，%） |
|---|---|---|---|---|---|
| 2 人及以下 | 户数 | 334 | 96 | 430 | (52.4) |
| | 比例（%） | 77.7 | 22.3 | 100 | |
| 3 人及以上 | 户数 | 273 | 118 | 391 | (47.6) |
| | 比例（%） | 69.8 | 30.2 | 100 | |

### （4）林业收入在家庭收入中的重要程度与农户的合作意愿

**表 6-6　林业收入在家庭收入中的重要程度与农户的合作意愿**

| | | 愿意合作 | 不愿意合作 | 总计 | （占 821 户比例，%） |
|---|---|---|---|---|---|
| 很不重要 | 户数 | 86 | 69 | 155 | (18.9) |
| | 比例（%） | 55.5 | 44.5 | 100 | |
| 不重要 | 户数 | 145 | 48 | 193 | (23.5) |
| | 比例（%） | 75.1 | 24.9 | 100 | |
| 一般 | 户数 | 213 | 65 | 278 | (33.9) |
| | 比例（%） | 76.6 | 23.4 | 100 | |
| 重要 | 户数 | 88 | 26 | 114 | (13.9) |
| | 比例（%） | 77.2 | 22.8 | 100 | |
| 很重要 | 户数 | 75 | 6 | 81 | (9.9) |
| | 比例（%） | 92.6 | 7.4 | 100 | |

林业收入在家庭收入中的重要程度用调查表中的第 9 题，林业收入占当年家庭收入的比重所相对应的重要程度来表示。表 6-6 数据显示，受访的农户家庭年均林业收入占家庭收入的比重集中在一般段，占到了 33.9%。另有 18.9%的农户认为当前林业收入占家庭收入很不重要，不到 10%的农户的林业收入占家庭收入很重要。根据当前农村经济发展和农户家庭经营状况，农户的家庭收入是多

元化的发展态势，一是来源于务工的工资性收入，第二是来源于农产品包括林产品的家庭经营性收入，另外就是转移性、财产性收入等其他收入。因此，可以认为，林业收入占家庭收入比重超过50%以上就应该算林业在家庭收入中占有非常重要的地位。而有些农户种植的用材林当前还没有产生经济收益，因而在家庭收入中无法体现其重要性。

另外，表6-6数据显示，在合作意愿上，认为林业收入很不重要的农户只有55.5%的农户有合作意愿，而随着重要程度增加一个层次，合作意愿分别是75.1%、76.6%、77.2%，认为林业收入很重要的农户的合作意愿高达92.6%。这也表明，要获得林业收益的改进，农户自身进入市场的能力有限，需要依靠其他组织或个人来共同进入市场。

#### 6.4.2.2 农户生产特征与农户的合作意愿

用农户对自有林业经营技术评价、林业经营资金筹集难度、林产品销售难度等变量来反映农户生产特征。

**(1) 农户对自有林业经营技术评价与农户的合作意愿**

**表6-7 自有林业经营技术评价与农户的合作意愿**

| | | 愿意合作 | 不愿意合作 | 总计 | (占821户比例,%) |
|---|---|---|---|---|---|
| 很不好 | 户数 | 34 | 17 | 51 | (6.2) |
| | 比例（%） | 66.7 | 33.3 | 100 | |
| 不好 | 户数 | 144 | 46 | 190 | (23.1) |
| | 比例（%） | 75.8 | 24.2 | 100 | |
| 一般 | 户数 | 248 | 70 | 318 | (38.7) |
| | 比例（%） | 78 | 22 | 100 | |
| 较好 | 户数 | 136 | .55 | 191 | (23.3) |
| | 比例（%） | 71.2 | 28.8 | 100 | |
| 很好 | 户数 | 45 | 26 | 71 | (8.6) |
| | 比例（%） | 63.4 | 36.6 | 100 | |

表 6-7 数据显示，农户对自己的林业技术水平的评价整体是趋于选择中性的选项，农户在对自己的林业技术的认可上呈现正态分布的状况。有 38.7%的农户选择了技术一般，其中的原因可能是一般的林业技术和其他农业技术或许存在一些相通之处，在一般林业技术的掌握上较易实现。认为林业技术很好的农户只有 8.6%，表明还是只有少部分农户在林业技术特别是林业新技术的应用和掌握上有优势，这部分农户可能在林业经营上具有带头羊的作用。有 6.2%的农户选择了林业技术很不好，可能这部分的农户以前完全没有涉及到林业生产经营，对林业技术知之甚少，在当前林业发展高涨的新趋势下，显示林业经营技术缺乏的困境。

在合作意愿上，不同技术评价的农户对合作意愿的选择存在一些差距，认为技术一般的农户的合作意愿最强，达到 78%，然后随着技术能力增加而合作意愿有所降低，认为技术较好和很好的农户合作意愿的比例分别为 71.2%和 63.4%。在技术不好这些层次的农户，认为技术很不好和不好的农户合作意愿分别为 66.7%和 75.8%，呈现增强的趋势。因此，总体看技术评价在中间层次的农户的合作意愿更强，在林业合作经营中特别要注重这部分农户的合作参与。

**（2）林业经营资金筹集难度与农户的合作意愿**

表 6-8 数据显示，农户对林业经营的资金筹集的难度也集中在一般的选项上，有 30.9%的农户。资金筹集困难小、困难较大和很困难的农户比例相差不大，分别为 21.7%、20.5%、19.9%。占比例最小的当属资金筹集无困难的农户，只有 7.7%。说明在目前林业资金的投入上，很大部分的农户都存在资金的筹集问题，家庭自有的资金首先会投入到投资回报期短、见效快的农业经营或非农业经营，在有资金闲余的情况下，会考虑投资回报期长的林业生产，但对当前江西省农村来说，靠自有资金投入林业生产时农户的资金状况不容乐观。

在合作意愿上，资金筹集难度不同的农户对合作意愿的选择存

**表 6-8 林业经营资金筹集难度与农户的合作意愿**

| | | 愿意合作 | 不愿意合作 | 总计 | (占 821 户比例,%) |
|---|---|---|---|---|---|
| 无困难 | 户数 | 34 | 29 | 63 | (7.7) |
| | 比例 (%) | 54 | 46 | 100 | |
| 困难少 | 户数 | 123 | 55 | 178 | (21.7) |
| | 比例 (%) | 69.1 | 30.9 | 100 | |
| 一般 | 户数 | 189 | 63 | 252 | (30.9) |
| | 比例 (%) | 75 | 25 | 100 | |
| 困难较大 | 户数 | 134 | 34 | 168 | (20.5) |
| | 比例 (%) | 79.7 | 20.2 | 100 | |
| 很困难 | 户数 | 127 | 33 | 160 | (19.9) |
| | 比例 (%) | 79.4 | 20.6 | 100 | |

在一些较大差距，认为困难很大和很困难的农户的合作意愿均接近80%，而困难少和无困难的农户合作意愿分别只有 69.1%和 54%。随着农户林业经营资金筹集难度的增加，农户林业合作经营的意愿也增强，因此，需要外部的资金支持来推动农户投资林业的热情，推动林业的合作化经营和规模化经营。

**(3) 林产品销售难度与农户的合作意愿**

**表 6-9 林产品销售难度与农户的合作意愿**

| | | 愿意合作 | 不愿意合作 | 总计 | (占 821 户比例,%) |
|---|---|---|---|---|---|
| 无困难 | 户数 | 44 | 11 | 55 | (6.7) |
| | 比例 (%) | 80 | 20 | 100 | |
| 困难小 | 户数 | 76 | 35 | 111 | (13.5) |
| | 比例 (%) | 68.5 | 31.5 | 100 | |
| 一般 | 户数 | 201 | 81 | 282 | (34.3) |
| | 比例 (%) | 71.3 | 28.7 | 100 | |
| 困难较大 | 户数 | 184 | 61 | 245 | (29.8) |
| | 比例 (%) | 75.1 | 24.9 | 100 | |
| 很困难 | 户数 | 102 | 26 | 128 | (15.6) |
| | 比例 (%) | 79.7 | 20.3 | 100 | |

表 6-9 数据显示，农户在林产品的销售上均存在困难，其中，困难较大和困难很大就合计占了 45.4%，而销售无困难的农户

只有6.7%，说明当前林产品的销售普遍存在销售难问题。前面的假设部分已做了初步分析，一个是用材林的销售存在采伐指标限额的问题，一个是大宗林产品如林果也会出现价格的大起大落，出现销售困难。因此，加强林业经营中销售环节的合作，解决产品的销售问题，可以激发农户林业经营的积极性，获得林业收入的改善。

在合作意愿上，从表 6-9 看，出现了一个特殊的情况。销售无困难的农户的合作意愿达到了 80%，高于其他农户的合作意愿，可能的原因在于对于有销售渠道或者很容易获得用材林采伐指标的农户来说，林产品的销售不是问题，甚至还可以通过自己的销售信息与渠道帮助其他农户销售林产品，在协助其他农户销售产品的过程中获得一定的收益。在其他销售难度的四个层次农户上，随着销售难度的增加，农户的合作意愿也增强，越愿意和其他林业经营主体合作将产品销售出去，解决林产品的销售问题。

#### 6.4.2.3 政策与环境特征与农户的合作意愿

政策与环境特征，主要用农户对林业经营风险的认知程度、农户对林业政策稳定性的评价、当地是否有鼓励林业合作经营的政策、同村村民参与林业合作经营的比例等变量表示。

**(1) 林业经营风险评价与农户的合作意愿**

林业经营的风险主要有自然风险、市场风险和政策风险。对于政策风险，将单独通过农户对政策稳定性的评价来考察。此处所考察的林业经营风险的评价主要是农户对林业经营的自然风险和市场风险的认知与了解程度。调查中考虑使用 5 级李克特量表法，通过农户的主观判断来区分农户对林业经营风险的评价（见附录调查问卷第 25 题）。

**表 6-10 林业经营风险评价与农户的合作意愿**

| | | 愿意合作 | 不愿意合作 | 总计 | (占 821 户比例,%) |
|---|---|---|---|---|---|
| 无风险 | 户数 | 12 | 21 | 33 | (4.0) |
| | 比例（%） | 36.4 | 63.6 | 100 | |
| 风险小 | 户数 | 97 | 70 | 167 | (20.3) |

（续）

| | | 愿意合作 | 不愿意合作 | 总计 | （占821户比例，%） |
|---|---|---|---|---|---|
| | 比例（%） | 58.1 | 41.9 | 100 | |
| 一般 | 户数 | 212 | 78 | 290 | （35.3） |
| | 比例（%） | 73.1 | 26.9 | 100 | |
| 风险较大 | 户数 | 220 | 33 | 253 | （30.8） |
| | 比例（%） | 87 | 13 | 100 | |
| 风险很大 | 户数 | 66 | 12 | 78 | （9.5） |
| | 比例（%） | 84.6 | 15.4 | 100 | |

表6-10数据显示，农户对林业经营风险的认知自我判断趋向于选中间项，呈现正态的分布。认为风险一般的农户有35.3%，认为无风险的农户只有4%，而认为风险很大的农户也只有9.5%。可能的原因在于对于林业来说，江西处于雨水、温度等气候条件适宜林产品生长的地区，冰冻、霜害等极端自然灾害发生的次数少，而火灾、虫害等灾害的可控率高，一般发生此类灾害的概率也小。主要还在于市场风险，因为像果林产品之类的属于完全竞争市场，替代产品多，季节性强，稍有不慎就会遭遇市场滑坡。而像用材林木，除了采伐限额指标约束外，在大量社会资本涌入林业经营的情况下，供给与需求形势将被打破，未来也有可能呈现价格不稳定因素。

在合作意愿上，随着农户对林业经营风险评价等次的提高，农户合作经营意愿也随之增强。认为无风险和风险很小的农户合作意愿分别只有36.4%和58.1%，而认为风险较大和很大的农户合作意愿分别达到87%和84.6%。

### （2）林业政策稳定性的评价与农户的合作意愿

**表6-11　林业政策稳定性的评价与农户的合作意愿**

| | | 愿意合作 | 不愿意合作 | 总计 | （占821户比例，%） |
|---|---|---|---|---|---|
| 稳定 | 户数 | 602 | 163 | 765 | （93.2） |
| | 比例（%） | 78.7 | 21.3 | 100 | |
| 不稳定 | 户数 | 5 | 51 | 56 | （6.8） |
| | 比例（%） | 8.9 | 91.1 | 100 | |

对农户对林业政策稳定性的评价采用二项选择的方式调查，即认为林业政策稳定和不稳定。从表 6-11 数据看，农户对林业政策稳定性的评价基本趋于一致，有超过 93%的农户认为当前林业政策是稳定的，这里的原因可能在于从 2003 年的江西林权改革的试点，到几年后江西对林权配套改革的强势推进，使得江西农户对林业经营的热情高涨，对林业政策的稳定给予了高度评价。当然，可能存在当地的一些林业部门对林业政策的宣传与执行上有些偏颇或者其他原因的影响，有些农户对林业政策表示不满意，对林业政策给予不稳定的评价。

在合作意愿上，从表 6-11 看，认为林业政策稳定的农户合作意愿高达 78.7%，而认为林业政策不稳定的农户的不合作意愿比例高达 91.1%，相差悬殊。因此，要实现林业的规模化经营，促成农户参与林业的合作经营，就需要稳定林业政策，稳步推进各项配套改革政策，使得农户都能获得政策的益处。

**(3) 是否有鼓励林业合作经营的政策与农户的合作意愿**

**表 6-12　是否有鼓励林业合作经营的政策与农户的合作意愿**

| | | 愿意合作 | 不愿意合作 | 总计 | （占 821 户比例，%） |
|---|---|---|---|---|---|
| 有 | 户数 | 437 | 108 | 545 | (66.4) |
| | 比例（%） | 80.2 | 19.8 | | |
| 没有 | 户数 | 170 | 106 | 276 | (33.6) |
| | 比例（%） | 61.6 | 38.4 | 100 | |

表 6-12 数据显示，表示当地有林业合作经营扶持政策的农户有 66.4%，占 2/3，表示当地没有相关的扶持政策的农户有 33.6%。占 1/3。在 2009 年国家林业局出台的《关于促进农民林业专业合作社发展的指导意见》中，政府明确提到了鼓励农民建立林业专业合作社进行林业合作经营的政策支持，但这些政策的受益农户面小，要获得扶持的条件高。因此，有些地方根据中央和省市相关政策，结合当地的实际情况，建立了自己的扶持农户林业合作经营的相关政策，如鼓励林产加工企业和农户的合作，鼓励农户建

立股份制林场，鼓励农户实施联合经营等。再加上各地的扶持政策的宣传因素，因而，不同农户在林业合作经营的政策上可能知道或者了解不一样。

在合作意愿上，从表 6-12 看，当地有鼓励林业合作经营政策的农户的合作意愿达到 80.2%，没有鼓励林业合作经营政策的农户合作意愿为 61.6%，前者高于后者。因此，林业合作经营的扶持政策对农户的林业合作经营的意愿具有积极影响，各地方要建立符合本地区林业状况的合作经营鼓励政策，以推进林业的规模化发展，提高林业经营的效率。

**(4) 同村村民参与林业合作经营的比例与农户的合作意愿**

表 6-13 数据显示，同村村民在林业合作经营上的比例呈现较低的状态，参与林业合作经营的比例在 10%以下及 10%～30%之间的占主流，分别是 33%和 34%，两者合计达到了 67%，占农户数的 2/3。表明当前林业经营中的合作状况并不是很理想，还有很多农户没有参与到合作经营中，可能的原因在于一是当前其他林业经营主体发展处于起步阶段，对农户的联接作用不明显，二是很多农户自身经营的林业生产处于初始期，对林业合作经营的效果如何不明确，还处于合作前的观望阶段。

**表 6-13 同村村民参与林业合作经营的比例与农户的合作意愿**

| | | 愿意合作 | 不愿意合作 | 总计 | （占 821 户比例，%） |
|---|---|---|---|---|---|
| 10%以下 | 户数 | 168 | 103 | 271 | (33.0) |
| | 比例（%） | 62 | 38 | 100 | |
| 10%～30% | 户数 | 217 | 62 | 279 | (34.0) |
| | 比例（%） | 77.8 | 22.2 | 100 | |
| 30%～50% | 户数 | 114 | 29 | 143 | (17.4) |
| | 比例（%） | 79.7 | 20.2 | 100 | |
| 50%以上 | 户数 | 108 | 20 | 128 | (15.6) |
| | 比例（%） | 84.4 | 15.6 | 100 | |

在合作意愿上，从表 6-13 看，随着村民合作比例的增加，农户合作意愿也增强。参与合作的比例在 10%以下的，农户合作

意愿只有62%，当同村50%以上的农户参与了合作时，农户合作的意愿高达84.4%。依据前景理论，可以认为，农户在进行林业合作经营前，会参考其他合作农户获得的收益，以此为参照点，结合自身的资源考虑是否参与合作经营。同村农户参与合作的比例反应了农户在林业合作经营中获得了相应的收益的增加，其合作伙伴对农户的吸引能力也越大，越会有更多的农户愿意参与到林业的合作经营中来。

#### 6.4.2.4 林地与林产品特征与农户的合作意愿

林地与林产品特征，主要用林地经营规模、林地地块数、户主对林地立地条件的评价、树种的生长收获周期、林产品类型等变量表示。

**（1）林地经营规模与农户的合作意愿**

表6-14 林地经营规模与农户的合作意愿

| | | 愿意合作 | 不愿意合作 | 总计 | （占821户比例，%） |
|---|---|---|---|---|---|
| 规模小 | 户数 | 250 | 140 | 390 | （47.5） |
| | 比例（%） | 64.1 | 35.9 | 100 | |
| 规模一般 | 户数 | 280 | 74 | 354 | （43.1） |
| | 比例（%） | 80.5 | 19.5 | 100 | |
| 规模大 | 户数 | 77 | 0 | 77 | （9.4） |
| | 比例（%） | 100 | 0 | 100 | |

按照林产品类型将农户种植的林种分为用材林、毛竹林、经济林三大类。在整个821份样本中，用材林种植面积最小值0.27公顷，最大值27公顷，均值为2.3公顷；毛竹林最小值为0.23公顷，最大值为10公顷，均值为1.4公顷；经济林最小值为0.2公顷，最大值为8公顷，均值为0.93公顷。考虑用材林、毛竹林和经济林之间种植规模可能存在的差异而引起分析的偏误，将三类林产品分类，进行定性处理，求出各类样本平均规模，为各类样本平均规模数的80%以下记为规模小，80%～120%记为规模一般，120%以上记为规模大。

经过上述处理，表 6-14 数据显示，规模大的农户的比例较小，只有 9.4%，表明受一些林业经营大户的影响，平均规模被拉大，使得农户的林业经营规模集中在了规模小和规模一般两个层次。

从表 6-14 看，规模大的农户的合作意愿比例达到了 100%，而规模小与规模一般的农户合作意愿分别为 64.1%和 80.5%。表明规模越大，所需要解决的林业经营的问题越多，如资金、销售。在调查中发现，经营规模越大的农户，越希望从其他农户那里获得林地，这样，可以通过上规模，获得政府对林业合作经营的各种政策支持。而对于规模小的农户，则希望通过合作来解决林业经营中技术，提高管理效率，减少经营成本，解决产品销售等问题。

**(2) 林地地块数与农户合作意愿**

为便于比较，这里对农户林业经营的地块数进行分组处理，如表 6-15。从数据看，农户林业经营的地块数较多，经营有 5 块及以上地块数的有 28.3%的农户，有 34.2%的农户经营有 3～4 块林地，表明随着江西林业改革的“分山到户”，农户通过自留山、责任山、承包山，以及通过其他方式获得的林地使得集体林区林地细碎化经营显现。另外，在林业“确权”工作中，有些地方为了照顾农户林地的平均状况，将一些整块林地人为划分为多块，使得农户经营的林地出现分处不同地块的状况。因而要提高细碎化林地的经营效率和产出，需要促进林地的规模化经营，提倡农户的林地合作化经营。在合作意愿上，表 6-15 数据显示，不同地块段的农户的合作意愿差距不大，均有超过 70%以上的农户愿意进行合作经营。

**表 6-15 林地地块数与农户的合作意愿**

| | | 愿意合作 | 不愿意合作 | 总计 | (占 821 户比例，%) |
|---|---|---|---|---|---|
| 1～2 块 | 户数 | 219 | 89 | 308 | (37.5) |
| | 比例（%） | 71.1 | 28.9 | 100 | |
| 3～4 块 | 户数 | 213 | 68 | 281 | (34.2) |
| | 比例（%） | 75.8 | 24.2 | 100 | |
| 5 块及以上 | 户数 | 175 | 57 | 232 | (28.3) |
| | 比例（%） | 75.4 | 24.6 | 100 | |

### (3) 林地立地条件的评价与农户合作意愿

表 6-16 林地立地条件的评价与农户的合作意愿

| | | 愿意合作 | 不愿意合作 | 总计 | (占 821 户比例,%) |
|---|---|---|---|---|---|
| 很不好 | 户数 | 67 | 21 | 88 | (10.7) |
| | 比例(%) | 76.1 | 23.9 | 100 | |
| 不好 | 户数 | 89 | 29 | 118 | (14.4) |
| | 比例(%) | 75.4 | 25.6 | 100 | |
| 一般 | 户数 | 256 | 98 | 354 | (43.1) |
| | 比例(%) | 72.3 | 27.7 | 100 | |
| 较好 | 户数 | 134 | 44 | 178 | (21.7) |
| | 比例(%) | 75.3 | 24.7 | 100 | |
| 很好 | 户数 | 61 | 22 | 83 | (10.1) |
| | 比例(%) | 73.5 | 26.5 | 100 | |

林地立地条件是林地的土质、坡度、土壤肥力、光照、灌溉等综合因素的体现，如果立地条件好，所需要的经营成本少，林木的生长快，获得的收益也多。表 6-16 数据显示，对立地条件的评价也是趋于中性，认为立地条件一般的占到了 43.1%，认为很不好和很好的分别为 10.7%和 10.1%。

在合作意愿上，认为立地条件很不好的农户的合作意愿最高，达到 76.1%，认为立地条件很好的农户的合作意愿比例也不是最低，为 73.5%，而认为立地条件一般的农户合作意愿最低，为 72.3%，不同立地条件的农户合作意愿比例相差不大。

### (4) 林产品类型与农户合作意愿

表 6-17 林产品类型与农户的合作意愿

| | | 愿意合作 | 不愿意合作 | 总计 | (占 821 户比例,%) |
|---|---|---|---|---|---|
| 经济林 | 户数 | 251 | 55 | 306 | (37.3) |
| | 比例(%) | 82 | 18 | 100 | |
| 毛竹林 | 户数 | 145 | 36 | 181 | (22.0) |
| | 比例(%) | 80.1 | 19.9 | 100 | |
| 用材林 | 户数 | 211 | 123 | 334 | (40.7) |
| | 比例(%) | 63.2 | 36.8 | 100 | |

通过对几种主要的林产品分类，即用材林、毛竹林、经济林等合作意愿的分析，不同林产品类型之间的农户合作意愿会存在一些区别。从表 6-17 比较来看，经营用材林农户的合作经营意愿的比例最低，只有 63.2%，经营经济林和毛竹林的农户的合作意愿均超过了 80%。由于经济林和毛竹林的市场环境与政策环境等外在因素与用材林有较大区别，经营周期比用材林短，产品成熟后要及时销售，不能像用材林一样还可以在林地生长。另外，对于现在这个时期来说，刚种植的用材林远没有到采伐时期，因此，用材林经营农户对比经济林和毛竹林经营农户的合作意愿更低。

## 6.5 影响因素的计量分析

前面就单因素对农户林业合作意愿进行了分析。实际上林业经营中农户是否愿意合作是受多种因素共同影响。因此，可以通过建立计量模型，将上述多种因素结合在一起考察，来综合分析和寻找可能的影响农户林业合作经营意愿的显著性因素，以提出相应的对策。

### 6.5.1 计量模型的选择

本书所要分析的因变量是“农户林业合作经营意愿”，实质上是一个定性的二项选择问题：愿意合作的记为 $Y=1$ 和不愿意合作的记为 $Y=0$，为 0－1 型二分变量。这里选择二项 Logistic 模型进行计量分析，计量模型构建的理论解释详见章节 3.3.3。

此处选取如下自变量：①户主自身与家庭特征，主要是指户主年龄、户主受教育程度、家庭劳动力人数、林业收入在家庭收入的重要程度。②农户生产特征，主要是指农户对自有林业经营技术评价、林业经营资金筹集难度、林产品销售难度。③政策与环境特征，主要选择户主对林业经营风险评价、户主对林业政策稳定性的评价、当地是否有鼓励林业合作经营的政策、同村村民参与林业合作经营比例等来反映。④林地与林产品特征，主要是指林地经营规模、林地地块数、对林地立地条件的评价、林产品类型。

因此，农户林业合作经营意愿模型可以表达为：

$W_I = f$（户主自身与家庭特征、生产特征、政策与环境特征、林地与林产品特征）$+\varepsilon_i$　　式（6.1）

式中：$W_i$ 表示第 $i$ 个农户的林业合作经营意愿情况，$\varepsilon_i$ 是误差项。模型中各变量的选取、定义及统计数据如表 6-18。

**表 6-18　模型的变量说明**

| 变量名称 | 变量定义 | 均值 |
|---|---|---|
| 被解释变量： | | |
| 农户合作意愿 | | 0.74 |
| 解释变量： | | |
| 户主自身与家庭特征 | | |
| 户主年龄 | 实际年龄 | 50.6 |
| 户主受教育程度 | 1=小学及以下；2=初中；3=高中及以上 | 1.64 |
| 劳动力人数 | 1=3 人及以上；0=2 人及以下 | 0.48 |
| 林业收入在家庭收入中的重要程度 | 使用 5 级李克特量表法：很不重要、不重要、一般、较重要、很重要，相应赋值 1、2、3、4、5 | 2.78 |
| 农户生产特征 | | |
| 对自有林业经营技术评价 | 使用 5 级李克特量表法：很不好、不好、一般、较好、很好，相应赋值 1、2、3、4、5 | 3.05 |
| 林业经营资金筹集难度 | 使用 5 级李克特量表法：无困难、困难小、一般、困难较大、很困难，相应赋值 1、2、3、4、5 | 3.22 |
| 林产品销售难度 | 使用 5 级李克特量表法：无困难、困难小、一般、困难较大、很困难，相应赋值 1、2、3、4、5 | 3.0 |
| 政策与环境特征 | | |
| 户主对林业经营风险评价 | 使用 5 级李克特量表法：无风险、风险小、一般、风险较大、风险很大，相应赋值 1、2、3、4、5 | 3.21 |
| 对林业政策稳定性评价 | 1=稳定；0=不稳定 | 0.93 |
| 当地鼓励林业合作经营政策 | 1=有；0=没有 | 0.66 |

（续）

| 变量名称 | 变量定义 | 均值 |
|---|---|---|
| 同村村民参与林业合作经营比例 | 1＝10％以下；2＝10％～30％；3＝30％～50％；4＝50％以上 | 2.16 |
| 林地与林产品特征 | | |
| 林地经营规模 | 1＝规模小，2＝一般，3＝规模大 | 1.62 |
| 林地地块数 | 1＝1～2块；2＝3～4块；3＝5块及以上 | 1.91 |
| 对林地立地条件的评价 | 使用5级李克特量表法：很不好、不好、一般、较好、很好，相应赋值1、2、3、4、5 | 3.06 |
| 林产品类型：毛竹林 | 1＝毛竹林；0＝其他 | 0.22 |
| 经济林 | 1＝经济林；0＝其他 | 0.37 |
| 用材林 | 1＝用材林；0＝其他 | 0.41 |

### 6.5.2　模型估计结果及分析

本节应用SPSS19.0中文版统计软件对农户数据进行了二项Logistic回归处理。首先在线性回归分析模块中进行共线性诊断，共线性诊断的方差膨胀因子 *VIF* 均小于10，上述变量全部引入模型。进行变量的显著性检验时，采用向后去除（似然比）方法，先将上述各个自变量全部引入回归方程，移去检验基于在最大偏似然估计基础上的似然比统计量的概率，直到方程中所有变量的检验值基本显著为止。表6-19所示的是含有所有16个自变量的回归模型一及最后剩余13个显著变量的回归模型二。关于模型的拟合效果，两个模型的模型系数的综合检验卡方统计值均为在1％显著水平上通过检验，－2对数似然值、Cox & Snell $R^2$ 和 Nagelkerke $R^2$ 值也处于合理范围，两个模型的预测值分别达到了89.3％和88.9％，预测效果很好，整体检验显著。

**表 6-19 模型的估计结果**

| | 模型一 | | | 模型二 | | |
|---|---|---|---|---|---|---|
| | 系数 $B$ | Wald 值 | exp（$B$） | 系数 $B$ | Wald 值 | exp（$B$） |
| 户主年龄 | −0.024 | 2.735* | 0.976 | −0.025 | 2.916* | 0.976 |
| 户主受教育程度 | 0.496 | 5.985** | 1.641 | 0.530 | 6.963*** | 1.700 |
| 劳动力人数 | −0.255 | 0.962 | 0.775 | | | |
| 林业收入在家庭收入中重要程度 | 0.199 | 3.729* | 1.221 | 0.225 | 5.010** | 1.253 |
| 自有林业经营技术评价 | −0.325 | 6.773*** | 0.722 | −0.320 | 6.677*** | 0.726 |
| 林业经营资金筹集难度 | 0.273 | 6.956*** | 1.314 | 0.292 | 8.023*** | 1.339 |
| 林产品销售难度 | 1.489 | 107.156*** | 4.433 | 1.485 | 108.218*** | 4.416 |
| 林业经营风险评价 | 0.630 | 25.302*** | 1.877 | 0.624 | 25.270*** | 1.867 |
| 对林业政策稳定性评价 | 3.630 | 36.905*** | 37.730 | 3.626 | 37.786*** | 37.579 |
| 鼓励林业合作经营政策 | 1.228 | 21.878*** | 3.415 | 1.211 | 21.501*** | 3.357 |
| 村民参与林合经营比例 | 0.527 | 16.365*** | 1.693 | 0.527 | 16.520*** | 1.694 |
| 林地经营规模 | 1.403 | 33.761*** | 4.068 | 1.366 | 33.190*** | 3.919 |
| 林地地块数 | 0.206 | 1.792 | 1.229 | | | |
| 对林地立地条件的评价 | −0.046 | 0.181 | 0.955 | | | |
| 毛竹林 | 1.100 | 10.018*** | 3.004 | 1.067 | 9.611*** | 2.906 |
| 经济林 | 1.490 | 25.990*** | 4.436 | 1.447 | 25.012*** | 4.252 |
| 常数项 | −12.852 | 74.502*** | 0.000 | −12.777 | 82.676*** | 0.000 |
| **模型整体检验** | | | | | | |
| Cox & Snell $R^2$ | 0.463 | | | 0.461 | | |
| Nagelkerke $R^2$ | 0.679 | | | 0.676 | | |
| 卡方检验值 | 510.966*** | | | 507.839*** | | |
| −2 对数似然值 | 431.121 | | | 434.248 | | |
| 预测值 | 89.3% | | | 88.9% | | |

注："*"、"**"、"***"分别表示在10%、5%、1%的水平上统计显著。

另外，模型二与模型一对比，在排除劳动力人数、林地地块数、对林地立地条件的评价等3个不显著变量后，模型整体检验各参数估计值和整体检验值相差比较小，表明这不显著的3个自变量与其他因素相比较，对农户林业合作经营意愿的影响不大。其他变量的各参数估计值变化不大。以模型二为主，计量估计结果分析如下：

### (1) 户主年龄对农户林业合作经营意愿的影响分析

户主年龄对农户林业合作经营意愿有较显著的负向影响。户主年龄变量在10%的水平上通过了显著性检验，且变量的$B$系数符号为负，查看参数发生比exp（$B$）可知，在控制其他变量的情况下，年龄每增加1岁，农户的合作意愿的发生比是原层次的0.976。表明在其他条件不变的情况下，农户年龄越小合作意愿越高，反之，年龄越大合作意愿越低。户主年龄越大，可能在以前参与过集体林的经营和管理，这方面的经验会更多，因而在自己解决林业经营中的某些问题时，可以较少的依赖外部的帮助，合作经营意愿降低。

### (2) 户主受教育程度对农户林业合作经营意愿的影响分析

户主受教育程度对农户林业合作经营意愿有很显著的正向影响。户主受教育程度变量在1%的水平上通过了显著性检验，且变量的$B$系数符号为正，查看参数exp（$B$）发生比可知，在控制其他变量的情况下，文化程度每增加一个层次，农户的合作意愿的发生比是原层次的1.7倍。表明在其他条件不变的情况下，受教育程度越高的农户合作意愿越强。文化程度越高，对事物的接受和理解越强，非林经营甚至非农经营的能力会更强，可以通过林业合作经营获得更多的其他经营机会。也可以在与合作伙伴合作中更有效的利用各种资源，甚至可以在农户中取到榜样的作用。当然，文化程度越高，获取外部信息的能力，与外部力量进行谈判的能力也更高，林业合作经营中所处的地位也会更好，合作的意愿也会越强。

### (3) 林业收入在家庭收入中的重要程度对农户林业合作经营意愿的影响分析

林业收入在家庭收入中的重要程度对农户林业合作经营意愿有显著的正向影响。林业收入在家庭收入中的重要程度变量在5%的水平上通过了显著性检验，且变量的$B$系数符号为正，查看发生比参数exp（$B$）可知，在控制其他变量的情况下，重要程度每增加一个层次，农户的合作意愿的发生比是原层次的1.253倍。表明在其他条件不变的情况下，林业收入在家庭收入中的重要程度越高的农户合作经营意愿越强。林业收入越重要，越希望通过合作来拓宽产品销售渠道，获得外部的资金与技术支持，来提高林业经营效益。

**（4）农户自有林业经营技术评价对农户林业合作经营意愿的影响分析**

农户自有林业经营技术评价对农户林业合作经营意愿有很显著的负向影响。自有林业经营技术评价变量在1%的水平上通过了显著性检验，且变量的 $B$ 系数符号为负，查看发生比参数 exp（$B$）可知，在控制其他变量的情况下，评价程度每增加一个层次，农户的合作意愿的发生比是原层次的72.6%。表明在其他条件不变的情况下，对自有林业经营技术评价越低，农户合作意愿越强。林业技术不好的农户，希望通过合作获得其他林业经营组织或个人技术支持，提升林业经营效率与效益。

**（5）林业经营资金筹集难度对农户林业合作经营意愿的影响分析**

林业经营资金筹集难度对农户林业合作经营意愿有很显著的正向影响。林业经营资金筹集难度变量在1%的水平上通过了显著性检验，且变量的 $B$ 系数符号为正，查看发生比参数 exp（$B$）可知，在控制其他变量的情况下，筹集难度每增加一个层次，农户的合作意愿的发生比是原层次的1.339倍。表明在其他条件不变的情况下，林业经营资金筹集难度越大，农户合作意愿越强。资金是林业经营的第一启动力，可以转化为其他资源要素，资金不足将影响农户经营林业的积极性。若能通过与其他林业经营组织或个人合作，以规模换政府或企业的资金支持，解决林业经营资金的问题，因而资金筹集越困难的农户对林业合作经营意愿越强。

**（6）林产品销售难度对农户林业合作经营意愿的影响分析**

林产品销售难度对农户林业合作经营意愿有很显著的正向影响。林产品销售难度变量在1%的水平上通过了显著性检验，且变量的 $B$ 系数符号为正，查看发生比参数 exp（$B$）可知，在控制其他变量的情况下，林产品销售难度每增加一个层次，农户的合作意愿的发生比是原层次的 4.416 倍。表明在其他条件不变的情况下，林产品销售难度越大，农户合作意愿越强。只有完成了林产品的销售，才能获得林业的收益，销售越困难，越希望通过合作来降低产品的市场风险，稳定林业收益。

**(7) 林业经营风险评价对农户林业合作经营意愿的影响分析**

林业经营风险评价对农户林业合作经营意愿有很显著的正向影响。林业经营风险评价变量在 1%的水平上通过了显著性检验，且变量的 $B$ 系数符号为正，查看发生比参数 exp（$B$）可知，在控制其他变量的情况下，林业经营风险评价每增加一个层次，农户的合作意愿的发生比是原层次的 1.867 倍。表明在其他条件不变的情况下，认为林业经营风险越高的农户合作意愿越强。由于林业经营投资回报期长，存在自然风险、市场风险并存的特点，林业经营的时间越长，各种风险发生的可能性就越大。农户可以通过合作经营来认识和规避这些风险以及风险发生时分散所承担的损失。

**(8) 对林业政策稳定性评价对农户林业合作经营意愿的影响分析**

林业政策稳定性评价对农户林业合作经营意愿有很显著的正向影响。对林业政策稳定性评价变量在 1%的水平上通过了显著性检验，且变量的 $B$ 系数符号为正，查看发生比参数 exp（$B$）可知，在控制其他变量的情况下，对林业政策评价为稳定的农户合作意愿的发生比是对林业政策评价为不稳定的农户的 38 倍。表明在其他条件不变的情况下，认为林业政策稳定的农户合作意愿越强。这一发生比参数值在所有的发生比参数值中最大，表明政策的变化对农户林业合作经营意愿的改变最大。政策越稳定，农户在与其他组织或个人合作时就不用担心政策的变化而导致的林业经营的损失，政策的稳定性是合作的长期性与稳定性的保障。

**(9) 鼓励林业合作经营政策对农户林业合作经营意愿的影响分析**

鼓励林业合作经营政策对农户林业合作经营意愿有很显著的正

向影响。鼓励林业合作经营政策变量在1%的水平上通过了显著性检验，且变量的 $B$ 系数符号为正，查看发生比参数 exp（$B$）可知，在控制其他变量的情况下，地方有鼓励林业合作经营政策的，农户的合作意愿发生比是没有鼓励林业合作经营政策的3.357倍。表明在其他条件不变的情况下，有鼓励林业合作经营政策时农户的合作意愿越强。各地方对农户林业合作经营的鼓励政策的制定、宣传与执行可以从政策上使农户认识林业合作经营的益处，如何按照政策实施合作经营获得政府的某些方面的支持，从而提高农户林业经营的效益。

**（10）村民参与合作比例对农户林业合作经营意愿的影响分析**

村民参与合作比例对农户林业合作经营意愿有很显著的正向影响。村民参与合作比例变量在1%的水平上通过了显著性检验，且变量的 $B$ 系数符号为正，查看发生比参数 exp（$B$）可知，在控制其他变量的情况下，村民参与合作比例每增加一个层次，农户的合作意愿的发生比是原层次的1.694倍。表明在其他条件不变的情况下，村民参与合作的比例越高，农户的合作意愿越强。农村社区是亲缘、血缘、地缘和业缘等结合的社区，乡民邻里经营所获得的收益、与其他组织或个人合作产生的收益或者损失并不是可隐藏的秘密，长时期的组织或个体间的演化博弈使得村民参与合作的比例反映了农户的收益（预期收益），因而，村民参与合作的比例越高，表明了农户林业合作经营意愿越强。

**（11）林地经营规模对农户林业合作经营意愿的影响分析**

林地经营规模对农户林业合作经营意愿有很显著的正向影响。林地经营规模变量在1%的水平上通过了显著性检验，且变量的 $B$ 系数符号为正，查看发生比参数 exp（$B$）可知，在控制其他变量的情况下，林地经营规模每增加一个层次，农户的合作意愿的发生比是原层次的3.919倍。表明在其他条件不变的情况下，林地经营规模越大，农户的合作意愿越强。林地经营面积越多，资金的投入、林产品的销售、管理的效率等越重要，同时所承受的风险也越大，因而合作经营的意愿也越高。

**(12) 不同林产品对农户林业合作经营意愿的影响分析**

从模型二看，与做参照的用材林对比，毛竹林变量和经济林变量均在1%的水平上通过了显著性检验，且变量的 $B$ 系数符号均为正，查看发生比参数 exp（$B$）可知，在控制其他变量的情况下，毛竹林和经济林经营农户的合作意愿发生比分别是用材林经营农户的 2.906 倍和 4.252 倍。

## 6.6 有合作意愿但无合作行动的原因

前面分析了农户林业合作经营意愿及其影响因素，但由于受一些条件的约束，不是有合作意愿的农户就会实施合作行动。调查的 607 户有合作意愿的农户中，有 132 户愿意合作但是又还没有进行合作。其中的约束条件是什么？为此，针对合作意愿与合作行动之间产生不一致的原因进行了调查（表 6-20）。数据表明，没有合适的合作伙伴是制约农户林业合作行为产生的重要因素，而农户所种植的林产品生长还没有到需要合作的时期，如技术需求、销售需求等，也是农户没有采取合作行动的重要因素。

**表 6-20 有合作意愿但没有采取合作行动的原因**

| 原 因 | 频数（户） | 占 132 户的比例 |
| --- | --- | --- |
| 没有合适的合作伙伴 | 68 | 51.5% |
| 自己规模小，对方不愿意合作 | 34 | 25.8% |
| 林产品生长还没有到需要合作的时期 | 58 | 43.9% |
| 林地偏僻，对方不愿意合作 | 12 | 9.1% |

注：因为问题可以多选，所以表中各项比例总值大于 100%。

产生上述两大制约因素的问题可能在于；一是当前林业经营领域产业化组织发展较慢，而适合自身利益的其他组织或个人又较少，农户寻找不到合适的合作伙伴；二是在经过了几年的观望后，农户才开始进入到林业经营，而经营初期可能所需要外部的支持较少，当前还不需要寻找合作伙伴，但后阶段必将与其他经营主体合作。因此，要使得愿意合作的林农都能实施合作行动，关键还需要大力发展各种形式的林业合作产业化组织，使不同农户可以寻找到自己合适的合作伙伴，积极引导农户合作，在合作中保障农户的利益。

## 6.7 小结

本章通过对农户林业合作经营的博弈分析，结合当前的文献，对合作经营意愿的影响因素进行假设，以江西农户的入户调查数据为依托，以单因素描述分析为基础，利用二项 Logistic 计量模型，分析了户主自身与家庭特征、生产特征、政策与环境特征、林地与林产品特征等因素对农户林业合作经营意愿的影响。计量模型实证结果表明，不同因素对农户林业合作经营意愿的影响方向和影响程度存在不同。

在1%水平上呈现显著正向影响的因素有户主受教育程度、林业经营资金筹集难度、林产品销售难度、户主对林业经营风险评价、户主对林业政策稳定性的评价、当地是否有鼓励林业合作经营的政策、同村村民参与林业合作经营比例、林地经营规模、毛竹林和经济林林产品类型等变量；在5%水平上呈现显著正向影响的因素有林业收入在家庭收入中的重要程度变量；在10%水平上呈现较显著负向影响的因素有户主年龄变量；在5%水平上呈现显著负向影响的因素有农户对自有林业经营技术评价变量。农户林业合作经营意愿与家庭劳动力人数、林地地块数、对林地立地条件的评价等因素关系不显著。农户有合作意愿但没有采取合作行动的关键原因是当前林业合作的产业化组织发展滞后制约了农户林业合作行动的产生，即没有合适的合作伙伴。

在上述结论基础上，可以得出以下几点政策启示：

①提升农户文化水平与经营素质；②稳定林业政策，大力发展林业经济，提高农户林业收入水平及在家庭收入中的比重，激发农

户林业经营及参与合作的积极性；③鼓励和支持各种形式的林业产业化组织的建立和发展，鼓励林农积极参与；④拓宽农户林业经营融资渠道，解决资金筹措困难；⑤加大政府对林业保险的扶持力度；⑥完善林地流转机制；⑦进一步完善林木采伐管理制度。

# 7 农户林业合作经营的合作伙伴选择

具有合作意愿的农户，受某些条件的支持或约束，表现为有些农户有合作行动，有些农户就没有采取合作行动。有合作行动的农户接下来将作出选择合适的合作伙伴的决策。实践证明，合作成功的关键是选择了合适的伙伴。所以，农户在林业合作经营中会谨慎地选择合作伙伴，预先以一定的标准来考察对方。农户将依据自己的条件、市场环境、合作对方条件等不同对合作效用进行预期，不同的合作伙伴会影响合作关系的稳定性，影响到农户的合作利益。本章试图探讨农户选择其合适合作伙伴的内在规律性，尊重农户意愿，以期合作能取得良好效果。

## 7.1 合作伙伴选择类型

分山到户后，林业建设的主体呈现多元化的格局，集体林区农户已成为林业经营的主体力量。由于林业经营中存在的诸多困难使得农户需要和其他经营主体合作，寻找合作伙伴。林农的合作伙伴是指与林农合作，共同完成林业经营的组织或个人等林业经营主体。

从农业产业化经营的视角，农业产业化过程中呈现了具各地特色的多样性的农业产业化经营组织，但其基本形式可以归结为一共同点："市场＋中介组织＋农户"[177]。由于各地农户资源秉赋不同、生产技术水平不同和市场发育状况不同，依据产业化组织模式中起主导力量的主体，当前农户与其他组织或个人的合作主要存在以下模式：龙头企业带动型（"公司＋农户"模式）、专业市场带动型（"专业市场＋农户"模式）、中介组织带动型（"合作社＋农户"模式、"专业合作经济组织＋农户"模式、"专业协会＋农户”模式）、其他（贩运户、经纪人）带动型[178,179]。换言之，目前我国农业产业化经营都是农户与其他农业经营主体的合作行为[180]，在农业生产经营中农户与其他农业经营主体合作共同进入市场。从农产品营销和流通的视角，2004年中央1号文件明确指出“培育农产品营销主体”，“鼓励发展各类农产品专业合作组织、购销大户和农民经纪人”，“进一步加强产地和销地批发市场建设”。郭锦墉等[59]认为农产品营销中贩运户、企业、合作组织或行业协会、批发市场等四类主体是农户的主要合作伙伴。

而随着农业产业化经营的发展和深入，各类农业产业化经营组织带动和辐射农户的能力与作用越来越大，各地也将这些称之谓“新型农业经营主体”的农业产业化经营组织作为扶持和发展的对象。如浙江省政府办公厅在《关于大力培育新型农业经营主体的意见》中提到的“新型农业经营主体”包括种养大户和现代职业农民、家庭农（林）场和合作农（林）场、农民专业合作社、农业产业化龙头企业等[181]。通过大力扶持上述“新型农业经营主体”来发展农业服务组织，做好农业产前、产后服务，增强扶农和富农功能。

反观林业，农户在林业经营中寻找合作伙伴要复杂些。首先，林权结构的分散化可能导致合作的层次不同。《江西省林业产权制度改革确权发证操作规范》中指出，林地所有权属于国有或集体所有，自留山、责任山、家庭承包山，因转包、出租、转让，因“分股不分山，分利不分林”、“谁造谁有”等林权结构的分散使得农户在林业合作经营中可能存在林地使用权和林木所有权、使用权不同层次的合作。第二，林权主体类型的多样化可能导致合作的属性不同。《操作规范》表述林权主体类型指林权登记申请人所属的主体类型，根据江西省的实际情况，将林权主体划分为国有、集体、民营、外资及其他。在与其他类型经营者通过入股、合资、合作等形式经营时，其中某一林权主体类型所占权利比重超过50%的，定为该类型经营者，若无一类型经营者所占权利比重超过50%的视为其他①。

对于何为集体所有林地的林业经营主体，前述《操作规范》的“林权主体类型”中零散指出林业经营主体有乡（镇）村组等集体经济组织、个人、个体承包户和私营企业（股份公司、合伙企业）及其他组织等。近年来，随着集体林权制度改革的不断推进，新型林业经营主体得到政府扶持与鼓励发展。如悄然兴起的诸如育苗大户、造林大户、林产品经营大户、龙头企业、专业合作社和私有林场等新型林业经营主体，积极探索了符合我国集体林中规模化、合作化发展趋势的集体林业发展模式[182]。有些地区针对集体林权制度改革后林地分散经营的特点，积极培育新型林业经营主体，对“新型林业经营主体”认为是在深化林权制度改革推进林业现代化建设中，通过整合林业生产要素，创新经营模式，林业产业发展方面具有示范性、典型性，达到较大经营规模的各类合作经营体或具有产业特色的林业经营实体，主要指林业专业合作社和林业经营大户②。也有认为林业经营主体是林业发展的主导力量，主要包括林业专业示范户、林业专业合作社、林业龙头企业等[183]。

因此，林业经营主体大致有林农、其他林业经营户、各类林业经济合作组织、村集体和企业等。为将林农合作伙伴选择的问题简化为林农合作伙伴类型选择的问题，以便后面的离散选择模型的研究，需要对林业经营主体进行以符合离散选择模型的互斥性、完备性和有限性等性质为准则的分类。

①以个体形式出现的林业经营主体。林权确权工作完成后，居于农村地区的农户已成为林业经营的主体力量。另外，由于社会对林业发展的前景看好，社会资本投资林业的积极性高涨，具有经济实力的非农业户籍的个人通过各种方式参与林业经营，已成为林业

① 江西省林业产权制度改革确权发证操作规范．靖安林业信息网，http：//www.jaly.gov.cn/News/Print.asp? ID=669.

② 关于印发《丽水市新型林业经营主体认定标准（试行）》的通知．丽水政府网，http：//www.lishui.gov.cn，2012-07-05.

发展的又一生力军。因此，以个体形式出现的林业经营主体主要有农户和投资林业的个人，本书将个体形式出现的可供农户合作伙伴选择的林业经营主体归为一类：其他农户或林业大户。

②以组织化农户存在的经济组织。首先包括我们通俗理解的村集体经济组织，在一些不便于“均山”到户的集体林地通过“均林”或“均股”的方式由村集体组织统一经营管理，实现规模经营。其次是各种农民林业经济合作组织，如林业合作社、林业专业协会、“三防”协会等。如王登举等人认为我国林业合作组织主要包括专业合作组织和专业协会[17]，赵洪等将林业“三防”协会、民营林场、林业专业协会、林农专业合作社、家庭合作林场等作为林业专业合作组织[184]。因此，本书将组织化农户存在的可供农户合作伙伴选择的林业经营主体林业经济组织划分为村集体经济组织和各种林业经济合作组织两大类。

③企业。随着林业产业化的发展，从林业资源的角度，林业企业也越来越需要与林农合作共同开发林业。前述《操作规范》从林权主体类型的角度零散指出企业的范围包括私营企业（包括各种股份公司和合伙企业）、外商企业、外资企业等。实践中，林农依托山林所办的林木产品加工企业、外地资金与当地资源合作经营的招商引资企业、以基地带动农户的林业龙头企业等促进了江西省林业的发展。因此，本书将上述可供农户林业经营合作伙伴选择的各类企业统一划分为企业一类。

④其他。上述可供农户林业经营合作伙伴选择的林业经营主体类型以外的林业经营主体。

综上所述，笔者认为，在林业经营中农户的合作伙伴类型大体可以分为五大类：各类企业、各种林业经济合作组织、村集体组织、其他农户或大户、其他。在实践中，有些农户可能选择了多个合作伙伴，而一般会与某个伙伴作为主要的合作者，其他的合作者作为次要的合作伙伴。考虑到离散选择计量模型的运用，因此，在本研究问卷设计和调查时只要求农户考虑当前阶段的主要合作伙伴，选择单一的主要合作者。

## 7.2 合作伙伴选择的理论依据

**(1) 基于演化博弈理论的合作伙伴思想**

农户在长期的农业经营中，与其合作伙伴的合作过程可以看做为动态的博弈过程，策略选择往往表现为类似生物进化过程的特点，需要依据环境的变迁和合作伙伴及其他人的策略选择不断调整自己，以便更适应博弈环境，取得尽可能优的形势。目前农业产业化进程中的企业和农户双方违约现象频现，这其实可以看成是动态博弈中的双方调整自我的过程。

另外，由于企业、林业合作组织或者集体在与农户合作时，一般所合作的农户将达到一定的规模，否则，无法形成规模的合作将使企业、林业合作组织等这些合作主体的合作成本增加，从而退出合作。因此，此处从群体的演化博弈视角分析林农的合作伙伴选择。演化分析模型研究的对象是"种群"，关注种群结构的变迁而不是个体行为的变化。依据演化博弈理论的思想，当最初群体农户采用同一种策略即与 A 合作，突然在某些因素下产生了一种突变，某个人或几个人的策略发生了变化即采取了与 B 合作。在后续的博弈过程中，如果这种变异的合作策略对比群体最初选择与 A 合作的策略能获得更高的收益，那么，采取与 B 合作策略的人将越来越多，变异扩散开来。当然，A 为了保住和这个群体的全部或者部分成员的合作以获得他的利益，A 也会采取其应变的策略。这样，突变能够进化回复，直到最后采取与 A 或者与 B 的合作策略的人在群体中占优势地位，也有可能多种策略同时在群体中存在。在这种背景下，产生了演化稳定策略（Evolutionarily Stable Strategy，ESS）。可以这样理解，在不断的动态博弈中，在同一地区具有类似资源禀赋特征的农户可能以一个高的比例选择与伙伴 A 合作，而在另一个地区具有另类相似资源禀赋特征的农户可能以一个高的比例选择与伙伴 B 合作。

参考卢方元[185]的研究，以下对农户林业合作伙伴选择进行演化博弈分析。为简化分析，做如下假设：

（1）策略相同，则收益相同；

（2）农户在合作伙伴选择时只有 2 个选择，选择合作伙伴 A 或者 B；

| | | 农户 2 | |
|---|---|---|---|
| | | 选择 A | 选择 B |
| 农户 1 | 选择 A | $\pi_1$，　$\pi_1$ | $\pi_2$，　$\pi_3$ |
| | 选择 B | $\pi_3$，　$\pi_2$ | $\pi_4$，　$\pi_4$ |

图 7-1　农户合作伙伴选择的支付矩阵

当农户进行合作伙伴选择时，他有两个策略选择：选择伙伴 A 或者选择伙伴 B。现假设有两个对称的农户 1 和农户 2，在选择伙伴时，如果都选择 A，可以各自得到 $\pi_1$ 的收益（预期收益）；如果都选择 B，可以各自得到 $\pi_4$ 的收益；当一方选择 A 而另一方选择 B 时得到的收益分别为 $\pi_2$ 、$\pi_3$ 。双方的支付矩阵见图 7-1。

从图 7-1 看，农户 1 的收益不仅与自身的策略选择有关，也与农户 2 的策略选择有关，其中 $\pi_1$ 、$\pi_2$ 、$\pi_3$ 、$\pi_4$ 的值通常是不相等的（如考虑不同规模的农户数与不同的伙伴合作将产生不同的合作成本利益分配比例）。

现在考虑一个群体农户之间随机配对对合作伙伴选择的博弈。假设在该群体农户中，有比例 $\lambda$ 的农户选择伙伴 A 的策略，比例 $1-\lambda$ 的农户选择伙伴 B 的策略。

此时，采用选择伙伴 A 策略的农户期望收益为：

$$U_A = \lambda\pi_1 + (1-\lambda)\pi_2 \qquad \text{式（7.1）}$$

采用选择伙伴 B 策略的农户期望收益为：

$$U_B = \lambda\pi_3 + (1-\lambda)\pi_4 \qquad \text{式（7.2）}$$

所有农户的平均期望收益为：

$$\overline{U} = \lambda U_A + (1-\lambda)U_B \qquad \text{式（7.3）}$$

$\lambda$ 通常是时间 $t$ 的函数。采用选择伙伴 A 策略的农户的比例动态变化速度可用如下复制动态方程表示[185]：

$$\frac{d\lambda}{dt} = \lambda(U_A - \bar{U}) \quad \text{式（7.4）}$$

把式（7.1）、式（7.2）、式（7.3）代入到式（7.4），得：

$$\frac{d\lambda}{dt} = \lambda(1-\lambda)[\lambda(\pi_1 - \pi_3) + (1-\lambda)(\pi_2 - \pi_4)] \quad \text{式（7.5）}$$

令 $\frac{d\lambda}{dt} = 0$，得到式（7.5）的可能稳定状态：

$\lambda_1^* = 0$，$\lambda_2^* = 1$，$\lambda_3^* = \frac{\pi_4 - \pi_2}{\pi_1 - \pi_3 + \pi_4 - \pi_2}$，（仅当 $0 \leqslant \frac{\pi_4 - \pi_2}{\pi_1 - \pi_3 + \pi_4 - \pi_2} \leqslant 1$ 成立）

令 $F(\lambda) = \frac{d\lambda}{dt}$，根据微分方程的稳定性定理及演化稳定策略的性质，当 $F'(\lambda^*) < 0$ 时，$\lambda^*$ 为演化稳定策略（ESS）。演化稳定性分析结果见表 7-1。

**表 7-1 演化稳定性分析结果**

| 初始条件 | 演化稳定策略 | 博弈结果 |
| --- | --- | --- |
| 若 $\pi_1 > \pi_3$ 且 $\pi_2 > \pi_4$ | $\lambda_2^* = 1$ | 均选择伙伴 A |
| 若 $\pi_1 < \pi_3$ 且 $\pi_2 < \pi_4$ | $\lambda_1^* = 0$ | 均选择伙伴 B |
| 若 $\pi_1 > \pi_3$ 且 $\pi_2 < \pi_4$ | $\lambda_1^* = 0$，<br>$\lambda_2^* = 1$ | $\lambda \in (0, \lambda_3^*)$ 时选择伙伴 B；<br>$\lambda \in (\lambda_3^*, 1)$ 时选择伙伴 A |
| 若 $\pi_1 < \pi_3$ 且 $\pi_2 > \pi_4$ | $\lambda_3^* = \frac{\pi_4 - \pi_2}{\pi_1 - \pi_3 + \pi_4 - \pi_2}$ | 有 $\frac{\pi_4 - \pi_2}{\pi_1 - \pi_3 + \pi_4 - \pi_2}$ 比例农户选择伙伴 A；<br>有 $\frac{\pi_1 - \pi_3}{\pi_1 - \pi_3 + \pi_4 - \pi_2}$ 比例农户选择伙伴 B |

① 若 $\pi_1 > \pi_3$ 且 $\pi_2 > \pi_4$，即无论哪个农户选择伙伴 A 或者 B，另一农户选择 A 的收益总大于选择 B 的收益。此时，$F'(\lambda_1^*) > 0$，$F'(\lambda_2^*) < 0$，$\lambda_3^*$ 为不稳定状态，$\lambda_2^* = 1$ 是唯一 ESS。此时博弈的结果解释为经过长期反复博弈后农户均趋向于选择伙伴 A 的策略。

② 若 $\pi_1 < \pi_3$ 且 $\pi_2 < \pi_4$，即无论哪个农户选择伙伴 A 或者 B，另一农户选择 A 的收益总小于选择 B 的收益。此时，$F'(\lambda_1^*) < 0$，$F'(\lambda_2^*) > 0$，$\lambda_3^*$ 为不稳定状态，$\lambda_1^* = 0$ 是唯一 ESS。此时博弈的结果解释为经过长期反复博弈后农户均趋向于选择伙伴 B 的策略。

③ 若 $\pi_1 > \pi_3$ 且 $\pi_2 < \pi_4$，即当一方农户选择伙伴 A 时，另一方农户选择伙伴 A 的收益大于选择伙伴 B 的收益，当一方农户选择伙伴 B 时，另一方农户选择伙伴 B 的收益大于选择伙伴 A 的收益。此时，$F'(\lambda_1^*) < 0$，$F'(\lambda_2^*) < 0$，$F(\lambda_3^*) > 0$，$\lambda_1^* = 0$ 和 $\lambda_2^* = 1$ 都是 ESS。博弈的结果取决于 $\lambda$ 的初始水平。当初始的 $\lambda \in (0, \lambda_3^*)$ 时，在长期的反复博弈后，农户均趋向于选择伙伴 B 的策略；当初始的 $\lambda \in (\lambda_3^*, 1)$ 时，经过长期反复博弈农户均趋向于采用选择伙伴 A 策略。显然，$\lambda_3^* = \dfrac{\pi_4 - \pi_2}{\pi_1 - \pi_3 + \pi_4 - \pi_2}$ 随 $\pi_4 - \pi_2$ 的增加而增加，随 $\pi_1 - \pi_3$ 的增加而减少。当 $\pi_4 = \pi_2$，$\pi_1 \neq \pi_3$ 时，$\lambda_3^* = 0$，反复博弈的结果为农户选择伙伴 A 策略；当 $\pi_4 \neq \pi_2$，$\pi_1 = \pi_3$ 时，$\lambda_3^* = 1$，反复博弈的结果为农户选择伙伴 B 策略。

④ 若 $\pi_1 < \pi_3$ 且 $\pi_2 > \pi_4$，即当一方农户选择伙伴 A 时，另一方农户选择伙伴 A 的收益小于选择伙伴 B 的收益，当一方农户选择伙伴 B 时，另一方农户选择伙伴 A 的收益大于选择伙伴 B 的收益。此时，$F'(\lambda_1^*) > 0$，$F'(\lambda_2^*) > 0$，$F'(\lambda_3^*) < 0$，$\lambda_3^* = \dfrac{\pi_4 - \pi_2}{\pi_1 - \pi_3 + \pi_4 - \pi_2}$ 是唯一 ESS。反复博弈的结果为有 $\dfrac{\pi_4 - \pi_2}{\pi_1 - \pi_3 + \pi_4 - \pi_2}$ 比例的农户倾向于选择伙伴 A 策略；有 $\dfrac{\pi_1 - \pi_3}{\pi_1 - \pi_3 + \pi_4 - \pi_2}$ 比例的农户倾向于选择伙伴 B 策略。

通过上述农户合作伙伴选择的演化博弈分析可以发现，农户选择合作伙伴的演化路径和具体收敛于哪一演化稳定策略 ESS 更多的取决于初始状态的收益。

假设某农户初始状态的收益函数为 $\pi = a + (R - C)\delta$，其中 $a$ 为没有合作时的正常收益，$R$ 为通过合作后双方获得的总收益，$C$

为合作总投入，$\delta$ 为该农户的利益分配比例。而成本 $C = f(G,T,W,...)$ 又是货币 $G$、时间 $T$、物品 $W$ 等的函数。因此，农户对于合作伙伴选择受总成本 $C$、总收益 $R$、利益分配比例 $\delta$、农户资源禀赋（货币 $G$、时间 $T$…） 等的影响。

**（2）基于自我分类理论的合作伙伴思想**

在 Tajfel 的社会认同理论的基础上，20 世纪 80 年代中后期 Turner 等人发展形成了自我分类理论。该理论关注的是“个体中的群体”，是个体主动将群体心理化后，集体现象与个体的社会认知和行为的联结过程[186]。群体中的个体的行为并不是孤立的、去个性化的、非理性的，个人的信念和价值观并不起决定作用。个体将进行自我分类，社会认同优先于个人认同，个体的判断和决策将受集体的影响[187]。农村地区的农户并不是群体社会之外的孤立个体，他生存的群体环境包括大小不一、层次不同的组织与集体，如村组、乡镇、合作组织等，或多或少的与其他农户、其他农业经营经济组织存在联系。农户除了建立与众不同的个性外，还有建立群体归属感的需要，农户参与农业生产社会化的本质就是要使农户的农业经营能够长期发展，增强农户的市场竞争力，实现个性化农户与群体农户或组织的联结。

根据自我分类理论可以认为，农户通过自我分类来满足农户对群体归属的要求。农户自我分类是农户自我认知的表征形式，即根据农户自有能力、农业生产领域等认知成分，把自己与具有相同或相似的认知成分的农户归为同一农户群体。依据自我分类，农户自我分类过程受到 2 个基本动机的引导：自我提升和减少不稳定性。农户通过自我分类的方式组成农户合作组织、农业产业化组织，或者松散的团体，其内在动机一方面在于农户通过加入合作组织或与其他农业产业组织合作后，可以分享经合作而获得的经济利益，另一方面在于通过以合作形式对农户外部资源的有效运用以应对市场危机，降低风险成本。

农户自我分类具有层次性。在农户选择合作伙伴中，农户自我分类可以理解为 2 个层次：①内群体—外群体分类，即农户选择是否与其他农户或市场组织合作。农户在参与农业市场化过程中，应先对农户自身的能力进行分析并明确定位，如果农户能依据自身能力应对市场的需要，便可以选择单独行动，否则就要选择与其他农户或组织来合作，实现利益共享，风险共担。②农户作为单独的个体与合作伙伴群体中其他成员的区别。这一层次农户自我分类是根据合作伙伴选择中一些重要的选择因素区分来确定分类。不同类型的合作伙伴，其选择的因素也会存在差异，因此农户自我分类是农户资源禀赋特征与外部合作伙伴特征及环境特征等相互作用的结果。

**(3) 依据企业合作伙伴理论的思想**

农户在农业生产经营中，依据自身的资源，做出效用最大化的决策，要面临着一些风险，类似于企业主在企业经营的决策，企业主对合作伙伴成功的选择将有利于企业提升竞合能力，维持与合作伙伴的长期关系。因此，这里借鉴企业的合作伙伴选择理论作为理论依据，分析选择合作伙伴时要考虑的一些因素。

企业在寻求竞争优势时意识到合作伙伴关系的重要性，如供应链管理中提到的“21 世纪的竞争不是企业与企业之间的竞争，而是供应链与供应链之间的竞争”。越来越多的企业开始从竞争走向合作，合作成功与否关键在于合作伙伴的选择。供应链的合作伙伴要求供应链企业之间不存在资本联系，但又要求对企业关系进行高程度、高水平的协调和整合[188]。供应链合作伙伴选择理论一般认为，供应链合作伙伴关系是指在供应链内部两个或两个以上独立的成员之间形成的一种协调关系，以保证实现某个特定的目标或效益[189]。因此，企业发展自身竞争优势的一个重要源泉就是如何有效建设和维持企业的合作伙伴关系[190]。在供应链管理环境下，面对复杂多变的生存环境，企业为增强其生存能力和竞争能力选择了与其上下游企业进行合作，以供应链的形式形成优势互补，实现由传统的自身纵向一体化向企业间横向一体化发展的转变，供应链合作关系使得企业进入到供应链合作的时代。在合作伙伴选择过程中，一般来说，不同企业因不同的供应链组织形式和目标，具有不同的选择原则和标准，供应链合作伙伴选择中一般遵循的原则有核心能力原则、总成本核算原则、敏捷性原则和信用原则。另外，根据合作伙伴在供应链中的增值率及其竞争力，可以将合作伙伴分为不同的类别，对于一个合作伙伴来说，如果不能通过其所拥有的竞争力来对供应链或伙伴做出增值贡献，那它对供应链上其他成员企业就没有吸引力。在实际供应链管理运作中，企业会根据不同的目标选择不同类型的合作伙伴[189]。如图 7-2 所示。

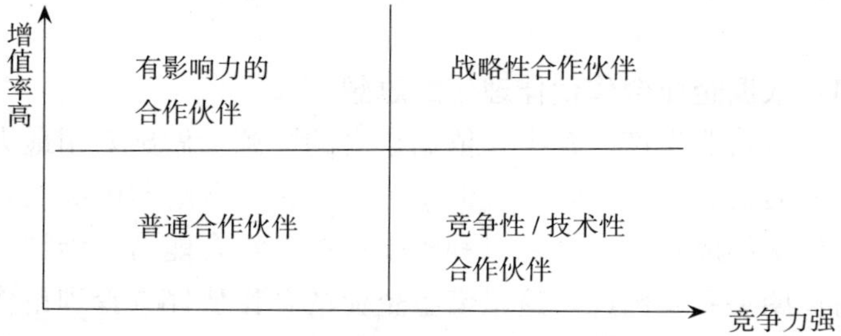

| 增值率高 ↑ | | |
|---|---|---|
| | 有影响力的合作伙伴 | 战略性合作伙伴 |
| | 普通合作伙伴 | 竞争性 / 技术性合作伙伴 |
| | | → 竞争力强 |

图 7-2　供应链合作伙伴分类矩阵（吴群，2012[189]）

英国战略管理学家戴维·福克纳提出的合作伙伴选择理论是基于合作伙伴之间的战略协同——文化兼容二要素二维矩阵模型，认为正确选择合作伙伴应考虑战略协同与文化兼容两个基本要素[191]。依据战略协同和文化兼容的高低程度，福克纳区分了合作伙伴的不同合作状态及其效果，认为维持双方持久合作最重要的基础是双方高度的战略协同，避免双方矛盾及冲突的重要保证是文化兼容，只有在战略协同与文化兼容两方面的一致性越高，双方越可能合作成功，取得的合作绩效也越好，合作伙伴关系才能长期维持。

美国学者尼尔·瑞克曼提出的合作伙伴成功三要素论指出，保证合作伙伴关系取得成功的主要关键因素有三个，即贡献、亲密关系与共同愿景[192]。合作伙伴成员通过各自资源优势的“贡献”，建立合作关系实现资源共享与互补，以增进各方的福利，达到增加效率与效益的合作目标，这是建立伙伴关系的基础；合作伙伴成员之间达到相当“亲密”的程度，在相互信任合作的基础上获得更多的共同利益，催化了伙伴关系的形成；合作伙伴成员对于未来发展的共同理念“愿景”，直接激励各方寻求合作，是发展伙伴关系的努力方向。合作双方是否成功需要在合作时考虑双方之间“愿景”、“亲密”和贡献”，在某合作愿景下，通过信任机制建立互信的基础，亲密合作，贡献各自的核心能力来实现价值链的增值，共享由此获得的竞争优势，进而建立双方合作的更高层次上的愿景。通过如此往复的良性循环，愿景、亲密和贡献最终使双方建立了紧密的合作伙伴关系，构成了一个成功合作的完整要素体系。

陈莉平[193]以上述两个理论为基础，提出了基于4C的合作伙伴选择理论，指出合作伙伴的选择应依据Compatibility（兼容）、Capability（能力）、Commitment（承诺）和Connection（关系）。“兼容”是企业选择合作伙伴的前提，合作方要在企业经营的各个方面如经营战略、企业文化、组织方式、营销策略、生产运营等彼此相容、彼此接近；“能力”是维持合作关系的基础，合作方要能提供合作的互补性资源的能力，如技术、技能、知识等资源；“承诺”对合作关系的稳定发展具有重要影响，合作双方合作时对投入时间、精力和资源的意愿及行为，表现了其合作态度、信誉与责任感；“关系”是合作各方在经济和社会交往过程中建立的各种情感及其信任的链接，是选择与维持合作伙伴的重要因素。4C理论所体现的思想具体来说，选择合作伙伴时需要遵循：企业在选择合作伙伴关系获益之前，先应当认识到合作伙伴关系的稳定和发展是一个长期复杂而又动态的过程，成功的合作伙伴选择在于依据能嵌入的伙伴关系网络（“关系”），以互为信任（“承诺”）的企业为对象，考虑合作双方的企业战略与企业文化的同性或兼容性（“兼容”），在合作中能提供合作的互补性资源（“能力”），加强彼此的合作态度、信誉与责任感，从而能够在后续工作中不断维护和巩固这种合作伙伴关系。

**(4) 启示**

在第五章，本研究对农户愿意合作的动因以及不愿意合作的原因进行了样本数据的分析，研究结果认为农户愿意合作的动因主要在于对销售、技术和成本等考量，农户不愿意合作的原因主要是对收益不明显、利益分配纠纷和合作风险的考量。将样本数据分析的结果和上述合作伙伴理论成果相结合，笔者认为农户合作伙伴选择时主要考虑三大方面的因素：对方可提供的核心能力、合作双方的信任、合作后能获得的收益。再结合农户林业经营合作伙伴类型分类，建立农户合作伙伴选择模型如图 7-3。

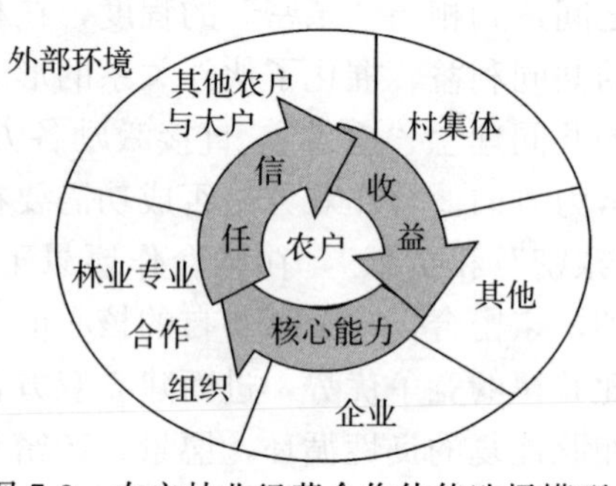

图 7-3 农户林业经营合作伙伴选择模型

在林业经营中，农户主要依据合作对方可提供的核心能力、合作双方的信任、合作后能获得的收益等标准来评价候选伙伴。显然，对于不同资源禀赋农户而言，对这些标准具体的度量存在差异，选择合作伙伴的标准不同，最终的选择结果也会不一致。如不同规模农户对合作伙伴所能提供的核心能力即互补资源上要求会不一样，又如不同林产品生产农户对合作伙伴所能创造的收益也存在差异。也就是说，某类潜在合作伙伴对农户 1 来说不能提供核心能力或创造更多收益，但是对于农户 2 来说却可以，因而农户 2 将选择该类合作伙伴而农户 1 将放弃选择该类合作伙伴。不同农户对合作伙伴的选择还受该农户的特征，受外部环境众多因素的影响。由此可知，林业经营中农户合作的伙伴类型选择将存在其内在规律性，探究合作伙伴类型选择行为的影响因素，寻找出其内在规律对于指导农户林业经营中合作伙伴选择，保障林业合作经营的稳定，维护农户利益，促进林业发展非常必要。

## 7.3 影响因素假设

根据前面的理论分析可知，影响农户林业经营合作伙伴选择的因素，包括有农户自身特征，合作伙伴所能提供的核心能力、信任与收益，林地特征和外部环境特征等因素。即合作主体、合作客体以及合作的环境特征共同影响了农户的合作伙伴选择。也就是说，不同资源禀赋农户对合作要素的需求，对合作伙伴的评价都会有一点的差距，不同农户的合作伙伴选择行为也将存在差异。

就笔者目前所能收集到的文献中，关于农户林业合作伙伴选择的影响因素研究成果鲜见。现有的研究也只是从农户与一个合作伙伴的角度考察农户的合作，定性的研究多，定量研究少。如农户加入林业合作组织（与其的合作）[26,27,29]，农户与企业的合作[57,56]。农业经营中农户纵向协作伙伴选择及其影响因素的研究也不多，Boger[54]通过对生猪产业中纵向协作伙伴选择问题的实证研究表明，养殖户规模的大小将影响其选择倾向。郭红东[58]通过农业产业化中农户的纵向协作合作伙伴选择影响因素研究表明，与合作伙伴合作可得的收益影响其合作选择，若与企业合作参与订单农业的收益高，则会选择与企业直接合作，否则，更倾向于通过中介组织参与订单农业。郭锦墉等[59]通过对农产品营销环节中的农户合作伙伴选择研究表明，生产经营规模、价格波动、销售难度、生产集中度、距离市场远近、农产品类型等对农户的不同合作伙伴的选择上有着不同程度和不同方向的影响。

显然，和众多的研究企业合作伙伴选择的成果相比较，研究农户的合作伙伴选择才刚刚起步，尽管上述的研究成果因其研究的对象和领域与本研究有一定的差异，但对于本研究还是有一定的启示。

在总结已有研究成果的基础上，结合前面基于演化博弈思想、自我分类思想和企业合作伙伴选择思想的农户林业合作伙伴选择的分析，结合图 7-2 所示的伙伴选择模型，本书假设影响农户林业合作伙伴选择的因素主要有：

**(1) 户主自身特征**

主要用户主年龄、受教育程度、风险态度类型等因素表示。

①户主年龄。户主年龄越大，社会阅历越多，乡村社会关系网

络可能更稳固，因而可能更愿意选择与其他个人或者村集体合作。反之，年龄偏小，也更容易接受新鲜事物，可能更愿意与林业合作组织或企业合作。

②户主受教育程度。户主受教育程度越高，接受新技术能力和外部市场信息分析能力更强，而企业和林业合作经济组织也能提供相关的外部资源来提高农户林业经营的效率。另外，与企业或者合作组织合作时可能更复杂一些，对合作过程中所涉及的一些事物需要一定的理解和接受能力，因此，受教育程度越高农户可能更愿意与企业或者林业合作组织合作。

③农户风险态度类型。风险厌恶型的农户可能考虑到亲缘性、地缘性，更容易信任个人或者村集体，认为与他们合作可能更可靠，风险更小，愿意选择他们为合作伙伴。而偏好风险的农户可能更愿意尝试新技术、新方法，愿意与企业或者合作组织合作以获得相关资源的支持。

**（2）需求的核心能力特征**

主要用农户对自有林业经营技术评价、林业经营资金筹集难度、林产品销售难度等变量表示（这里将第六章中的农户生产特征——技术、资金、销售也是林业经营的核心要素——看成需求的核心能力特征，在于考察合作伙伴能否从这三个方面提供需求）。

①农户对自有林业经营技术评价。类似于前章的分析，可能由于个人或者村集体所能提供技术支持少，对自有林业经营技术评价越低的农户，越希望与企业或者林业合作组织合作时获得技术上的支持和帮助来提升技术、提高林业经营效率。

②林业经营资金筹集难度。林业经营各资源要素的获取需要投入大量的资金，自有资金不宽裕的农户可能更愿意选择林业合作组织或者企业合作，来获得一定的资金或其他资源的支持。

③林产品销售难度。因企业或者林业合作组织的销售能力更大，市场信息更多，而个人或者村集体组织的销售能力小，信息面窄，销售难度越大，农户更愿意选择他们为合作伙伴。

**(3) 收益与信任特征**

主要用林业收入在家庭收入中的重要程度、各合作伙伴发育程度等变量表示。

①林业收入在家庭收入中的重要程度。与前面的分析有关，因农户在与企业或者合作组织合作时，可能容易解决技术、销售、资金等问题，对于家庭收入中以林业收入为主的农户来说，更愿意与他们合作。如果林业收入的重要程度低，农户可能会选择成本更低的与他人或者村集体组织合作。

②当地发育程度领先的合作伙伴。合作伙伴的发育程度一定程度上反映了收益、信任两方面的事实。前面的演化博弈分析认为，农户群体倾向于选择某一合作伙伴是反复博弈的结果，无论与哪一方合作，都是以往合作中经营收益和信任度的体现，也是合作伙伴参与市场竞争的过程，体现了其在该地区的发育与成长程度。因此，某合作伙伴的发育程度越高，农户选择该合作伙伴可能性越高。

**(4) 林地与林产品特征**

主要用林地经营规模、林产品类型等变量表示。

①林地经营规模。与前章分析类似，林地经营规模越大，所投入的资源要素越多，产量大，销售渠道要广，同时风险也大。因此，规模越大的农户越愿意与企业或者合作组织合作以降低风险，提高收益。

②林产品类型。由于经营不同的林产品所要投入的资源要素的差异，以及经营中所遇到困难的不同，因而表现为不同林产品经营农户可能选择不同的合作伙伴。经济林更希望解决的困难是销售，因而合作伙伴选择企业或者合作组织的可能性更高。而用材林选择合作伙伴还与其生长时期有关，幼林用材林更愿意选择与个人合作而成熟林更愿意选择企业或者合作组织。毛竹林农户可能更愿意选择林业合作组织。

综上所述，农户林业合作经营伙伴类型选择的各种影响因素及其预期的影响方向可以用表 7-2 表示。具体影响程度和影响方向有待进一步检验。

表 7-2 各种因素对合作伙伴选择的预期影响

| 影响因素 | 预期影响 | | | |
|---|---|---|---|---|
| | 其他农户或大户 | 村集体组织 | 林业合作组织 | 企业 |
| 户主自身特征： | | | | |
| 户主年龄 | ＋ | ＋ | － | － |
| 户主受教育程度 | ＋ | － | ＋ | ＋ |
| 户主风险态度 | － | ＋ | ＋ | ＋ |
| 需求的核心能力特征： | | | | |
| 对自有林业经营技术评价 | ＋ | － | － | － |
| 林业经营资金筹集难度 | ＋ | － | ＋ | ＋ |
| 林产品销售难度 | － | － | ＋ | ＋ |
| 收益与信任特征： | | | | |
| 林业收入在家庭收入中的重要程度 | － | － | ＋ | ＋ |
| 认为企业发育程度领先 | | | | ＋ |
| 认为林业合作组织发育领先 | | | ＋ | |
| 认为林业大户发育领先 | ＋ | ? | | |
| 林地与林产品特征： | | | | |
| 林地经营规模 | － | － | ＋ | ＋ |
| 林产品类型： | | | | |
| 毛竹林 | － | － | ＋ | ＋ |
| 经济林 | ＋ | － | ＋ | ＋ |
| 用材林 | ＋ | － | ＋ | － |

注：预期影响中符号＋表示正相关，－表示负相关，? 表示不清楚。

## 7.4 影响因素的描述性统计

### 7.4.1 农户合作伙伴选择的总体情况

本章研究的目的是探讨农户会选择怎样的合作伙伴，影响这些选择的因素又有哪些？在所有 821 户样本农户中有合作意愿的有 607 户，其中有合作伙伴选择的有 475 户农户，占总有效样本农户数的 57.8%，占有合作意愿农户的 78.2%。这些有合作伙伴选择的 475 户农户所选择的合作伙伴情况如表 7-3。

**表 7-3　农户合作伙伴选择的总体情况**

| | 企业 | 林业合作组织 | 其他农户或大户 | 小计 | 村集体组织 | 其他 | 总计 |
|---|---|---|---|---|---|---|---|
| 数量（户） | 144 | 125 | 194 | 463 | 10 | 2 | 475 |
| 占 475 户农户的比重（%） | 30.3 | 26.3 | 40.9 | 97.5 | 2.1 | 0.4 | 100 |

从上面 475 户样本数据可见，合作农户的合作伙伴选择集中在企业、其他农户或者大户、各类林业合作组织三大类，分别为 30.3%、40.9%、26.3%，选择其他农户或大户的比例最多，对村集体组织选择的很少。就江西而言，目前的集体林地已基本上完成了“分山到户”，对一些不宜分户的林地如近成熟林和成熟林、准备规划为非林用地的林地等采取由集体统一经营，村民“均股、均利”。当前活跃在林业领域的新型林业经营主体主要是涉林企业、新型林业合作组织和林业经营个体。因选择村集体组织和其他类的合作农户只有 12 户，接下的分析将以 463 户农户作为样本农户数据分析农户合作伙伴选择及其影响因素。

从林业企业、林业合作组织、其他农户或大户被选的比例看，一定程度上反映了江西省林业经营组织的发展程度。选择其他农户或者大户的比例最多，可能的原因在于目前农户林业经营处于初始阶段，可能对服务的需要没有那么强烈，这种选择的优势是灵活、方便，没有组织的协调、运营、监督等成本。选择林业合作组织作为合作者伙伴的农户最少，可能的原因在于当前林业合作组织处于起步阶段，对农户的联结作用不明显，更多的农户选择与其他农户或者林业大户合作，或者直接与企业合作。理论上讲，企业和林业合作组织所能提供的服务比其他农户或大户要好，况且林业合作组织具有联结农户与企业的桥梁作用，林业合作组织联结农户参与市场交易，可以降低交易次数，减少农户搜寻成本，减少了交易费用，为林农带来效益。但林业合作组织本身存在协调、运营、监督等内部成本，若协调及运行成本高昂，超过了农户参与合作的成本，农户将选择与其他伙伴合作，从而制约了林业合作组织联结林农的规模。影响林业合作组织协调、运行和监督成本的重要原因是合作组织的成员数量以及数量引致的成员的异质性。因而，林业合作组织联结的林农同质化越高，越容易形成内部一致，减少了内部的协调、运营成本，实现了林农加入林业合作组织减少交易费用的目的。

林农异质性的表现在于文化素质、经济条件等个体的差异、经营规模、林种类型等生产状况的差异等，不同资源禀赋农户在不同条件约束下，所做出的合作伙伴选择会不一样，可能呈现出某些规律性的特性。以下通过从农户自身特征、需求的核心能力特征、收益与信任特征、林地与林产品特征等方面可能影响农户林业合作伙伴选择的因素进行单因素的描述性统计分析。

### 7.4.2 农户合作伙伴选择影响因素的描述性分析

#### 7.4.2.1 户主自身特征与农户的合作意愿

主要用户主年龄、户主受教育程度、户主风险态度等因素来反映农户自身特征。

**(1) 户主的年龄与农户合作伙伴选择**

从表 7-4 看，35 岁以下组选择企业和林业合作组织的比例大些，36～45 岁组选择企业和其他农户与大户的比例大些，46～55 岁组选择其他农户与大户的多，56～65 岁组选择其他农户与大户的比例大些，65 岁以上组选择其他农户与大户和企业的更多。在后面的模型分析中将采用原始数据分析农户年龄对合作伙伴选择的影响。

**表 7-4 户主年龄与农户合作伙伴选择**

| | | 企业 | 林业合作组织 | 其他农户或大户 | 总计 | (占 463 户比例,%) |
|---|---|---|---|---|---|---|
| 35 岁以下 | 户数 | 4 | 5 | 2 | 11 | (2.4) |
| | 比例（%） | 36.4 | 45.4 | 18.2 | 100 | |
| 36～45 岁 | 户数 | 39 | 30 | 40 | 109 | (23.5) |
| | 比例（%） | 35.8 | 27.5 | 36.7 | 100 | |
| 46～55 岁 | 户数 | 53 | 53 | 80 | 186 | (40.2) |

（续）

| | | 企业 | 林业合作组织 | 其他农户或大户 | 总计 | （占 463 户比例，%） |
|---|---|---|---|---|---|---|
| | 比例（%） | 28.5 | 28.5 | 43 | 100 | |
| 56～65 岁 | 户数 | 42 | 34 | 65 | 141 | （30.5） |
| | 比例（%） | 29.8 | 24.1 | 46.1 | 100 | |
| 65 岁以上 | 户数 | 6 | 3 | 7 | 16 | （3.4） |
| | 比例（%） | 37.5 | 18.8 | 43.7 | 100 | |

### （2）户主受教育程度与农户合作伙伴选择

**表 7-5 户主受教育程度与农户合作伙伴选择**

| | | 企业 | 林业合作组织 | 其他农户或大户 | 总计 | （占 463 户比例，%） |
|---|---|---|---|---|---|---|
| 小学及以下 | 户数 | 57 | 56 | 74 | 187 | （40.4） |
| | 比例（%） | 30.5 | 29.9 | 39.6 | 100 | |
| 初中 | 户数 | 66 | 58 | 98 | 222 | （47.9） |
| | 比例（%） | 29.7 | 26.1 | 44.1 | 100 | |
| 高中及以上 | 户数 | 21 | 11 | 22 | 54 | （11.7） |
| | 比例（%） | 38.9 | 20.4 | 40.7 | 100 | |

表 7-5 数据显示，小学及以下教育程度组农户选择其他农户或大户合作的多，选择林业合作组织合作的最少；初中教育程度组选择其他农户或大户合作的最多，达到 44.1%，而选择企业和林业合作组织合作的相差不大，均未超过 30%；高中及以上教育程度组农户选择企业和其他农户或大户的比例接近，两者分别为 38.9%和 40.7%，选择林业合作组织合作的比例很少。

### （3）户主风险态度与农户合作伙伴选择

户主风险态度的测定依据调查表中第 7 题户主对自己在风险态度上的主观判断。表 7-6 数据显示，风险厌恶的农户组有 43.1%的选择其他农户或大户合作，可能的原因是这种合作基于亲缘、乡缘等社会网络关系，而更少选择企业或者林业合作组织可能在于受其他因素的制约如企业或者林业合作组织发育状况欠佳。风险中性组农户也选择了与其他农户或大户作为主要选择伙伴。风险偏好农户组则更多的选择了企业作为合作伙伴，选择林业合作组织和其他农户或者大户的比例相差不大。

**表 7-6 户主风险态度与农户合作伙伴选择**

| | | 企业 | 林业合作组织 | 其他农户或大户 | 总计 | （占 463 户比例，%） |
|---|---|---|---|---|---|---|
| 风险厌恶 | 户数 | 50 | 53 | 78 | 181 | （39.1） |
| | 比例（%） | 27.6 | 29.3 | 43.1 | 100 | |
| 风险中性 | 户数 | 61 | 47 | 88 | 196 | （42.3） |
| | 比例（%） | 31.1 | 24.0 | 44.9 | 100 | |
| 风险偏好 | 户数 | 33 | 25 | 28 | 86 | （18.6） |
| | 比例（%） | 38.4 | 29.1 | 32.6 | 100 | |

#### 7.4.2.2 需求的核心能力特征与农户合作伙伴选择

需求的核心能力特征主要用农户对自有林业经营技术评价、林业经营资金筹集难度、林产品销售难度等变量表示。

**（1）农户对自有林业经营技术评价与农户合作伙伴选择**

**表 7-7 自有林业经营技术评价与农户合作伙伴选择**

| | | 企业 | 林业合作组织 | 其他农户或大户 | 总计 | （占 463 户比例，%） |
|---|---|---|---|---|---|---|
| 很不好 | 户数 | 6 | 4 | 15 | 25 | （5.4） |
| | 比例（%） | 24.0 | 16.0 | 60.0 | 100 | |
| 不好 | 户数 | 31 | 31 | 48 | 110 | （23.8） |
| | 比例（%） | 28.2 | 28.2 | 43.6 | 100 | |
| 一般 | 户数 | 71 | 54 | 73 | 198 | （42.8） |
| | 比例（%） | 35.9 | 27.3 | 36.9 | 100 | |
| 较好 | 户数 | 23 | 31 | 43 | 97 | （21） |
| | 比例（%） | 23.7 | 32.0 | 44.3 | 100 | |
| 很好 | 户数 | 13 | 5 | 15 | 33 | （7.1） |
| | 比例（%） | 39.4 | 15.2 | 45.5 | 100 | |

表 7-7 数据显示，不同自有林业技术水平的评价农户在对选择其他农户或大户上有共同的偏好，5 个农户组均将其他农户或大户最为最先选择的伙伴，可能在于大户具有新技术上获得的优势，然

后大户又通过与农户联结合作将林业技术授予合作农户，其中的技术传播渠道多是通过地头实地传播，大户解说指导性强，农户接受也快。在对于企业和林业合作组织的选择上，有4个组的农户趋向于选择了企业，只有认为技术较好的农户选择了林业合作组织。因此，从整体上看，无论对自有技术评价如何，农户对合作伙伴选择的优先序是其他农户或大户、企业、林业合作组织。这也可以表明，当前林业合作组织在林业技术的供给上还没有体现出组织上的优势，有待进一步的发挥组织在林业技术改进和传播上的效率。

**(2) 林业经营资金筹集难度与农户合作伙伴选择**

**表 7-8　林业经营资金筹集难度与农户合作伙伴选择**

| | | 企业 | 林业合作组织 | 其他农户或大户 | 总计 | (占463户比例,%) |
|---|---|---|---|---|---|---|
| 无困难 | 户数 | 4 | 9 | 12 | 25 | (5.4) |
| | 比例(%) | 16.0 | 36.0 | 48.0 | 100 | |
| 困难少 | 户数 | 36 | 25 | 36 | 97 | (21.0) |
| | 比例(%) | 37.1 | 25.8 | 37.1 | 100 | |
| 一般 | 户数 | 43 | 33 | 56 | 132 | (28.5) |
| | 比例(%) | 32.6 | 25.0 | 42.4 | 100 | |
| 困难较大 | 户数 | 34 | 29 | 47 | 110 | (23.8) |
| | 比例(%) | 30.9 | 26.4 | 42.7 | 100 | |
| 很困难 | 户数 | 27 | 29 | 43 | 99 | (21.4) |
| | 比例(%) | 27.3 | 29.3 | 43.4 | 100 | |

表7-8数据显示，不同林业经营资金筹集难度组农户在对选择其他农户或大户上有共同的偏好，5个农户组均将其他农户或大户最为最先选择的伙伴，可能在于如果确实无法筹集到相应的经营资金，可能与其他农户或大户采取联户或者股份合作的方式进行合作，可以通过以林地入股或者以劳动力投入的方式来参与合作。当然，这就是受其他因素的共同影响而发生的选择行为了。在企业和林业合作组织两个伙伴选择上，困难少、一般、困难较大三个组的农户趋向于选择企业作为合作伙伴，而无困难、很困难组农户趋向于选择林业合作组织作为合作伙伴，可能的原因在于筹集资金无困

难的农户在组建或加入了林业合作组织时可以获得资金上的优势，可以通过资金优势，联结筹集资金很困难的农户，获得林地经营规模的扩大，在组织内起到领导人或主要人物的作用，具有一定的发言权。筹集资金很困难的农户在选择企业和林业合作组织上差距不大，只要与合作伙伴合作中能解决资金或者由资金转化的其他生产要素，农户就会参与合作。

**（3）林产品销售难度与农户合作伙伴选择**

表 7-9 数据显示，5 个组农户都将其他农户或大户作为首要合作伙伴，并且除困难较大组外，选择的比例均超过 40%，无困难组的农户选择的比例更是达到了 48.5%。表明在当前林产品的销售中，起到主力作用的还是活跃在农村的各个经营大户或者农产品经纪人。由于此类群体所掌握的市场信息及时、准确，又能把控运销渠道，提供合作时程序简单方便快捷，农户在销售林产品时更多的选择了此类合作伙伴。在企业和林业合作组织上的选择，有困难小、困难一般、困难较大 3 个中间组的农户选择了与林业合作组织合作，有无困难、很困难 2 个端组农户选择了与企业合作。在差距上，困难一般组农户的差距最明显，之差达到了约 13%，其他几个组的差距不明显。从整体上看，无论林产品销售难度如何，农户对合作伙伴选择的优先选择是其他农户或大户。这也可以表明，当前林业合作组织在组织林产品的销售上还没有体现出优势，有待进一步的提升和发挥林业合作组织在这方面的功能。

**表 7-9　林产品销售难度与农户合作伙伴选择**

| | | 企业 | 林业合作组织 | 其他农户或大户 | 总计 | （占 463 户比例，%） |
|---|---|---|---|---|---|---|
| 无困难 | 户数 | 7 | 10 | 16 | 33 | （7.1） |
| | 比例（%） | 21.2 | 30.3 | 48.5 | 100 | |
| 困难小 | 户数 | 19 | 15 | 25 | 59 | （12.7） |
| | 比例（%） | 32.2 | 25.4 | 42.4 | 100 | |
| 一般 | 户数 | 53 | 34 | 64 | 151 | （32.6） |
| | 比例（%） | 35.1 | 22.5 | 42.4 | 100 | |
| 困难较大 | 户数 | 46 | 42 | 57 | 154 | （31.3） |

（续）

| | | 企业 | 林业合作组织 | 其他农户或大户 | 总计 | （占463户比例，%） |
|---|---|---|---|---|---|---|
| | 比例（%） | 31.7 | 29.0 | 39.3 | 100 | |
| 很困难 | 户数 | 19 | 24 | 32 | 75 | （16.2） |
| | 比例（%） | 25.3 | 32.0 | 42.7 | 100 | |

#### 7.4.2.3 收益与信任特征与农户合作伙伴选择

收益与信任特征主要用林业收入在家庭收入中的重要程度和当地发育程度领先的合作伙伴评价两个因素反映。

**（1）林业收入在家庭收入中的重要程度与农户合作伙伴选择**

表7-10数据显示，林业收入在家庭收入中的重要程度不同组别在选择企业和林业合作组织之间有一些差异，但都将其他农户或大户作为首先选择伙伴。可能的原因在于对于经济林产品的销售，有更多的农户通过大户或农产品经纪人合作，无论此时林产品在家庭收入中的重要性，农户希望能尽快将产品销售出去，以确保产品不腐烂，减少损失。而对江西而言，当地农业龙头企业在带动农户发展林业经济上可能存在一些能力限制，辐射作用有限。林业合作组织在带动农户致力于林业经营的作用也没有显现出来。除一般组和重要组2个组在企业和林业合作组织上的选择存在一些差距外，其他3个组在企业和林业合作组织上的选择差异小。要实现林业收入的获得，最后的环节必定是要选择适宜的销售合作伙伴。因此，林业合作组织要发挥产品销售的龙头作用，解决农户的林产品销售难题，来增加农户的林业收益，增强农户林业经营的积极性。

**表7-10 林业收入在家庭收入中的重要程度与农户合作伙伴选择**

| | | 企业 | 林业合作组织 | 其他农户或大户 | 总计 | （占463户比例，%） |
|---|---|---|---|---|---|---|
| 很不重要 | 户数 | 17 | 16 | 31 | 64 | （13.8） |
| | 比例（%） | 26.6 | 25.0 | 48.4 | 100 | |
| 不重要 | 户数 | 35 | 31 | 41 | 107 | （23.1） |
| | 比例（%） | 32.7 | 29.0 | 38.3 | 100 | |

（续）

| | | 企业 | 林业合作组织 | 其他农户或大户 | 总计 | （占463户比例，%） |
|---|---|---|---|---|---|---|
| 一般 | 户数 | 53 | 43 | 68 | 164 | （35.4） |
| | 比例（%） | 32.3 | 26.2 | 41.5 | 100 | |
| 重要 | 户数 | 22 | 17 | 25 | 64 | （13.8） |
| | 比例（%） | 34.4 | 26.6 | 39.1 | 100 | |
| 很重要 | 户数 | 17 | 18 | 29 | 64 | （13.8） |
| | 比例（%） | 26.6 | 28.1 | 45.3 | 100 | |

### （2）当地发育程度领先的合作伙伴评价与农户合作伙伴选择

**表 7-11　当地发育程度领先的合作伙伴与农户合作伙伴选择**

| | | 企业 | 林业合作组织 | 其他农户或大户 | 总计 | （占463户比例，%） |
|---|---|---|---|---|---|---|
| 企业 | 户数 | 120 | 17 | 10 | 147 | （31.8） |
| | 比例（%） | 81.6 | 11.6 | 6.8 | | |
| 林业合作组织 | 户数 | 6 | 92 | 15 | 113 | （24.4） |
| | 比例（%） | 5.3 | 81.4 | 13.3 | | |
| 林业大户 | 户数 | 18 | 16 | 169 | 203 | （43.8） |
| | 比例（%） | 8.9 | 7.9 | 83.2 | | |

表 7-11 数据显示，认为企业发育领先的农户，会更多的选择企业作为合作伙伴，达到 81.6%。认为林业合作组织发育领先的有 81.4%的农户，认为林业大户发育领先的有 83.2%的农户。可能的原因在于在合作中，活跃在农村地区的新型林业经营主体在农户中的认可度会影响农户的合作伙伴选择，在收益、信任、核心能力供给等方面经过演化博弈过程达到基本均衡状态。因而林业合作组织和企业要在林业经营中发挥带动农户的作用，应更好的联结农户，保障农户的利益。

农户林业合作的模式从最初的“互助组”模式到“三防协会”

模式，再进而与企业通过合作组织建立合作，从简单的森林资源保护合作向经营合作发生转变。据江西省林业厅的统计数据，到2010年7月，江西的林业合作组织达到1.4万多家，“三防协会”就有1.1万家，涉及农户近200万户；另外以营林为主的民营林场一千余个，经营面积近50万公顷；以毛竹、油茶、水果等经营的专业合作社近千个，参加农户超过12万户，经营林地面积24万公顷[194]。

随着林业产权的改变和政府鼓励社会资本投入林业的政策的推进，也在政府专项资金扶持、林业专业技术、经营管理实践等方面给予有力支持下，一批林业大户也随之出现，与广大分散林农、林业企业结成利益共同体，有力促进了林业增效、林农增收，受到广大林农和企业的普遍欢迎。

对于林业企业的发展，江西省启动了林业龙头企业认定和扶持办法。2011年，有254家林业企业被认定为省级林业龙头企业，成为江西林业产业发展、林农增收的重要带动力量。另外，还有更多的中小型林业企业活跃在林区，带动广大林农投资林业，既给农户增加了收益，又保障了企业的产品原料供应，形成共赢局面。

#### 7.4.2.4 林地与林产品特征与农户合作伙伴选择

林地与林产品特征，主要用林地经营规模、林产品类型等变量表示。

**(1) 林地经营规模与农户合作伙伴选择**

**表7-12 林地经营规模与农户合作伙伴选择**

| | | 企业 | 林业合作组织 | 其他农户或大户 | 总计 | (占463户比例,%) |
|---|---|---|---|---|---|---|
| 规模小 | 户数 | 28 | 51 | 88 | 167 | (36.1) |
| | 比例（%） | 16.8 | 30.5 | 52.7 | 100 | |
| 规模一般 | 户数 | 62 | 60 | 97 | 219 | (47.3) |
| | 比例（%） | 28.3 | 27.4 | 44.3 | 100 | |
| 规模大 | 户数 | 54 | 14 | 9 | 77 | (16.6) |
| | 比例（%） | 70.1 | 18.2 | 11.7 | 100 | |

从表 7-12 可以看出，林地经营规模组类不同，农户的合作伙伴选择存在差异。规模小组类农户有 52.7%的选择与其他农户或大户合作，有 30.5%的选择与林业合作组织合作，只有 16.8%的农户选择直接与企业合作。可能的原因在于，规模小的农户直接与企业合作，企业的合作成本将增加，因而企业希望小农户通过大户或者林业合作组织联结，来减少交易频率，减少谈判成本，从而降低交易费用来达到合作双方利益的改进。规模一般组类农户有 44.3%的选择了其他农户或大户合作，选择企业和林业合作组织合作的比例差距不大。规模大组类农户有 70.1%的选择与企业合作，选择与林业合作组织和其他农户或大户合作的比例差距不大，都较低。表明规模大的农户更愿意直接与企业合作来减少中间流通环节，降低流通成本。

**（2）林产品类型与农户合作伙伴选择**

从表 7-13 可以看出，经济林经营农户更愿意与其他农户或者大户合作，比例高达 66.1%，可能的原因在于希望通过大户的技术传播、销售渠道，来解决生产和销售中的问题。经济林农户也有 31.5%的选择了与林业合作组织合作，与企业合作的比例很少，可能的原因在于在经济林经营中这些专业合作组织还是取到了联结农户与市场的作用，这些专业合作组织通过联结企业或者其他市场主体，来实现农户的利益的实现。毛竹林农户选择企业合作的比例最高，达到 56.7%，毛竹林农户也有 35.8%的农户选择了与林业合作组织合作，与其他农户或者大户合作的只有 7.5%，可能的原因在于生长周期短、见效快的毛竹林经营，林业企业也更愿意寻找这类原材料来进行生产的加工。用材林农户选择与其他农户或大户、企业合作的比例高，分别达到 42.7%和 40.4%，和林业合作组织合作的只有 16.9%，可能的原因在于用材林农户在考虑参与成本的状况下，更愿意通过低成本的方式与其他农户或者大户合作，若要与林业合作组织合作，在 10 余年甚至 20 余年的期间内，所要付出的参与成本将是持续的。不同林产品类型是否对农户的合作伙伴选择有显著影响将通过计量模型检验来确定。

表 7-13　林产品类型与农户合作伙伴选择

| | | 企业 | 林业合作组织 | 其他农户或大户 | 总计 | （占 463 户比例，%） |
|---|---|---|---|---|---|---|
| 经济林 | 户数 | 4 | 52 | 109 | 165 | (35.6) |
| | 比例（%） | 2.4 | 31.5 | 66.1 | 100 | |
| 毛竹林 | 户数 | 68 | 43 | 9 | 120 | (25.9) |
| | 比例（%） | 56.7 | 35.8 | 7.5 | 100 | |
| 用材林 | 户数 | 72 | 30 | 76 | 178 | (38.4) |
| | 比例（%） | 40.4 | 16.9 | 42.7 | 100 | |

## 7.5　影响因素的计量分析

前面就单因素对农户林业合作伙伴状况进行了分析。实际上，林业经营中农户合作伙伴的选择受多种因素的共同影响，需要将上述多种因素结合在一起考察，这样才能判别众多因素综合作用以及各因素对农户林业合作伙伴选择的影响方向和影响程度。因此，可以通过建立计量模型来分析和寻找可能的显著性影响因素，以提出相应的对策。

### 7.5.1　计量模型的选择

本书所要分析的因变量是“农户林业合作伙伴选择”，实质上是一个定性的三分类选择问题：选择与企业合作的记为 $Y=1$，选择与林业合作组织合作的记为 $Y=2$，选择与其他农户或大户合作的记为 $Y=3$。调查的样本数据中涉及选择与村集体组织、其他合作的样本数极少，此处不将这两类选择放入模型，减少干扰。这里选择多项 logistic 模型进行计量分析，计量模型构建的理论解释详见章节 3.3.3。

根据上面的分析，农户林业合作经营伙伴选择受多种因素的影响，因而此处选取如下自变量：①户主自身特征，主要是指户主年龄、户主受教育程度、户主风险态度等来反映。②合作需求的核心能力特征，主要是指农户对自有林业经营技术评价、林业经营资金筹集难度、林产品销售难度。③收益与信任特征，主要选择林业收入在家庭收入中的重要程度、当地发育程度领先的合作伙伴特征等来反映。④林地与林产品特征，主要用林地经营规模、林产品类型来反映。

因此，农户林业合作经营伙伴选择模型可以表达为：

$W_I = f$（农户自身特征、需求核心能力特征、收益与信任特征、林地与林产品特征）$+\varepsilon_i$　　式（7.6）

$W_i$ 表示第 $i$ 个农户的林业合作伙伴选择情况，$\varepsilon_i$ 是误差项。

模型中各变量的选取、定义及统计数据见表 7-14。

**表 7-14　模型的变量说明**

| 变量名称 | 变量定义 | 均值 |
|---|---|---|
| 被解释变量： | | |
| 农户合作伙伴选择 | 1=企业；2=林业合作组织；3=其他农户或大户 | 2.11 |
| 解释变量： | | |
| 户主自身与家庭特征 | | |
| 户主年龄 | 实际年龄 | 49.8 |
| 户主受教育程度 | 1=小学及以下；2=初中；3=高中及以上 | 1.71 |
| 户主风险态度 | 1=风险厌恶；2=风险中性；3=风险偏好 | 1.79 |
| 需求的核心特征 | | |
| 对自有林业经营技术评价 | 使用5级李克特量表法：很不好、不好、一般、较好、很好，相应赋值1、2、3、4、5 | 3.01 |
| 林业经营资金筹集难度 | 使用5级李克特量表法：无困难、困难小、一般、困难较大、很困难，相应赋值1、2、3、4、5 | 3.35 |
| 林产品销售难度 | 使用5级李克特量表法：无困难、困难小、一般、困难较大、很困难，相应赋值1、2、3、4、5 | 3.37 |

（续）

| 变量名称 | 变量定义 | 均值 |
| --- | --- | --- |
| 收益与信任特征 | | |
| 林业收入在家庭收入中的重要程度 | 使用5级李克特量表法：很不重要、不重要、一般、较重要、很重要，相应赋值1、2、3、4、5 | 2.91 |
| 当地发育程度领先的合作伙伴 | 1=企业；2=林业合作组织；3=林业大户 | 2.12 |
| 林地与林产品特征 | | |
| 林地经营规模 | 1=规模小，2=规模一般，3=规模大 | 1.81 |
| 林产品类型 | 1=用材林；2=毛竹林；3=经济林 | 2.03 |

**表 7-15　多项 Logistic 模型回归结果**

（对照组=其他农户或大户）

| 自变量 | 企　业 | | | 林业合作组织 | | |
| --- | --- | --- | --- | --- | --- | --- |
| | 系数 $B$ | Wald | Exp（$B$） | 系数 $B$ | Wald | Exp（$B$） |
| 常数项 | −1.263 | 0.328 | | −3.186 | 3.500 | |
| 户主年龄 | 0.033 | 1.200 | 1.033 | 0.009 | 0.157 | 1.009 |
| 户主受教育程度（以“高中及以上”为参照）* | | | | | | |
| 小学及以下 | −0.323 | 0.167 | 0.724 | 0.239 | 0.125 | 1.270 |
| 初中 | −1.308 | 3.105* | 0.270 | −0.571 | 0.717 | 0.565 |
| 户主风险态度（以“风险偏好”为参照） | | | | | | |
| 风险厌恶 | −0.742 | 0.858 | 0.476 | −0.690 | 1.340 | 0.502 |
| 风险中性 | −0.572 | 0.642 | 0.565 | −0.593 | 1.013 | 0.553 |
| 对自有林业技术的评价（以“很好”为参照） | | | | | | |
| 很不好 | 0.419 | 0.080 | 1.520 | −0.339 | 0.090 | 0.712 |
| 不好 | 0.514 | 0.180 | 1.671 | 1.048 | 1.396 | 2.851 |
| 一般 | 1.023 | 0.825 | 2.781 | 1.056 | 1.540 | 2.876 |
| 较好 | −0.397 | 0.112 | 0.672 | 0.844 | 0.908 | 2.326 |

（续）

| 自变量 | 企　业 | | | 林业合作组织 | | |
| --- | --- | --- | --- | --- | --- | --- |
| | 系数 *B* | Wald | Exp（*B*） | 系数 *B* | Wald | Exp（*B*） |
| 林业经营资金筹集难度（以“很困难”为参照） | | | | | | |
| 无困难 | −0.700 | 0.259 | 0.496 | −0.154 | 0.037 | 0.857 |
| 困难小 | 0.931 | 1.253 | 2.538 | 0.224 | 0.128 | 1.251 |
| 一般 | 1.120 | 2.103 | 3.063 | −0.007 | 0.000 | 0.993 |
| 困难较大 | −0.049 | 0.004 | 0.952 | −0.388 | 0.504 | 0.678 |
| 林产品销售难度（以“很困难”为参照） | | | | | | |
| 无困难 | −2.004 | 2.302 | 0.135 | −0.355 | 0.187 | 0.701 |
| 困难小 | −0.769 | 0.600 | 0.463 | −0.699 | 0.869 | 0.497 |
| 一般 | −0.559 | 0.490 | 0.572 | −0.421 | 0.547 | 0.656 |
| 困难较大 | −0.409 | 0.272 | 0.664 | −0.452 | 0.689 | 0.636 |
| 林业收入在家庭收入中的重要程度（以“很重要”为参照）** | | | | | | |
| 很不重要 | 0.578 | 0.337 | 1.783 | 1.042 | 2.116 | 2.834 |
| 不重要 | 0.773 | 0.646 | 2.165 | 1.090 | 2.888* | 2.974 |
| 一般 | 1.239 | 1.965 | 3.450 | 1.357 | 4.792** | 3.885 |
| 较重要 | 1.027 | 1.039 | 2.794 | 0.627 | 0.723 | 1.873 |
| 当地发育程度领先的合作伙伴（以“林业大户”为参照）*** | | | | | | |
| 企业 | 3.442 | 3.907*** | 31.249 | 4.114 | 42.590 | 61.204 |
| 林业合作组织 | 1.457 | 3.532* | 4.294 | 5.068 | 84.135 | 158.787 |
| 林地经营规模（以“规模大”为参照）*** | | | | | | |
| 规模小 | −3.647 | 14.455*** | 0.026 | −1.671 | 4.571** | 0.188 |
| 规模一般 | −2.303 | 6.726** | 0.100 | −1.017 | 1.847 | 0.362 |
| 林产品类型（以“经济林”为参照）*** | | | | | | |
| 用材林 | −5.772 | 34.184*** | 0.003 | 0.083 | 0.029 | 1.087 |
| 毛竹林 | 2.597 | 14.308*** | 13.428 | 3.238 | 23.144*** | 25.473 |
| 模型整体检验结果 | | | | | | |
| -2Logliklihood | | | 329.026 | | | |
| Likelihood Radio Tests Chi-square | | | 672.196*** | | | |

注：“*”、“**”、“***”分别表示在10%、5%、1%的水平上统计显著。

### 7.5.2　模型估计结果及分析

本节应用SPSS19.0中文版统计软件对农户数据进行了多项

Logistic 回归处理。首先在线性回归分析模块中进行共线性诊断，所有变量之间的共线性诊断因子 $VIF$ 均明显小于 10，全部进入明显。在处理过程中，选择多项 Logistic 回归分析，将上述各个自变量全部引入回归方程。利用最大似然估计的参数结果，见表 7-15。

从模型的估计结果看，模型中大部分主要变量显著，回归模型的-2Logliklihood 为 329.026，Likelihood Radio Tests Chi-square 在 1%显著水平上通过检验，说明模型拟合得很好，整体检验显著。根据表 7-15 的模型回归结果，现对农户合作伙伴选择的主要影响因素分析如下：

**(1) 总体情况**

表 7-15 的多项 Logistic 模型回归结果显示，“户主受教育程度”、“林业收入在家庭收入中的重要程度”、“当地发育程度领先的合作伙伴”、“林地经营规模”、“林产品类型” 5 个因素均对农户的合作伙伴选择呈现不同显著性水平程度的影响，而户主年龄、户主风险态度、对自有林业技术的评价、林业经营资金筹集难度、林产品销售难度等变量在 10%显著性水平上均未能通过显著性检验，对农户合作伙伴选择很少有影响。可见，总体来说，户主自身特征、收益与信任特征、林产品与林地特征等会影响农户对合作伙伴选择。至于以上 5 个显著因素具体的影响方向和程度，将进行逐个分析和讨论。

**(2)“户主受教育程度”对农户合作伙伴选择的影响**

在反映户主自身特征的三个因素中，“户主受教育程度”对农户伙伴选择有较显著性影响，“户主年龄”和“户主风险态度”均未能通过检验，说明影响均不显著。

“户主受教育程度”对农户伙伴选择有较显著性影响。①从回归结果看，在其他条件相同情况下，与选择“其他农户或大户”（对照组）相对比，户主受教育程度为“初中”的农户比户主受教育程度为“高中及以上”的农户更不愿意选择企业（“初中”变量对选择“企业”在 10%水平显著，系数符号为负），至于是选择与“其他农户或大户”合作，还是选择与“林业合作组织”合作，这两类农户没有显著性差异。从优势比 exp（$B$）看，受教育程度为“初中”的户主选择“企业”作为合作伙伴的发生比只是文化程度“高中及以上”农户的 27%。产生上述差距的原因可能在于与高中文化程度农户比较，初中文化程度农户在和企业合作中可能在签订合同、履行合作过程中，在复杂问题处理上分析、辨别、监督等能力更差一些。②与选择“其他农户或大户”（对照组）相对比，“小学及以下”的变量，由于未能通过检验，所以，与高中文化程度农户比较，户主受教育程度为“小学及以下”的农户在更愿意或更不愿意选择哪类合作伙伴的结论不能确定。

**（3）“林业收入在家庭收入中的重要程度”对农户合作伙伴选择的影响**

收益与信任特征的两个变量“林业收入在家庭收入中的重要程度”和“当地发育程度领先的合作伙伴评价”均对农户伙伴选择有显著性影响。

“林业收入在家庭收入中的重要程度”对农户伙伴选择有较显著性影响。①在其他条件相同情况下，与选择“其他农户或大户”（对照组）相对比，林业收入在家庭收入中的重要程度“不重要”、“一般”组的农户，与“很重要”组（对照组）农户比较，更趋向于选择“林业合作组织”合作（“不重要”、“一般”变量对选择合作伙伴“林业合作组织”分别在 10%和 5%水平上显著，系数符号均为正）。查看参数 exp（$B$）可知，“不重要”组和“一般”组农户选择“林业合作组织”作为合作伙伴的发生比分别是“很重要”组农户的 2.974 倍和 3.885 倍。可能的原因在于这些农户组认为林业合作组织能更好地给他们带来收益，而林业合作组织对这类农户的吸引力更大，也就是说林业收入占家庭收入在 10%～40%的农户更希望获得林业合作组织的合作。②从回归结果看，与选择“其他农户或大户”（对照组）相对比，林业收入在家庭收入中的重要程度“很不重要”、“较重要”的变量，由于未能通过检验，所以，与“很重要”组（对照组）农户比较，“很不重要”、“较重要”组的农户在在更愿意或更不愿意选择哪类合作伙伴的结论不能确定。

**(4)“当地发育程度领先的合作伙伴的评价”对农户合作伙伴选择的影响**

“当地发育程度领先的合作伙伴评价”对农户伙伴选择有显著性影响。在其他条件相同情况下，与选择“其他农户或大户”（对照组）相对比，当地发育程度领先的合作伙伴的评价是“企业”、“林业合作组织”组的农户比评价是“林业大户”的农户更趋向于选择“企业”合作（评价是“企业”、“林业合作组织”的变量分别在1%和10%水平上显著，且系数均为正），至于是选择与“其他农户或大户”合作，还是选择与“林业合作组织”合作，这两类农户没有显著性差异。查看参数 exp（$B$）可知，评价是“企业”组和“林业合作组织”组农户选择“企业”作为合作伙伴的发生比分别是评价是“林业大户”组农户的31.249倍和4.294倍。可能的原因在于如果企业和林业合作组织发育较好，对农户的致富带动作用大，则农户对这类伙伴的选择也高。从组织的发展路径看，分散农户直接进入市场的交易费用过大，需要农户之间建立联合共同面对市场，农民专业合作组织的存在就有了制度经济学的理论解释，而企业与农户的合作中也需要中介力量来减少企业的交易成本。在第四章分析了农户林业合作经营的各种模式，一旦农户之间的联合形成一定力量，能给农户带来收益的改善，一旦企业需要建立强强联合的合作模式来降低成本，抵御风险，企业＋基地/合作组织/大户＋农户的模式可能能为更多的农户所接受。

**(5)“林地经营规模”对农户合作伙伴选择的影响**

林地与林产品特征的两个变量“林地经营规模”和“林产品类型”均对农户伙伴选择有显著性影响。

“林地经营规模”对农户伙伴选择有显著性影响。①在其他条件相同情况下，与选择“其他农户或大户”（对照组）相对比，林地经营规模是“规模小”、“规模一般”组的农户比“规模大”组农户更不趋向于选择“企业”合作（“规模小”、“规模一般”变量分别在1%和5%水平上显著，系数符号均为负）。查看参数 exp（$B$）可知，“规模小”组和“规模一般”组农户选择“企业”作为合作伙伴的发生比分别是“规模大”组农户的2.6%和10%。可能的原因在于规模偏小，企业与农户合作时企业的交易成本大，希望农户形成一个团体来参与合作。②对于农户伙伴选择“其他农户或大户”和“林业合作组织”的比较，从回归结果看，林地经营规模是“规模小”组的农户比“规模大”组农户更不愿意选择“林业合作组织”合作（“规模小”变量在5%水平上显著，系数符号为负）。查看参数exp（$B$）可知，“规模小”组农户选择“林业合作组织”作为合作伙伴的发生比是“规模大”组农户的18.8%。可能的原因在于林业合作组织处于自身交易成本、管理效率、经营效益等方面的考虑，趋向于选择经营规模较大的农户合作，因而，规模小农户很难融入到现有的林业合作组织中，需要制度的完善来改变这种状况，使得更多小农户也能参与到林业合作组织中，获得林业经营效益或其他方面收益。

**（6）“林产品类型”对农户合作伙伴选择的影响**

“林产品类型”对农户伙伴选择有显著性影响。①在其他条件相同情况下，与选择“其他农户或大户”（对照组）相对比，林产品类型是“用材林”组的农户比“经济林”组农户更不愿意选择“企业”合作（“用材林”变量在1%水平上显著，系数符号为负）。查看参数exp（$B$）可知，“用材林”组农户选择“企业”作为合作伙伴的发生比是“经济林”组农户的0.3%。可能的原因在于用材林经营在当前来说直接与企业合作的比较少，多会通过中介组织来参与，另外，如果是林农对用材林木的销售，也多会是通过活立木流转的方式直接转让给企业或者其他经营主体。②在其他条件相同情况下，与选择“其他农户或大户”（对照组）相对比，“毛竹林”组的农户比“经济林”组农户更愿意选择“企业”、“林业合作组织”合作（对选择合作伙伴“企业”、“林业合作组织”，“毛竹林”变量都在1%水平上显著，系数均为正）。查看参数exp（$B$）可知，“毛竹林”组农户选择“企业”、“林业合作组织”作为合作伙伴的发生比分别是“经济林”组农户的13.428倍和25.473倍。可能的原因在于毛竹林主产区林产加工企业集中，能更好地直接或者通过林业合作组织对接农户的毛竹林的生产和销售，而农户在毛竹林的采伐上所受的约束也更小，采伐指标不限，采伐时间可以自己根据毛竹林生长情况四季都可以采伐，所以毛竹林经营农户更愿意与林业合作组织和毛竹林加工企业合作。与企业直接合作，可以减少中间环节，获得更多收益。若对于规模偏小，在家庭收入中不是很重要的农户来说，可以将自己不多的毛竹林地交与专业林业合作组织管理，自己可以脱出时间进行其他经营，同样也获得了整体收益的增加。

**(7) 不显著因素的简要分析**

在所涉及的 10 个因素中，有 5 个是对农户伙伴选择具有不同显著性和不同影响程度与影响方向的，另外，有户主自身特征的两个变量（户主年龄、户主风险态度）、需求的核心能力特征的三个变量（对自有林业经营技术评价、林业经营资金筹集难度、林产品销售难度）5 个变量对农户伙伴选择没有显著性影响。表明无论农户的年龄如何，风险态度如何，对不同的合作伙伴选择中没有差异。在需求的核心能力特征的三个变量上也没有显著差异，表明当前这些合作伙伴在技术提供、资金筹集、产品销售上对农户的帮助差异不大，可能的原因是这些组织或个人对服务功能的供给上存在一定程度的共同缺位，或者是相互之间的竞争使得农户有了更好的选择。对于前者我们需要改进，对于后者我们需要发扬，在竞争中生存，在合作中壮大，使我国的林业事业得以健康发展，林农增益。

## 7.6 小结

本章通过合作伙伴选择的演化博弈理论、自我分类理论、企业合作伙伴选择理论的理论分析，结合现有文献，建立农户合作伙伴选择模型，对农户合作伙伴选择的影响因素进行假设，以江西农户的入户调查数据为依托，以单因素描述分析为基础，利用多项 Logistic 计量回归模型，分析了户主自身特征、需求的核心能力特征、收益与信任特征、林地与林产品特征等因素对农户林业合作伙伴选择的影响。计量模型实证结果表明，“户主受教育程度”、“林业收入在家庭收入中的重要程度”、“当地发育程度领先的合作伙伴”、“林地经营规模”、“林产品类型”5个因素均对农户的合作伙伴选择呈现不同显著性水平程度的影响；户主年龄、户主风险态度、对林地立地条件的评价、林业经营资金筹集难度、林产品销售难度等因素影响不显著。

这些因素的计量估计结果的分析表明，农户在合作伙伴选择中除了关注于林业领域经济的收益外，还关注于通过合作获得时间来获得非林收益，以及来自于非经济利益的效用如心理的收益。在合作中如一些大户，可以吸引众多农户的合作也获得了其他农户对自己的林业经营能力的认可，获得了其他农户的尊重。在林业合作组织的组建与发展中，无论是政府或农户自发的形成，领头农户可以获得心理的满足，而企业寻求与农户的合作也是对有合作能力农户的认可。

在上述结论基础上，可以得出以下几点政策启示：

(1) 关注于农户林业服务的需求，在技术资金销售等方面给予林农更多支持。

(2) 关注于林地的规范与合理流转，形成林业经营的规模经济。

(3) 关注于培育和发展林业大户、林业合作组织和林业龙头企业，建立更高效的合作模式来增加农户的林业合作与收益，带动农户林业经营的积极性。

# 8 农户林业合作经营的合作方式选择

在林业合作经营中，农户通过选择确定了合作伙伴后，接着要明确的事项是采取诸如合同（契约）型、合作制型、股份合作制型或其他形式的利益联结方式与合作伙伴合作。采取什么合作方式可能受农户自身条件、林产品特征、市场环境特征、合作对方条件等因素的影响，不同资源禀赋农户在不同环境要素影响和约束下，所选取的合作方式会有差异。另外，不同的合作方式可能对双方的合作关系稳定性产生影响，进而影响到农户的利益。本章试图探讨农户在与合作伙伴合作中，选择其合适的合作方式的内在规律性，尊重农户意愿，稳定合作关系，以期合作能取得良好效果。

## 8.1 合作经营方式的具体形式

我国林业的经营形式较复杂，不同的林业机构、学者对林业经营形式的分类会相异。一般来说，我国林业经营形式有自留山经营、责任山经营、承包经营、租赁经营、股份合作制等形式。徐晋涛等将林业经营模式分类为六大类：家庭经营（包括自留山、责任山、承包山、租赁山等）、联户经营、小组或自然村经营、林地流转经营（也称“市场经营”，包括外村个人或组织等以各种方式经营集体所有林地）、集体经营、生态公益林经营等大类[195]。黄和亮等对农户林业经营组织形式的分类为分户经营、联户经营和股份林场等情况，合作经营组织形式主要有股份林场、村民小组联户经营、村民自愿联户经营等情况[25]。陈渭山指出浙江林业经营主体培育中，广泛开展联基地、联农户活动形式，培育林业专业示范户；通过山林代管、委托经营等形式，培育“林保姆”经营大户；采取委托经营、合作经营、家庭联户经营、股份制等形式建立林业合作经济组织[196]。陈际瓦指出深化林权改革进程中，创新林业组织方式，培育龙头企业，形成了“企业＋基地＋农户”、“专业合作社＋农户”、“专业协会＋农户”、“企业＋合作组织＋农户＋金融机构＋保险”、联户或联组、单户独立经营等多种集约经营模式[197]。郑逸芳等通过对集体林权改革前后浙江、江西、福建三省的林业经营方式变化的比较，认为经营方式由多样化（以自留山和承包经营为主，不乏租赁经营、股份制经营、乡村统一集体经营）向集中化（集中于承包经营、自留山经营和少数的股份合作制经营）发生了转变[198]。孙妍等对江西省林权制度改革后林地经营模式调查分类为七类：家庭经营、集体统一经营、承包租赁经营、活立木转让、县乡村（组）联营林场、公益林管护经营、股份合作经营等[199]。

从上述分类看，林业经营方式分类复杂而不统一，经营主体上的分类与利益联结方式的分类发生了混合，于合作经营中，不能明确经营主体的分类和利益联结方式的分类。因此，在前章对其他林业经营主体即合作伙伴分类后，有必要对林业合作经营中存在的利益联结方式即合作方式进行分类。

反观对农业产业化经营中农户与其他组织或个体利益联结方式的分类，国内学者代表性的观点主要有：

周立群、曹利群认为农业产业化经营中，龙头企业与农户之间的利益联结方式是在商品契约和要素契约之间的选择问题，商品契约具有强的适应性，完全有可能在长期内稳定同样达到要素契约的目的[200]。郭红东认为农业产业化经营中，农业龙头企业与农户的利益联结方式主要有合同契约联结方式、市场联结方式、承包约束联结方式和参股联结方式四种类型，选择什么类型联结方式取决于企业和农户对风险的偏好及发展的产业特性[201]。尹成杰从龙头企业与农户之间的利益分配关系视角，认为农业产业化经营的利益分配中农业产业化经营组织与农户的利益联结方式有买断型、保护型、服务型、返利型、合作型[202]。谭静从企业与农户关系疏密程度的角度，认为农业产业化经营组织与农户的利益联结方式有紧密型、半紧密型、松散型、协作型四种类型[203]。牛若峰指出，农业产业化经营联结方式与组织结构相联系，主要有三种利益联结方式：占据主要地位的是初级联结方式合同（契约）型，其次是合作制型和股份合作制型[178]。

上述牛若峰的研究是采用了我国农业部对农业产业化经营发展情况调查统计工作中产业化组织利益联结方式的划分法。农业部农业产业化经营发展情况调查统计中认定的农业产业化经营利益联结方式是指参与产业化经营的各主体，形成一定的利益关系或结为利益共同体的手段或方式，产业化组织利益联结方式主要有合同关系（合同等契约方式，含订单关系）、合作方式（按利润返还）、股份合作方式（按股分红），一个产业化组织的利益联结方式可能同时存在几种，其中某一种联结方式会占主导地位①。

农户与其他林业经营主体的合作经营实质上是农业产业化经营的组成部分，因此，林业合作经营中的利益联结方式其实也就可以参照农业产业化经营利益联结方式。在实践中，股份合作制林业存在着合作对象的不同，各地因地制宜，采取相宜的利益联结方式，发展出有自身特色的股份合作制林业经营联合体。如早在20世纪90年代《山西林业》对山西某县股份合作制林业的调查，主要有以下几种形式[204]：①户户联营形式。各户农户可以依据家庭情况选择以劳入股，或者以资入股，以资以工折股，合股营林受益后按股分红。②村户联营形式。农户以劳务入股的形式，由集体和个人联合经营兴办劳力股份林场，发展林业生产。③村村联营形式。由相邻的村依据各自的资源优势和相互之间的资源互补，进行股份合作制经营林业。④乡村户联营形式。乡村户依据各自的资源优势，乡一级林业机构以技术折股入股，村里以资以地入股，农户以劳务折股或以资入股。⑤机关团体与村联营形式。由外部的机关团体以

① 中华人民共和国农业部网，http://www.moa.gov.cn/govpublic/NCJJTZ/201006/t20100606_1532792.htm；农业业务统计报表制度说明及指标解释. http://wenku.baidu.com/view/617a6549c850ad02de8041db.html.

资入股，乡村以地折股入股，农户以劳务折股或以资入股。张春霞等[205]认为社会林业重要形式的股份合作制林业可分为合伙式股份合作制和要素组合式股份合作制两种模式，合伙式股份合作制是由原来的大集体划小经营单位组成新的联合经营体，通过承包管护或经营集体林业，形成过程具有“分”的特征；要素组合式股份合作制由农户投入各种资源要素作为股份合作而形成的新的联合体，体现为“合”的特征。

订单林业以市场为导向，通过经济利益调动农民的营林积极性。涉林企业基于所需用的原料质量和数量的保证，会通过建立自己的林业基地建设，采取“企业＋农户”或更多的是采用“企业＋协会/合作组织＋农户”的运作模式，实行“订单林业”，如木材订单、育苗订单、林果销售订单等；通过对生产、销售环节提供技术、销售等服务，进行林业生产经营管理、指导和监督，可以解决诸如树苗成活率低、分散种植效率低、树木生长周期长无人管护等问题[206,207]。郑娟[208]认为林果业产业化发展中企业应通过合同契约关系或股份合作关系与农民建立稳定的利益联结方式，“企业＋基地＋农户”的经营模式可以采用股份制、合作制、股份合作制的形式，做稳企业与农户的利益联结。

结合上述文献，参照农业部对农业产业化经营发展情况调查统计工作中产业化组织利益联结方式的划分法，本研究将农户林业合作经营中与合作伙伴的利益联结方式分类为以下几种：

**（1）合作制型方式**

利润返还或二次结算关系，指农户在与合作伙伴即企业、中介组织、营林大户等合作时，对方将林产品加工、销售等增值的一部分利润按一定的方式返还给农户，也包括实行二次分配。也包括在森林培育过程中农户通过劳力投入的形式参与的合作。

**（2）股份制型或股份合作制型方式**

按股分红关系，指农户在与合作伙伴合作时，以林地、资金、劳务等生产要素的一种或几种入股，按股金或折算的股金比例进行利润分红。有时仅以股份制型称呼。

**(3) 合同制型方式**

合同（契约）关系，指林业经营活动中，通过合同等契约方式向农户收购或为农户销售林产品等，实行保证价格，或者实行市场保护价格，或者除规定价格外还提供系列化服务，合同双方具有明确的权利、义务关系，合同具有法律效力。包括书面合同和口头合同。

**(4) 其他方式**

其他不在上述合作方式中的关系。

在实践中，农户与其有林业合作经营的伙伴可能在利益联结方式上同时存在多种，而一般会有一种主要的合作方式，其他方式作为补偿。考虑研究中离散选择模型符合的互斥性、完备性和有限性等，在本研究的调查中只考虑占主导地位的一种联结方式。

## 8.2 合作方式选择的交易费用经济学分析

集体林权制度改革推进中，在集体林地所有权不变基础上，主要存在着两种产权结构：以农村家庭为基础明晰林地的经营权、林木的所有权、让渡权和收益权的“均山”制和与通过对集体林地进行共同经营的只明晰收益权的“均股”或“均利”制。农户林业经营的合作动力是实现效用的最大化，而上述两种产权结构，从理论和实践上来说，对农户的合作营林积极性均有积极的影响，目前各地形成的不同形式的农户林业合作经营已能证明这一点。另外，良好的产权基础为农户减少林业经营中的交易费用提供了可能。在当前林农林业经营技术未获得改善，林业的平均生产成本尚未实现大幅降低的情况下，减少交易费用对提高林农的收入显得更为重要了[209]。

交易费用，也称交易成本，其思想最初由科斯在 1937 年的《企业的性质》一文中提出，后成为新制度经济核心的概念之一。一般认为，交易费用是指某些约束条件下，为了完成某种商品的权利让渡，交易双方在交易前后所花费的各种与此交易相关的费用。依据交易费用理论，在既定制度或环境下，不同的交易方式产生的交易费用不同，交易费用的多少直接影响到双方的交易福利，交易双方均会为实现交易福利的最大化而选择交易费用更低的交易方式。威廉姆斯认为，在人的有限理性和机会主义行为假设下，取决交易费用的关键因素有资产专业性、不确定性、交易频率。换言之，交易费用的影响因素可归结为两类：一类是人的因素——人的有限理性和机会主义，另一组是"交易特征"——资产专用性、不确定性和交易频率[210]。以下将借鉴谢和胜等[209]的成果，从"交易特征"三维度对农户林业合作经营合作方式选择进行交易费用经济学分析。

### 8.2.1 林业经营的资产专用性

资产专用性是指某项资产在维持其经营价值的前提下，能够被重新配置于使用的程度，用来描述资产的可调配性。林业经营的资产专用性表现在林业生产要素的资产专用性，主要包括林业用地资产专用性、林业劳动资产专用性和林业资本的资产专用性。因此，林业经营中的林业生产要素资产专用性主要体现在以下三个方面。

一是林业用地的专用性。《中华人民共和国森林法》第十五条明确规定用材林、经济林、薪炭林等的"使用权可依法转让，也可以依法作价入股或作为合资、合作造林、经营林木的出资、合作条件，但不得将林地改为非林地"。同时，除国务院特殊规定的之外，其他森林、林木和林地使用权（防护林、特种用途林），不得转让。也就是说，在一般情况下，林业用地具有其专用性，不得改变其林业生产的用途。

二是林业劳动的专用性。一种观点认为在通常情况下，由于林农的劳动随时可以转移到其他生产上，只掌握传统森林经营方法的林农并不具备林业劳动的专用性[209]。尽管在整年度的林业经营中，农户有更多的空闲时间将自己的劳力转移到其他生产，但若农户没有掌握林业经营的方法（即便是传统方法），林业经营的效率也会大为降低。另外，对于栽培技术性强、劳动密集型的经济林经营来说，林农就只能提高其营林技术水平和增加劳动来获得经营效率与效益的提高，从而体现了农户的林业劳动专用性。而对于掌握森林经营新技术/先进技术的林业大户、专业人员、中介组织、营林企业、科研院所等，则其具有很高的林业劳动专用性。由于生产者通过劳动专用型的持久投资，已经形成的劳动性资产（技术）难以转移到其他生产用途或其他产业，若转移，将形成原有劳动性资产高沉没成本，以及培育新劳动性资产的高学习成本。

三是林业资本的专用性。对农户而言，主要体现在当前林地中所栽培的林产品的专用性。无论是林木产品还是非林木产品，森林树木的生长时间长，如果要变换树种，将产生很大的时间沉没成本。而对于营林企业、合作组织等来说，通过各种方式流转的林地而投入的货币资本已经无法撤出，只有继续投入直到林地形成产出来收回投资。对于林业经营来说，林地费用、劳力成本、苗木支出、森林抚育等造林成本使得林业成为高投入、高风险、收益回报周期长的行业。在很高的林业资本专用性情况下，农户为规避风险，缓解资金不足问题，选择不同合作方式参与林业合作经营。

林业生产要素的资产专用性越高，交易费用越大，从而影响农户林业经营的收益。因此，对具有高度专用性的林业生产要素进行的持久投资，生产者只有保障其与对方的交易安全，防止交易过早终止，否则，将形成生产者林业生产要素投资的沉没，这就需要交易双方在合作上建立稳定而持久的利益关系来维持交易的安全。对农户而言，稳定而持久的利益关系体现为依据自身资源禀赋选择适合的合作方式。如不愿意让渡林地经营权的农户可能选择合作型方式，资金不足、缺乏技术、劳力不足等的农户可能选择股份型合作方式，而对于果林、茶林等经济作物的林农来说可能更愿意选择合同（契约）关系。另外，由于林业生产要素的资产专用性，使得已参与合作经营的农户在退出合作时具有一定的隐性或显性的约束性[209]。如农户与集体的“均股、均利”式合作，农户没有获得单独的林地经营权（隐性约束），若农户选择退出，农户等于放弃了已有的股份而不能得到收益。农户以林地经营权入股与林业合作组织或林业企业合作中，林农获取林木产品的收益分成，若中途退出将影响林业合作组织或林业企业的投资资本的回报，为了提高交易的安全性、稳定性，合作初始规定的退出（违约）约束条件（显性约束）和比较长的合同期限，保证交易双方的长期契约，防止了高度专用性的林业生产要素投资得不到补偿。

### 8.2.2 林业经营的交易不确定性

交易的不确定性意味着产品价格、质量、市场需求等交易市场环境以及交易对手及其行为状况无法预料，交易市场环境的不确定性与交易者行为的不确定性增加了交易的难度。由于林业经营的长周期性，增加了林业经营的自然风险、市场风险。林业经营中不可控的自然风险（灾害）的增加，将影响林产品的生产培育，导致林产品质量、产量和价格的不确定性，进而带来林产品市场和交易双方行为的不确定性。市场交易过程中若能迅速有效地寻找到愿意与其进行交易的合适的市场主体，能与交易对象形成长期稳定的利益关系，将减少市场的不确定，降低搜索、谈判、签约和监督成本，减少交易费用，降低信息不对称和机会主义带来的交易不确定性，提高交易质量。

林业经营的交易不确定性越大，交易费用越高，将减少农户林业经营的收益。如果农户在林业经营中实施单户经营，那他们将独自面对这些风险，被动接受林业经营的交易不确定性，增加交易费用。而如果农户选择林业合作经营，可以减少大部分市场风险。农户将依据自身的经营风险偏好、风险承受能力、林地资源等选择合适的合作经营方式，来降低交易的不确定性，降低交易成本。如农户可以选择以林地经营权让渡的股份合作方式与企业、林业合作组织或者村集体等林业经营主体合作，以弱化各种不确定性。而这些林业经营主体在资金、技术、市场信息等方面更具有聚合优势，能较快的进行经营决策。而像果林、茶林等经济作物的林农也将可能更多地会选择与企业或林业合作组织以合同（契约）方式合作来获得部分林业生产要素以及帮助林产品的销售，减少市场交易对象的搜寻成本和交易的执行与监督成本。而对于联户的合作经营方式，联户成员能够发挥成员多的群体优势，一方面可以多渠道快速度有效获得所需要的信息，另一方面可以通过人力资本优势，如成员中有熟悉林业技术者，有熟悉林木交易市场者，有能获得林业生产资料市场者，有能提供社会网络者，这些优势可以帮助林农以低成本方式寻找交易对象，降低交易成本，降低林业经营的交易不确定性，为联户经营的林农带来收益[211]。

### 8.2.3　林业经营的交易频率

在保持其他条件不变的情况下，交易频率与交易费用成正比，交易次数越多，相对的搜寻成本、谈判成本与管理成本越高，交易费用越大，反之，若要减少交易成本，可以考虑降低交易频率，减少交易次数。如果农户在林业经营中实施单户经营，交易频率的升高使得农户只能单独承受较高的交易成本，也影响了农户的林业经营收益。如果能够将该交易的经济活动内化为农户与经营主体之间稳定的利益关系，节省过程之间的交易成本，那通过农户与经营主体之间的林业合作经营来降低交易频率，获得更高的林业收益。

林业经营的交易频率体现在两个过程：林业生产资料的购买过程和林业产品的销售过程。在对林业生产资料如种苗、农药、化肥等购买上，单个林农购买一次可视为一次交易，其中发生的交易成本如搜寻、议价、信息、交通等成本将由个人承担，众多的单户林农参与林业生产资料的市场交易使得交易次数进一步增加，总体交易成本剧增。因此，林农寻求林业的合作经营可以有效减少生产要素的购买交易次数，降低交易费用。当然，如果农户选择以林地经营权入股的方式参与合作，则农户就无需支出这笔成本，这部分的交易费用可视为零。采用联户合作经营方式的林农可以通过统一购买生产资料获得购买的规模经济，一方面增加购买的数量获得价格折扣，另一方面降低交易频率降低了单位生产资料上的交易费用的分摊，节约了交易成本，只要农户足够多，联户合作经营降低交易频率，降低交易成本的优势就能够显现出来。

同样，在林业产品的销售过程中，产品的交易频率也影响了交易费用，影响了农户的林业收益。对于木材林产品成熟林采伐，尽管可以理解为交易频率低，但单个农户特别是规模小的农户获得采伐许可证的成本大，因而这类农户可能更愿意通过股份合作的方式建立股份林场，采伐证的办理也将统一进行，降低了交易成本。而对于非木材林产品如水果、林药等，由于这类林产品的生长周期短，农户直接面对市场交易频率高，农户可以通过与林业合作组织或企业建立合同（契约）关系，尽管这类合作需要紧密的交易规制结构和运行制度，增加了制度运行的交易成本，但将产品集中销售给这些产品销售主体，降低了交易频率，减少了交易成本，容易补偿制度运行的交易费用。

而在实践中普遍出现的、以提供各种服务而在当前阶段不产生林产品交易的林农之间的合作形式（如林业“三防协会”、技术服务协会），可以视为在林业经营过程中寻求服务需求的“交易合作”，通过农户之间的合作，来降低服务提供者的交易频率，降低服务提供的成本，从而降低整个林业生产中服务获得所需的交易成本。

### 8.2.4 小结

上述从交易费用的“交易特征三维度”理论分析了林业经营的资产专用性、林业经营的不确定性、林业经营的交易频率等方面对农户林业经营合作方式选择的影响，即是说农户在选择林业经营合作方式时受交易费用的影响。当然，交易费用的大小除了受这三个交易费用维度的影响外，也必不可免得受“人的因素”——人的有限理性和机会主义的影响。由于林农受其技术、知识等能力素质和经济实力所限，在外部环境和事物复杂性面前，表现为行为的有限理性，林农在选择合作方式时可能出现选择了不适宜的合作方式，从而产生较高的交易费用。另外，合作中其他林业经营主体如企业、林合组织、村集体等可能利用其在信息、谈判地位上的优势来获取利益，林农难免受到他人机会主义的影响而选择了不适合的合作方式，增加了交易费用。因此，在探讨影响农户林业合作经营方式选择的因素时，应从交易费用的“市场因素”和“人的因素”考虑，影响交易费用的因素就是影响林农合作方式选择的因素。根据上述分析，本书认为林业经营的资产专用性、林业经营的交易不确定性、林业经营的交易频率、人的有限理性和机会主义等影响了合作方式选择中的交易费用从而影响合作方式的选择，而上述影响因素又体现在家庭劳动力人数、技术能力、林农的年龄、文化、风险偏好类型、合作伙伴属性等方面。

## 8.3 影响因素假设

目前对农户林业合作经营中合作方式选择的研究鲜见，相关的研究主要是从定性研究和案例研究的角度考察了农户参与林业合作组织的方式[72,73,212]，孔祥智等[55]认为农户林地的规模影响农户对生产要素如资金、技术、管理、资本和劳动力等的需求，从而影响农户参与林业合作组织时的方式选择，小农户更愿意选择劳动力参与形成合作型组织而大农户更愿意形成股份型组织。

而对农业产业化中农户合作方式选择的研究也不多，Goodhue等[74]研究认为葡萄园农场的规模和生产历史等影响农户的选择，小规模和生产历史短的农场倾向于选择口头合约而大规模、生产历史长的农场倾向于选择书面合约。Eaton[42]的研究认为农产品类型影响农户对合同形式的选择。郭锦墉等[75]研究认为农产品合作营销中户主文化程度、风险态度、家庭类型、经营规模、专用设施投入、销售难度、农产品价格波动、距离市场远近、农产品类型、政策支持等多种因素影响农户合同形式的选择。郭红东的研究认为合作伙伴对合作方式存在影响，和企业合作更倾向于书面合约而与其他中介合作时倾向于选择口头合约，另外，农产品类型一定程度上影响合同方式的选择[76]。

上述研究成果尽管与本研究的内容有差异，但还是从不同的角度探讨了农户的合作方式选择问题。根据前面的理论分析可知，影响农户林业经营合作方式选择的因素，可以从影响交易费用的“市场因素”和“人的因素”考虑，即是说，不同资源禀赋农户在不同的外部市场环境下对合作方式的选择将存在差异。结合农户林业合作经营行为的特殊性，假设农户林业合作经营方式选择的影响因素主要有：

**（1）户主自身特征**

主要用户主年龄、户主受教育程度、农户风险态度类型等因素表示。

①户主年龄。户主年龄越大，非农兼业的机会会越少，可能更愿意采用合作型合作方式。而年龄越低，更愿意以股份合作型方式。对于合同型方式可能存在不明确指向。

②户主受教育程度。户主受教育程度越高，对合作中所涉及的复杂问题能自我理解与处理，更倾向于选择股份合作型或者合同型方式。受教育程度越低，更倾向于选择复杂度低的合作型方式。

③农户风险态度类型。风险厌恶型的农户可能选择风险低的合同型合作方式。而偏好风险的农户可能更愿意选择股份型或者合作型方式。

**（2）农户生产特征**

主要用家庭劳动力人数、农户对自有林业经营技术评价、林业经营资金筹集难度、林产品销售难度等变量表示。

①劳动力人数。劳动力人数越少，自有劳动力的不足使得农户更倾向于选择股份合作型方式。若自有劳动力越多，可能更倾向于选择合作型或者合同型方式。

②农户对自有林业经营技术评价。技术不足的农户会倾向于选择股份合作型方式，有技术的农户可能更倾向于选择合作型或者合同型合作方式。

③林业经营资金筹集难度。资金筹集难度越大，越倾向于股份合作型方式，资金筹集难度一般或者难度小的农户可能更倾向于选择合作型或者合同型合作方式。

④林产品销售难度。林产品销售难度越大的农户，更倾向于选择合同型合作方式。难度越小，越倾向于选择合作制型或者股份型合作方式。

**（3）合作伙伴类型**

不同的合作伙伴类型可能对农户合作方式选择产生一定影响。

农户与企业采用合同型合作方式的概率会大些，农户与林业合作组织采用合同型及股份型合作方式的概率可能会大些。

**(4) 林地与林产品特征**

主要用林地经营规模、林地立地条件的评价、林产品类型等变量表示。

①林地经营规模。林地经营规模越大，采用合同型合作方式的概率会大些。林地经营规模小，采用股份型或者合作型合作方式的概率会大些。

②户主对林地立地条件的评价。立地条件越好，农户更倾向于选择合作型或者合同型合作方式。立地条件越差，农户更倾向于选择股份型合作方式。

③林产品类型。由于经营不同的林产品所要投入的资源要素的差异，因而不同林产品类型对农户的合作方式选择将产生不同的影响。

综上所述，农户林业合同经营方式选择的各种可能影响因素及其影响方向用表8-1表示。

**表 8-1 各种因素对合作方式选择的预期影响**

| 影响因素（变量名称） | 预期影响 | | |
|---|---|---|---|
| | 合作制型 | 股份制型 | 合同制型 |
| 户主自身特征： | | | |
| 户主年龄 | + | − | − |
| 户主受教育程度 | − | + | + |
| 户主风险态度类型 | + | + | − |
| 农户生产特征： | | | |
| 劳动力人数 | + | − | + |
| 对自有林业经营技术评价 | + | − | + |
| 林业经营资金筹集难度 | − | + | − |
| 林产品销售难度 | − | − | + |
| 合作伙伴类型： | | | |
| 其他农户或者大户 | ? | ? | ? |
| 林业合作组织 | ? | + | + |
| 企业 | ? | ? | + |
| 林地与林产品特征： | | | |
| 林地经营规模 | − | − | + |

（续）

| 影响因素（变量名称） | 预期影响 | | |
|---|---|---|---|
| | 合作制型 | 股份制型 | 合同制型 |
| 对林地立地条件的评价 | + | − | + |
| 林产品类型： | | | |
| 经济林 | ? | ? | ? |
| 毛竹林 | ? | ? | ? |
| 用材林 | ? | ? | ? |

注：预期影响中符号 + 表示正相关，一表示负相关，? 表示不清楚。

## 8.4 影响因素的描述性统计

### 8.4.1 农户合作方式选择的总体情况

本章研究的目的是探讨农户会选择怎样的合作方式，影响这些选择的因素又有哪些？本着研究的连续性，所选的样本为前一章合作伙伴选择中选择了企业、林业合作组织、其他农户或大户的 463 户数据。合作方式选择情况如表 8-2。

**表 8-2 农户合作方式选择的总体情况**

| | 合作制 | 股份制 | 合同制 | 小计 | 其他 | 总计 |
|---|---|---|---|---|---|---|
| 数量（户） | 92 | 144 | 212 | 448 | 15 | .463 |
| 占463户农户的比重(%) | 19.9 | 31.1 | 45.8 | 96.8 | 3.2 | 100 |

从上面 463 户样本数据可见，合作农户的合作方式选择集中在合同制、股份制、合作制三大类，对其他类选项选择的很少。接下的分析将以 448 户农户作为样本农户数据分析农户合作方式选择及其影响因素。

从农户与合作伙伴的联结方式上，可以看出是林业产业化系统内部的运行机制的问题，包括利益机制、约束机制两大方面。首先，从利益机制角度看，农户与其他林业经营主体合作最根本的是利益的联合，只有在利益达到高度一致性以及利益分配的合理，这种合作才有根本保障。因此，无论利益的创造，还是利益的分配，体现的是合作方式上的区别。如果不能通过适宜的合作方式维持“共担风险、共享利益”的合作经济共同体，则林业产业化经营就无法建立。其次，从约束机制角度看，林业产业化经营约束机制包括市场约束机制、契约约束机制、股份合作约束机制等方面[213]。市场约束机制依赖于合作双方的信誉和之间传统的产销关系，一般以价格随行就市或者高于保护价的市场交易为手段联结双方。契约约束机制更多地以违约处罚来避免合作双方的投机行为，维护各自的利益。股份合作约束机制是双方以股份为纽带，结成“互利互惠、共兴共荣”的合作经济共同体。无论是市场约束、契约约束、股份约束，合作双方都希望之间的合作能顺利下去，避免各种投机行为带来的利益损失。

从合同制、股份制、合作制被选择的比例看，选择合同制作为合作方式的农户最多，这种合作方式是农业产业化经营普遍采用的利益联结方式。但这种方式的比例只有 45.8%，可能的原因在于林业领域与其他农业经营领域具有自身的利益联结特点，也有可能是更多的农户为了利益的保障，也为了能在合作经营中体现“股东”的作用，倾向于选择股份合作制方式来合作，这个比例达到了 31.1%。也说明当前林业合作经营中农户越来越看重林地和林业的利益预期，不愿意放弃林地的经营权。

当然，由于不同合作方式具有自身联结农户利益的特点，不同资源禀赋农户在不同条件约束下，所做出的合作方式选择会不一样，可能呈现出某些规律性的特性。以下通过从户主自身与家庭特征、农户生产特征、合作伙伴类型、林地与林产品特征等方面可能影响农户林业合作方式选择的因素进行单因素的描述性统计分析。

## 8.4.2 农户合作方式选择影响因素的描述性分析

### 8.4.2.1 户主自身特征与农户的合作意愿

户主自身特征主要用户主年龄、户主受教育程度、户主风险态度等因素来反映农户自身特征。

### (1) 户主年龄与农户合作方式选择

从表8-3看，36～45岁组选择股份制和合同制差距不大，均超过40%，只有16.8%的选择合作制，表明这个组农户更不愿意选择合作制。46～55岁组选择三种合作方式的差异较大，合同制的有47.5%，股份制的有31.8%，合作制的只有20.7%。56～65岁组选择股份制和合作制的比例差距不大，有52.9%的选择了合同制。在后面的模型分析中将采用原始数据分析农户年龄对合作方式选择的影响。

**表8-3 户主年龄与农户合作方式选择**

| | | 合作制 | 股份制 | 合同制 | 总计 | (占448户比例,%) |
|---|---|---|---|---|---|---|
| 35岁以下 | 户数 | 3 | 2 | 5 | 10 | (2.2) |
| | 比例(%) | 30 | 20 | 50 | 100 | |
| 36～45岁 | 户数 | 18 | 43 | 46 | 107 | (23.9) |
| | 比例(%) | 16.8 | 40.2 | 43 | 100 | |
| 46～55岁 | 户数 | 37 | 57 | 85 | 179 | (40) |
| | 比例(%) | 20.7 | 31.8 | 47.5 | 100 | |
| 56～65岁 | 户数 | 28 | 36 | 72 | 136 | (30.3) |
| | 比例(%) | 20.6 | 26.5 | 52.9 | 100 | |
| 65岁以上 | 户数 | 6 | 6 | 4 | 16 | (3.6) |
| | 比例(%) | 37.5 | 37.5 | 25 | 100 | |

### (2) 户主受教育程度与农户合作方式选择

**表8-4 户主受教育程度与农户合作方式选择**

| | | 合作制 | 股份制 | 合同制 | 总计 | (占448户比例,%) |
|---|---|---|---|---|---|---|
| 小学及以下 | 户数 | 33 | 62 | 82 | 177 | (39.5) |
| | 比例(%) | 18.6 | 35.0 | 46.3 | 100 | |
| 初中 | 户数 | 49 | 65 | 103 | 217 | (48.4) |
| | 比例(%) | 22.6 | 30.0 | 47.5 | 100 | |
| 高中及以上 | 户数 | 10 | 17 | 27 | 54 | (12.1) |
| | 比例(%) | 18.5 | 31.5 | 50.0 | 100 | |

表 8-4 数据显示，三个受教育程度组的农户在合作方式的选择上具有相同的偏好次序，选择的次序依次为合同制、股份制、合作制。三个组农户在股份制与合同制、股份制与合作制之间的差距不大，但合同制与合作制之间的差距较大。

**(3) 户主风险态度与农户合作方式选择**

表 8-5 数据显示，不同风险态度的农户在选择合作方式时有相同的偏好，选择的次序依次为合同制、股份制、合作制。三个组农户在股份制与合同制、股份制与合作制之间有差距，但合同制与合作制之间的差距更大。在合同制选择上，风险厌恶和风险中性的农户组分别有 41.6％和 45.7％的选择，而风险偏好组农户有 63.1％的选择，表明风险偏好型农户更愿意通过合同制方式来约束自己或合作伙伴的行为，为自己参与林业产业化经营，扩大经营规模或范围提供市场、技术、资金等保障。

**表 8-5　户主风险态度与农户合作方式选择**

| | | 合作制 | 股份制 | 合同制 | 总计 | (占 448 户比例,％) |
|---|---|---|---|---|---|---|
| 风险厌恶 | 户数 | 43 | 61 | 74 | 178 | (39.7) |
| | 比例（％） | 24.2 | 34.3 | 41.6 | 100 | |
| 风险中性 | 户数 | 39 | 62 | 85 | 186 | (41.5) |
| | 比例（％） | 21.0 | 33.3 | 45.7 | 100 | |
| 风险偏好 | 户数 | 10 | 21 | 53 | 84 | (18.8) |
| | 比例（％） | 11.9 | 25.0 | 63.1 | 100 | |

### 8.4.2.2　农户生产特征与农户合作方式选择

农户生产特征主要用劳动力人数、农户对自有林业经营技术评价、林业经营资金筹集难度、林产品销售难度等变量表示。

**(1) 劳动力人数与农户合作方式选择**

**表 8-6　劳动力人数与农户合作方式选择**

| | | 合作制 | 股份制 | 合同制 | 总计 | (占 448 户比例,％) |
|---|---|---|---|---|---|---|
| 2 人及以下 | 户数 | 52 | 90 | 113 | 255 | (56.9) |
| | 比例（％） | 20.4 | 35.3 | 44.3 | 100 | |

（续）

| | | 合作制 | 股份制 | 合同制 | 总计 | （占 448 户比例，%） |
|---|---|---|---|---|---|---|
| 3 人及以上 | 户数 | 40 | 54 | 99 | 193 | （43.1） |
| | 比例（%） | 20.7 | 28.0 | 51.3 | 100 | |

表 8-6 数据显示，在股份制方式上，2 人及以下劳动力人数的农户有 35.3%的选择，高于 3 人及以上劳动力人数农户在股份制上的选择。而在合作制上的选择上几无差异，在合同制上 3 人及以上劳动力人数的农户比例更高。

**（2）农户对自有林业经营技术评价与农户合作方式选择**

表 8-7 数据显示，不同自有林业技术水平评价的农户在对合作方式选择时稍有点差异。评价“很不好”组农户选择股份制进行合作的更多，原因可能在于既然没有林业技术能力，就干脆将林地以入股的方式和其他经营主体合作，减少了林业技术学习时间和学习成本。评价“不好”组和“很好”组在合作制与股份制上基本无差距，但更倾向于选择合同制合作。整体看，也是依次选择合同制、股份制、合作制这样一个次序偏好。

**表 8-7　自有林业经营技术评价与农户合作方式选择**

| | | 合作制 | 股份制 | 合同制 | 总计 | （占 448 户比例，%） |
|---|---|---|---|---|---|---|
| 很不好 | 户数 | 5 | 13 | 6 | 24 | （5.4） |
| | 比例（%） | 20.8 | 54.2 | 25.0 | 100 | |
| 不好 | 户数 | 28 | 30 | 48 | 106 | （23.7） |
| | 比例（%） | 26.4 | 28.3 | 45.3 | 100 | |
| 一般 | 户数 | 31 | 63 | 98 | 192 | （42.9） |
| | 比例（%） | 16.1 | 32.8 | 51.0 | 100 | |
| 较好 | 户数 | 21 | 30 | 44 | 95 | （21.2） |
| | 比例（%） | 22.1 | 31.6 | 46.3 | 100 | |
| 很好 | 户数 | 7 | 8 | 16 | 31 | （6.9） |
| | 比例（%） | 22.6 | 25.8 | 51.6 | 100 | |

### (3) 林业经营资金筹集难度与农户合作方式选择

**表 8-8　林业经营资金筹集难度与农户合作方式选择**

| | | 合作制 | 股份制 | 合同制 | 总计 | (占 448 户比例,%) |
|---|---|---|---|---|---|---|
| 无困难 | 户数 | 6 | 9 | 10 | 25 | (5.6) |
| | 比例（%） | 24.0 | 36.0 | 40.0 | 100 | |
| 困难少 | 户数 | 19 | 26 | 46 | 91 | (20.3) |
| | 比例（%） | 20.9 | 28.6 | 50.5 | 100 | |
| 一般 | 户数 | 24 | 40 | 66 | 130 | (29) |
| | 比例（%） | 18.5 | 30.8 | 50.8 | 100 | |
| 困难较大 | 户数 | 20 | 39 | 48 | 107 | (23.9) |
| | 比例（%） | 18.7 | 36.4 | 44.9 | 100 | |
| 很困难 | 户数 | 23 | 30 | 42 | 95 | (21.2) |
| | 比例（%） | 24.2 | 31.6 | 44.2 | 100 | |

表 8-8 数据显示，在合作制方式选择上，无困难组和很困难组农户选择比例稍大，而一般组和困难较大组农户选择比例更小。在股份制合作方式选择上，选择比例相差不大。在合同制合作方式选择上，困难一般组和困难少组选择的比例均超过50%。

### (4) 林产品销售难度与农户合作方式选择

表 8-9 数据显示，不同林产品销售难度组农户在合作方式选择上存在一定差异。很困难组农户有 40.3%的选择股份制合作方式，有 33.3%的选择合同制，可能的原因在于通过股份制可以完全化解产品的销售问题，不会出现合同制形式下违约的问题。无困难组和困难一般组农户均有超过 50%的农户选择合同制合作方式。在股份制合作方式选择上，这五个组选择的比例次序依次为很困难＞困难小＞困难较大＞无困难＞困难一般，无规律可循。在合作制方式选择上明显出现按照困难依次增加的次序，困难越大，选择合作制合作方式的比例逐渐增加。

表 8-9　林产品销售难度与农户合作方式选择

| | | 合作制 | 股份制 | 合同制 | 总计 | （占 448 户比例，%） |
|---|---|---|---|---|---|---|
| 无困难 | 户数 | 4 | 9 | 19 | 32 | (7.1) |
| | 比例（%） | 12.5 | 28.1 | 59.4 | 100 | |
| 困难小 | 户数 | 8 | 22 | 28 | 58 | (12.9) |
| | 比例（%） | 13.8 | 37.9 | 48.3 | 100 | |
| 一般 | 户数 | 30 | 35 | 80 | 145 | (32.4) |
| | 比例（%） | 20.7 | 24.1 | 55.2 | 100 | |
| 困难较大 | 户数 | 31 | 49 | 61 | 141 | (31.5) |
| | 比例（%） | 22.0 | 34.8 | 43.3 | 100 | |
| 很困难 | 户数 | 19 | 29 | 24 | 72 | (21.2) |
| | 比例（%） | 26.4 | 40.3 | 33.3 | 100 | |

#### 8.4.2.3　合作伙伴类型特征与农户合作伙伴选择

表 8-10 数据显示，不同合作伙伴类型组农户在合作方式选择上存在一定差异。与企业合作的农户组有 63.4%的选择合同制合作方式，有 28.2%的选择股份制，可能的原因在于企业更愿意通过合同方式与农户合作，也有部分通过股份合作的方式合作，而采用合作制型合作方式的很少，通过利润返还或二次结算关系的不多。与其他农户或大户合作的农户组在合作方式选择上差距不大，表明农户与其他个体之间也会采取多种方式合作，如用材林经营农户可能会选择以劳动力方式合作管护林地，也会以股份的方式与林业合作组织或者大户合作，表现了合作的灵活性，前提是结合自身特点和林地特征。在合作制合作方式选择上，三类农户的比例有显著差异，而在股份制合作方式选择上，三类农户的比例差异不大。

表 8-10　合作伙伴类型与农户合作方式选择

| | | 合作制 | 股份制 | 合同制 | 总计 | （占 448 户比例，%） |
|---|---|---|---|---|---|---|
| 企业 | 户数 | 12 | 40 | 90 | 142 | (31.7) |
| | 比例（%） | 8.5 | 28.2 | 63.4 | 100 | |
| 林业合作组织 | 户数 | 24 | 41 | 55 | 120 | (26.8) |
| | 比例（%） | 20.0 | 34.2 | 45.8 | 100 | |

（续）

| | | 合作制 | 股份制 | 合同制 | 总计 | （占448户比例，%） |
|---|---|---|---|---|---|---|
| 其他农户或大户 | 户数 | 56 | 63 | 67 | 186 | （41.5） |
| | 比例（%） | 30.1 | 33.9 | 36.0 | 100 | |

#### 8.4.2.4　林地与林产品特征与农户合作方式选择

林地与林产品特征，主要用林地经营规模、户主对林地立地条件的评价、林产品类型等变量表示。

**（1）林地经营规模与农户合作方式选择**

**表 8-11　林地经营规模与农户合作方式选择**

| | | 合作制 | 股份制 | 合同制 | 总计 | （占448户比例，%） |
|---|---|---|---|---|---|---|
| 规模小 | 户数 | 50 | 63 | 47 | 160 | （35.7） |
| | 比例（%） | 31.3 | 39.4 | 29.4 | 100 | |
| 规模一般 | 户数 | 33 | 66 | 113 | 212 | （47.3） |
| | 比例（%） | 15.6 | 31.1 | 53.3 | 100 | |
| 规模大 | 户数 | 9 | 15 | 52 | 76 | （17） |
| | 比例（%） | 11.8 | 19.7 | 68.4 | 100 | |

表8-11数据显示，不同林地经营规模组农户对合作方式选择上存在一定差异。规模小的农户组优先选择了股份制合作方式，有39.4%，在合同制与合作制合作方式上的选择差异不大。规模一般的农户组优先选择了合同制合作方式，有53.3%，选择合作制的比例最少，只有15.6%。规模大的农户组有68.4%的优先选择了合同制合作方式，在合作制和股份制的选择上差异不大。可能的原因是合作双方的双向选择。规模越大，产量越多，越希望通过稳定的合同来保证产品的销售，而合作伙伴也希望通过这样的合作方式来稳定原材料。规模减小，农户就倾向于选择股份制合作方式，通过股份制来增加合作伙伴的经营规模。不同林地经营规模农户对合作方式选择有自己的偏好。

### （2）林地立地条件评价与农户合作方式选择

**表 8-12　林地立地条件评价与农户合作方式选择**

| | | 合作制 | 股份制 | 合同制 | 总计 | （占 448 户比例，%） |
|---|---|---|---|---|---|---|
| 很不好 | 户数 | 9 | 16 | 26 | 51 | （11.4） |
| | 比例（%） | 17.6 | 31.4 | 51.0 | 100 | |
| 不好 | 户数 | 16 | 30 | 21 | 67 | （15） |
| | 比例（%） | 23.9 | 44.8 | 31.3 | 100 | |
| 一般 | 户数 | 34 | 55 | 85 | 174 | （38.8） |
| | 比例（%） | 19.5 | 31.6 | 48.9 | 100 | |
| 较好 | 户数 | 24 | 25 | 51 | 100 | （22.3） |
| | 比例（%） | 24.0 | 25.0 | 51.0 | 100 | |
| 很好 | 户数 | 9 | 18 | 29 | 56 | （12.5） |
| | 比例（%） | 16.1 | 32.1 | 51.8 | 100 | |

表 8-12 数据显示，不同林地立地条件评价组农户对合作方式选择上存在一定差异。评价“很不好”的农户组优先选择了合同制合作方式，有 51%，其次选择了股份制合作方式，理论上应该是林地条件差农户更意愿通过股份制方式合作，而合作是双向选择的，若你的林地立地条件差，合作伙伴就会选择立地条件更好的农户合作而不选择你。从对股份制合作方式的选择看，正好说明了双向选择这一点。可能基于信息不对称因素，评价“不好”组农户更倾向于选择了股份制合作方式，达到 44.8%，而认为立地条件尚可以的农户，会选择自己经营以获得更多收益，表现为立地条件评价“一般”组、“较好”组、“很好”组农户选择股份合作方式要低于“不好”组；另外，对合同制方式的选择，除“很不好”组外，其他四个评价组的农户选择比例就呈现了递增的趋势，不好＜一般＜较好＜很好。在合作制方式选择上，不同评价农户组的选择没有出现规律可循。不同林地立地条件评价农户对合作方式选择有自己的偏好。

### (3) 林产品类型与农户合作方式选择

表 8-13　林产品类型与农户合作方式选择

| | | 合作制 | 股份制 | 合同制 | 总计 | (占 448 户比例,%) |
|---|---|---|---|---|---|---|
| 经济林 | 户数 | 58 | 45 | 48 | 151 | (33.7) |
| | 比例(%) | 38.4 | 29.8 | 31.8 | 100 | |
| 毛竹林 | 户数 | 12 | 30 | 77 | 119 | (26.6) |
| | 比例(%) | 10.1 | 25.2 | 64.7 | 100 | |
| 用材林 | 户数 | 22 | 69 | 87 | 178 | (39.7) |
| | 比例(%) | 12.3 | 38.8 | 48.9 | 100 | |

表 8-13 数据显示，不同林产品组农户对合作方式选择上存在一定差异。经济林经营农户组优先选择了合作制合作方式，可能在于合作伙伴会通过二次分配的方式进行利益分配，另外，在三种合作方式的选择上差距不大。毛竹林农户更倾向于选择合同制合作方式，其次是股份制合作方式。而用材林农户更愿意选择合同制，但与股份制的合作方式选择差距不大，选择合作制方式的比较少。不同林产品类型农户对合作方式选择有自己的偏好。

## 8.5　影响因素的计量分析

上一节通过对单因素描述分析，初步了解了农户林业合作方式选择状况，以及中间存在的差异。林业经营中，多种因素的共同影响导致农户合作方式的选择出现不同规律，需要将多种因素结合在一起考察。因此，本节将通过计量模型来分析和寻找可能的显著性影响因素，以及各因素对农户林业合作方式选择的影响方向和影响程度。

### 8.5.1　计量模型的选择

本节所要分析的因变量是“农户林业合作方式选择”，实质上是一个定性的三分类选择问题：选择合作制型合作方式的记为 $Y=$

1，选择股份型合作方式的记为 $Y=2$，选择合同制合作方式的记为 $Y=3$。本节选择多项 Logistic 模型进行计量分析。模型构建的理论解释同第 7 章，详见章节 3.3.3。

根据上面的分析，农户林业合作经营方式选择受多种因素的影响，因而此处选取如下自变量：①户主自身特征，主要是指户主年龄、户主受教育程度、户主风险态度等来反映。②农户生产特征，主要是指劳动力人数、农户对自有林业经营技术评价、林业经营资金筹集难度、林产品销售难度。③合作伙伴类型特征，用选择的合作伙伴类型来反映。④林地与林产品特征，主要是指林地经营规模、林地立地条件的评价、林产品类型。

因此，农户林业合作经营方式选择模型可以表达为：

$$W_I = f\text{（农户自身特征、生产特征、合作伙伴类型、林地与林产品特征）} + \varepsilon_i \quad \text{式（8.1）}$$

$W_i$ 表示第 $i$ 个农户的林业合作方式选择情况，$\varepsilon_i$ 是误差项。

模型中各变量的选取、定义及统计数据如表 8-14。

**表 8-14　模型的变量说明**

| 变量名称 | 变量定义 | 均值 |
|---|---|---|
| 被解释变量： | | |
| 农户合作方式选择 | 1＝合作制型；2＝股份制型；3＝合同制型 | 2.27 |
| 解释变量： | | |
| 户主自身特征 | | |
| 户主年龄 | 实际年龄 | 49 |
| 户主受教育程度 | 1＝小学及以下；2＝初中；3＝高中及以上 | 1.73 |
| 户主风险态度 | 1＝风险厌恶；2＝风险中性；3＝风险偏好 | 1.79 |
| 农户生产特征 | | |
| 劳动力人数 | 1＝3 人及以上；0＝2 人及以下 | 0.43 |
| 对自有林业经营技术评价 | 使用5级李克特量表法：很不好、不好、一般、较好、很好，相应赋值1、2、3、4、5 | 3 |
| 林业经营资金筹集难度 | 使用 5 级李克特量表法：无困难、困难小、一般、困难较大、很困难，相应赋值 1、2、3、4、5 | 3.35 |

（续）

| 变量名称 | 变量定义 | 均值 |
|---|---|---|
| 林产品销售难度 | 使用 5 级李克特量表法：无困难、困难小、一般、困难较大、很困难，相应赋值 1、2、3、4、5 | 3.36 |
| 合作伙伴类型特征 | 1＝企业；2＝林业合作组织；3＝其他农户或大户 | 2.1 |
| 林地与林产品特征 | | |
| 林地经营规模 | 1＝规模小；2＝规模一般；3＝规模大 | 1.81 |
| 对林地立地条件的评价 | 使用5级李克特量表法:很不好、不好、一般、较好、很好,相应赋值1、2、3、4、5 | 3.1 |
| 林产品类型 | 1＝用材林；2＝毛竹林；3＝经济林 | 2.05 |

### 8.5.2 模型估计结果及分析

本节应用 SPSS19.0 中文版统计软件对农户数据进行了多项 Logistic 回归处理。首先在线性回归分析模块中进行共线性诊断，所有变量之间的共线性诊断因子 *VIF* 均明显小于 10，全部进入明显。在处理过程中，选择多项 Logistic 回归分析，将上述各个自变量全部引入回归方程。利用最大似然估计的参数结果，见表 8-15。

**表 8-15 多项 Logistic 模型回归结果**

（对照组＝合同制型合作方式）

| 自变量 | 合作制型 | | | 股份制型 | | |
|---|---|---|---|---|---|---|
| | 系数 *B* | Wald | 发生比 exp（*B*） | 系数 *B* | Wald | 发生比 exp（*B*） |
| 常数项 | −2.916 | 4.449*** | | −2.230 | 3.937*** | |
| 户主年龄 | 0.027 | 2.632 | 1.028 | 0.012 | 0.686 | 1.012 |
| 户主受教育程度（以“高中及以上”为参照） | | | | | | |
| 小学及以下 | −0.402 | 0.650 | 0.669 | −0.094 | 0.054 | 0.910 |
| 初中 | −0.044 | 0.008 | 0.957 | −0.280 | 0.494 | 0.755 |
| 户主风险态度（以“风险偏好”为参照） | | | | | | |
| 风险厌恶 | 0.576 | 1.575 | 1.780 | 0.262 | 0.539 | 1.299 |
| 风险中性 | 0.566 | 1.536 | 1.761 | 0.077 | 0.049 | 1.080 |
| 劳动力人数（以“3 人及以上”为参照）* | | | | | | |

（续）

| 自变量 | 合作制型 | | | 股份制型 | | |
|---|---|---|---|---|---|---|
| | 系数 *B* | Wald | 发生比 exp（*B*） | 系数 *B* | Wald | 发生比 exp（*B*） |
| 2 人及以下 | −0.001 | 0.000 | 0.999 | 0.418 | 2.760* | 1.519 |
| 对自有林业技术的评价（以“很好”为参照） | | | | | | |
| 很不好 | −0.019 | 0.000 | 0.981 | 1.073 | 2.157 | 2.923 |
| 不好 | −0.350 | 0.329 | 0.705 | −0.075 | 0.019 | 0.928 |
| 一般 | −0.352 | 0.361 | 0.704 | 0.200 | 0.152 | 1.222 |
| 较好 | 0.060 | 0.010 | 1.062 | 0.270 | 0.248 | 1.310 |
| 林业经营资金筹集难度（以“很困难”为参照） | | | | | | |
| 无困难 | −0.260 | 0.156 | 0.771 | −0.145 | 0.060 | 0.865 |
| 困难小 | 0.112 | 0.063 | 1.119 | −0.173 | 0.196 | 0.841 |
| 一般 | −0.425 | 1.079 | 0.654 | −0.165 | 0.219 | 0.848 |
| 困难较大 | −0.278 | 0.412 | 0.757 | 0.055 | 0.023 | 1.057 |
| 林产品销售难度（以“很困难”为参照）* | | | | | | |
| 无困难 | −1.166 | 2.606 | 0.312 | −0.831 | 2.190 | 0.436 |
| 困难小 | −0.750 | 1.696 | 0.472 | −0.185 | 0.170 | 0.831 |
| 一般 | −0.461 | 1.106 | 0.630 | −0.924 | 5.816** | 0.397 |
| 困难较大 | −0.373 | 0.725 | 0.689 | −0.442 | 1.379 | 0.643 |
| 合作伙伴选择类型（以“其他农户或大户”为参照）** | | | | | | |
| 企业 | −0.998 | 4.551** | 0.369 | −0.644 | 3.321* | 0.525 |
| 林业合作组织 | −0.733 | 4.150** | 0.481 | −0.543 | 2.898* | 0.581 |
| 林地经营规模（以“规模大”为参照）*** | | | | | | |
| 规模小 | 1.319 | 6.782*** | 3.738 | 1.609 | 14.738*** | 4.999 |
| 规模一般 | −0.185 | 0.142 | 0.831 | 0.676 | 3.139* | 1.966 |
| 对林地立地条件的评价（以“很好”为参照）* | | | | | | |
| 很不好 | −0.060 | 0.009 | 0.942 | 0.198 | 0.164 | 1.219 |
| 不好 | 0.707 | 1.520 | 2.029 | 1.066 | 5.318* | 2.904 |
| 一般 | 0.466 | 0.898 | 1.593 | 0.406 | 1.110 | 1.501 |
| 较好 | 0.258 | 0.242 | 1.294 | −0.086 | 0.040 | 0.918 |
| 林产品类型（以“经济林”为参照）*** | | | | | | |
| 用材林 | 1.919 | 24.546*** | 6.816 | 0.788 | 5.660** | 2.199 |
| 毛竹林 | 0.728 | 2.508 | 2.070 | 1.369 | 17.284*** | 3.931 |
| 模型整体检验结果 | | | | | | |
| -2Logliklihood | | | 782.656 | | | |
| Likelihood Radio Tests Chi-square | | | 152.731*** | | | |

注：“*”、“**”、“***”分别表示在10%、5%、1%的水平上统计显著。

从模型的估计结果看，模型中大部分主要变量显著，回归模型的-2Logliklihood 为 782.656，Likelihood Radio Tests Chi-square 在 1%显著水平上通过检验，说明模型拟合得很好，整体检验显著。根据表 8-15 的模型回归结果，现对农户合作方式选择的主要影响因素分析如下：

**(1) 总体情况**

表 8-15 的多项 Logistic 模型回归结果显示，“劳动力人数”、“林产品销售难度”、“合作伙伴选择类型”、“林地经营规模”、“对林地立地条件的评价”、“林产品类型”6 个因素均对农户的合作方式选择呈现不同显著性水平程度的影响，而户主年龄、受教育程度、户主风险态度、对自有林业技术的评价、林业经营资金筹集难度等对农户合作方式选择在 10%显著性水平上没有通过显著性检验。可见，总体来说，户主自身特征、生产特征、选择的合作伙伴类型、林产品与林地特征等会影响农户对合作方式的选择。至于以上 6 个显著因素具体的影响方向和程度，将进行逐个分析和讨论。

**(2)“劳动力人数”对农户合作方式选择的影响**

农户生产特征的两个变量“对自有林业技术评价”、“林业经营资金筹集程度”对农户合作方式选择没有显著性影响，但“劳动力人数”和“林产品销售难度”均对农户合作方式选择有较显著性影响。

“劳动力人数”对农户合作方式选择有较显著性影响。从表 8-15 的回归结果看，在其他条件相同情况下，与选择“合同制型”（对照组）相对比，“2 人及以下”组农户更趋向于选择“股份制型”合作方式（在 10%显著性水平上通过检验，且系数符号为正)。“劳动力人数”变量对农户合作方式选择“合同制型”（对照组）和“合作制型”之间没有显著性影响。查看参数 exp（$B$）可知，与选择“合同制型”相比较，“2 人及以下”组农户选择“股份制型”合作方式的发生比是“3 人及以上”组（对照组）农户的 1.519 倍。可能的原因在于家庭劳动力人数越少，参与林业经营的人手不足，又希望自己的林地有一定的收益，因此，更倾向于选择股份制型方式将林地入股交由合作伙伴经营，到期分得股份收益。

**(3)“林产品销售难度”对农户合作方式选择的影响**

“林产品销售难度”对农户合作方式选择有较显著性影响。①从表8-15的回归结果看，在其他条件相同情况下，与选择“合同制型”（对照组）相对比，林产品销售难度“一般”组农户比“很困难”组农户更不趋向于选择“股份制型”合作（在5%水平上显著，系数符号为负）。查看参数exp（$B$）可知，“一般”组农户选择“股份制型”作为合作方式的发生比是“很困难”组农户的39.7%。可能的原因在于这些农户组认为股份制型在他们销售困难上所起的作用不大，更倾向于选择其他的合作方式。

②从回归结果看，与选择“合同制型”（对照组）相对比，林产品销售难度中“无困难”、“困难小”、“困难较大”组的农户，由于未能通过检验，在更愿意或更不愿意选择哪类合作方式的结论不能确定。

**(4)“合作伙伴选择类型”对农户合作方式选择的影响**

“合作伙伴选择类型”对农户合作方式选择有显著的影响。①从表8-15的回归结果看，在其他条件相同情况下，与选择“合同制型”（对照组）相对比，合作伙伴是“企业”、“林业合作组织”组的农户比合作伙伴是“其他农户或大户”组的农户更不趋向于选择“合作制型”合作方式（均在5%水平上显著，系数符号为负）。查看参数exp（$B$）可知，合作伙伴“企业”组和“林业合作组织”组农户选择“合作制型”作为合作方式的发生比分别是“其他农户或大户”组农户的36.9%和48.1%。

②从表8-15的回归结果看，在其他条件相同情况下，与选择“合同制型”（对照组）相对比，合作伙伴是“企业”、“林业合作组织”组的农户比合作伙伴是“其他农户或大户”组的农户更不趋向于选择“股份制型”合作方式（均在10%水平上显著，系数符号为负）。查看参数exp（$B$）可知，合作伙伴“企业”组和“林业合作组织”组农户选择“股份制型”作为合作方式的发生比分别是“其他农户或大户”组农户的52.5%和58.1%。

造成上述结果的原因可能在于一方面这种方式能约束合作双方的投机行为，稳定合作关系，维护合作双方的利益；另一方面，当前农业产业化中合同制型合作方式为最基本和初级的合作方式，更容易为合作各方所接受。

**（5）“林地经营规模”对农户合作方式选择的影响**

林地与林产品特征的三个变量“林地经营规模”、“对林地立地条件的评价”和“林产品类型”均对农户合作方式选择有显著性影响。

“林地经营规模”对农户合作方式选择有显著性影响。①从表8-15的回归结果看，在其他条件相同情况下，与选择“合同制型”（对照组）相对比，林地经营规模是“规模小”组的农户比“规模大”组农户更愿意选择“合作制型”合作方式（在1%水平上显著，系数符号为正）。查看参数 exp（$B$）可知，“规模小”组农户选择“合作制型”合作方式的发生比是“规模大”组农户的3.738倍。可能的原因在于规模小农户更希望通过农户之间的劳动力的合作来降低林业经营的劳动强度，获得其他经营的时间机会。

②从表8-15的回归结果看，在其他条件相同情况下，与选择“合同制型”（对照组）相对比，林地经营规模是“规模小”、“规模一般”组的农户比“规模大”组农户更愿意选择“股份制型”合作方式（分别在1%和10%水平上显著，系数符号为正）。查看参数 exp（$B$）可知，“规模小”组、“规模一般”组农户选择“股份制型”合作方式的发生比分别是“规模大”组农户的近5倍和2倍。可能的原因在于规模偏小的农户在与合作伙伴合作中，双方更愿意通过股份合作的方式来获得林地规模的扩张，增加合作经营达到的规模效应。而规模大的农户则更愿意通过更为大多数农业产业化组织所采用的合同制型方式合作，稳定合作关系，为以后长期的合作奠定基础。

**（6）“林地立地条件的评价”对农户合作方式选择的影响**

“林地立地条件的评价”对农户合作方式选择有较显著性影响。①从表8-15的回归结果看，在其他条件相同情况下，与选择“合同制型”（对照组）相对比，林地立地条件的评价中“不好”组农户比“很好”组的农户更趋向于选择“股份制型”合作（在10%水平显著，系数符号为正）。查看参数exp（$B$）可知，“不好”组农户选择“股份制型”作为合作方式的发生比是“很好”组农户的2.904倍。可能的原因在于这些农户组认为股份制型能够把他们这些立地条件不好的林地统一管理，自己就减少了这些林地的投入成本。而“很不好”组农户没有显著差异，可能的原因在于选择是双向的，立地条件太差，林产品的生长周期就会增加，所要投入的各种资源要素也可能增加，对最后的林业收益会产生一些负面影响，因而合作伙伴会不愿选择立地条件太差地的农户进行股份合作。

②从回归结果看，与选择“合同制型”（对照组）相对比，林地立地条件的评价中“很不好”、“一般”、“较好”变量，由于未能通过检验，在更愿意或更不愿意选择哪类合作方式的结论不能确定。

**（7）“林产品类型”对农户合作方式选择的影响**

“林产品类型”对农户合作方式选择有显著性影响。①从表8-15的回归结果看，在其他条件相同情况下，与选择“合同制型”（对照组）相对比，林产品类型是“用材林”组的农户比“经济林”组农户更愿意选择“合作制型”合作方式（在1%水平上显著，系数符号为正）。查看参数exp（$B$）可知，“用材林”组农户选择“合作制型”合作方式的发生比是“经济林”组农户的6.816倍。可能的原因在于用材林农户更希望通过农户之间联合，共同管护林地，降低劳动力的支付，减少经营成本。

②从回归结果看，在其他条件相同情况下，与选择“合同制型”（对照组）相对比，林产品是“用材林”、“毛竹林”组的农户比“经济林”农户更愿意选择“股份制型”合作方式（分别在5%和1%水平上显著，系数符号均为正）。查看参数exp（$B$）可知，“用材林”组、“毛竹林”组农户选择“股份制型”合作方式的发生比分别是“经济林”组农户的2.199倍和3.931倍。而这个结果和单因素分析的结果有点相矛盾，可能原因在于受其他因素的共同作用而产生了计量估计中用材林和毛竹林对股份型合作方式的选择显

著正向影响的结果。

**（8）不显著因素的简要分析**

在所涉及的11个因素中，有5个是对农户合作方式选择具有不同显著性和不同影响程度与影响方向的。另外，有户主自身特征的三个变量（户主年龄、受教育水平、户主风险态度）、生产特征的两个变量（对自有林业经营技术评价、林业经营资金筹集难度）5个变量对农户合作方式选择没有显著性影响。表明无论农户的年龄如何，文化程度如何、风险态度如何，对不同的合作方式选择中没有差异。对自有林业经营技术评价、林业经营资金筹集难度两变量不显著表明当前这些合作方式在技术提供、资金筹集上对农户的帮助差异不大，可能的原因是不同合作方式在技术和资金上对林农的帮扶作用没有发挥自己的特色。

## 8.6　小结

本章通过交易费用经济学理论，结合现有文献，对农户合作方式选择的影响因素进行假设，以江西农户的入户调查数据为依托，以单因素描述分析为基础，利用多项Logistic计量回归模型，分析了户主自身特征、生产特征、合作伙伴类型、林地与林产品特征等因素对农户林业合作方式选择的影响。计量模型实证结果表明，"劳动力人数"、"林产品销售难度"、"合作伙伴选择类型"、"林地经营规模"、"对林地立地条件的评价"、"林产品类型"6个因素均对农户的合作方式选择呈现不同显著性水平程度的影响。农户林业合作方式选择的户主年龄、受教育程度、风险态度、林业经营资金筹集难度等因素影响不显著。

因此，各级政府在引导农户林业合作方式的选择时，以农户实际情况为依据，尊重农民意愿，因地制宜地的引导农户选择适宜的合作方式。各个合作伙伴也应该利用不同的合作方式所拥有的优点，可以以不同的利益联结方式与林农合作，参与到林业合作经营的竞争与合作，来支持林农的林业经营，真正解决林农所急，实现林农所得。

# 9 结论与研究展望

## 9.1 研究结论

集体林权制度改革进入到了配套措施的改革与推进上，在当前政府大力扶持与鼓励下，集体林区的林业建设发生了翻天覆地的变化，拥有林地经营权、转让权、林木所有权的农户与众多的新型林业经营主体合作，积极参与到林业建设中。农户林业合作经营成为林业发展中的关注点，广大林农在林业合作经营上做了许多有益的探索，但是，合作中也存在不少问题。

本研究主要通过江西省农户的入户调查数据为依托，对农户林业合作经营行为及其影响因素进行了实证研究，研究结论如下：

**(1) 农户林业合作经营的动因**

农户林业合作经营的动因主要来源于两大方面：一是来自于农户对林业效益的追求和林业资源要素的需求的内在驱动因素，二是来自于外部力量的发展所带来的合作的外在推动因素。第五章通过理论与实证分析农户在合作的内在动因上存在的差异，农户愿意参与林业合作经营的动因主要是出于经济利益的改进，也有出于对非经济收益的追求，依据农户对合作的内在动因选择的强度，样本农户动因的优先序为：为了保障产品销售，稳定产品价格＞获得科技信息＞减少经营成本＞提高管理效率＞筹集经营资金＞节约时间以从事其他经营。另外，不同规模种植农户和不同林产品种植农户的合作动因也存在差异。

农户林业合作经营的外在推动力量主要是来自于国家和社会对生态建设与林业产业发展的双重要求，来自于政府政策扶持与林业产业化组织良好发展的推动，使得更多的新型林业经营主体参与到林业建设，积极寻求与农户的合作，为农户合作提供了合作的可能。

在延伸讨论中，简要分析了农户不愿意合作的原因，合作预期的效益不明显、合作利益的分配问题和合作过程中的风险问题是一些农户不愿意合作的重要考虑因素。

**(2) 农户林业合作经营的意愿及其影响因素**

关于被调查农户在林业合作经营意愿的总体情况，第6章统计分析表明，农户愿意合作的比例较高，有近3/4的农户选择愿意与其他主体合作，说明提升林业产业化经营，农户参与林业合作经营有一定的农户意愿基础。

第6章以博弈分析为基础，理论假设了户主自身与家庭特征、生产特征、政策与环境特征、林地与林产品特征等因素对农户林业合作经营意愿的影响。通过以江西农户的821户入户调查数据为依托，利用二项Logistic计量回归模型验证假设。计量模型实证结果表明，户主受教育程度、林业经营资金筹集难度、林产品销售难度、户主对林业经营风险评价、户主对林业政策稳定性的评价、当地是否有鼓励林业合作经营的政策、同村村民参与林业合作经营比例、林地经营规模、毛竹林和经济林林产品类型等变量在1%水平上呈现很显著正向影响；林业收入在家庭收入的重要程度变量在5%水平上呈现显著正向影响。受教育程度越高，农户合作意愿越强；林业收入在家庭收入中的重要程度越高，农户合作意愿越强；林业经营资金筹集难度越大，农户合作意愿越强；林产品销售难度越大，农户合作意愿越强；认为林业经营风险越高，农户合作意愿越强；认为林业政策稳定，农户合作意愿越强；有鼓励林业合作经营政策，农户的合作意愿越强；村民参与合作的比例越高，农户的合作意愿越强；林地经营规模越大，农户的合作意愿越强；毛竹林、经济林经营农户比用材林经营农户合作意愿高。

农户林业合作经营意愿与户主年龄、农户对自有林业经营技术评价等因素分别在10%和5%水平上呈显著负相关关系。年龄越大，合作意愿越低；对自有林业技术评价越低，合作意愿越高。农户林业合作经营意愿与家庭劳动力人数、林地地块数、对林地立地条件的评价等因素关系不显著。

在延伸讨论中，简要分析了户主有合作意愿而没有采取合作行动的原因，关键原因，是当前林业合作的产业化组织发展滞后制约了农户林业合作行动的产生，没有合适的合作伙伴。农户所种植的林产品生长还没有到需要合作的时期，如技术需求、销售需求等，也是影响农户没有采取合作行动的重要因素。

**(3) 农户林业合作经营的合作伙伴选择及其影响因素**

关于被调查农户在林业合作伙伴选择的总体情况，从统计被调查的数据来看，合作伙伴选择上的优先序为其他农户或者大户＞企业＞各类林业合作组织＞村集体组织。林业合作组织还有待提升自身的能力来吸引农户参与合作。

第 7 章通过合作伙伴选择的演化博弈理论、自我分类理论、企业合作伙伴选择理论的理论分析，以江西农户的 463 户入户调查数据为依托，利用多项 Logistic 计量回归模型，分析了农户自身特征、需求的核心能力特征、收益与信任特征、林地与林产品特征等因素对农户林业合作伙伴选择的影响。计量模型实证结果表明，户主受教育程度、林业收入在家庭收入中的重要程度、当地发育程度领先的伙伴评价、林地经营规模、林产品类型等因素对农户林业合作伙伴选择有不同显著性水平上的显著或较显著影响。

与选择“其他农户或大户”做参照：文化程度为“初中”的农户，比文化程度为“高中及以上”（对照组）农户更不趋向于选择“企业”；林业收入在家庭收入中的重要程度“不重要”、“一般”组的农户，比“很重要”组（对照组）农户更趋向于选择“林业合作组织”合作；当地发育程度领先的合作伙伴的评价是“企业”、“林业合作组织”组的农户，比评价是“其他农户或大户”组（对照组）农户更趋向于选择“企业”合作；林地经营规模是“规模小”、“规模一般”组的农户，比是“规模大”组（对照组）农户更不趋向于选择“企业”合作；林地经营规模是“规模小”组的农户，比是“规模大”组（对照组）农户更不趋向于选择“林业合作组织”合作；林产品类型是“用材林”组的农户，比是“经济林”组（对照组）农户更不趋向于选择“企业”合作，而“毛竹林”组的农户，比是“经济林”组（对照组）农户更趋向于选择“企业”、“林业合作组织”合作。

农户林业合作伙伴选择与户主年龄、户主风险态度、对林地立地条件的评价、林业经营资金筹集难度、林产品销售难度等因素关系不显著。需求的核心能力特征的三个变量（对自有林业经营技术评价、林业经营资金筹集难度、林产品销售难度）对农户合作伙伴选择没有显著性影响，即表明从技术提供、资金筹集、产品销售等需求的核心能力特征三个变量上看，农户对不同的合作伙伴选择中没有显著差异，各类林业经营组织或个人在对农户的帮助上没有体现应该有的区别。

另外，农户在合作伙伴选择中除了关注于林业领域经济的收益外，还关注于通过合作获得时间来获得非林收益，以及来自于非经济利益的效用如心理的收益。

**(4) 农户林业合作经营的合作方式选择及其影响因素**

关于被调查农户在林业合作方式选择的总体情况，从统计被调查的数据来看，合作方式上选择的优先序为合同制型＞股份制型＞合作制型，合同制型这种合作方式是农业产业化经营普遍采用的利益联结方式。

第 8 章通过交易费用经济学理论分析了林业合作经营方式选择在户主自身特征、生产特征、合作伙伴类型、林地与林产品特征等方面的影响因素，然后以江西农户的 448 户入户调查数据为依托，利用多项 Logistic 计量回归模型进行了实证检验。计量模型实证结果表明，有劳动力人数、林产品销售难度、对林地立地条件的评价、合作伙伴类型、林地经营规模、林产品类型等因素对农户林业合作方式选择有不同显著性水平上的显著或较显著影响。不同资源禀赋农户所采取的林业合作方式会存在差异，以农户实际情况为依据，尊重农民意愿，因地制宜地的引导农户选择适宜的合作方式。

与选择“合同制型”做参照：“2 人及以下”组农户比“3 人及以上”组更趋向于选择“股份制型”合作方式；林产品销售难度“一般”组农户比“很困难”组农户更不趋向于选择“股份制型”

合作；合作伙伴是“企业”、“林业合作组织”组的农户，比是“其他农户或大户”组（对照组）农户更不趋向于选择“合作制型”合作方式和“股份制型”合作方式；林地经营“规模小”组的农户，比是“规模大”组（对照组）农户更趋向于选择“合作制型”合作方式；林地经营“规模小”、“规模一般”组的农户，均比是“规模大”组（对照组）农户更趋向于选择“股份制型”合作方式；林地立地条件“不好”组农户比“很好”组农户更趋向于选择“股份制型”合作；“用材林”组的农户，比是“经济林”组（对照组）农户更趋向于选择“合作制型”合作方式；“用材林”、“毛竹林”组的农户，均比是“经济林”组（对照组）农户更趋向于选择“股份制型”合作方式。农户林业合作方式选择与户主年龄、受教育程度、风险态度、林业经营资金筹集难度等因素关系不显著。

## 9.2 政策建议

林业经营中，农户是否合作以及如何合作受农户自身因素和外部条件的共同影响，有其内在的规律性。农户的自身与家庭特征、林地资源与各要素资源禀赋、林业政策等多种因素不同程度和不同方向影响了农户合作行为的决策。依此，提出以下几点政策建议：

### 9.2.1 农户林业合作经营模式应符合地方实情

研究结果表明，林业收入的比重（重要性）、当地的林业经营主体发育状况、林地规模、林产品类型等影响农户在林业合作经营中对合作伙伴与合作方式的选择。因此，在中央鼓励林农参与林业合作经营的指导政策下，各级政府在引导农户林业合作经营时应符合地方实情，探索具有地方特色的林业合作经营模式。

我国集体林区辽阔，树种种植多样，林地细碎化过程所造成的林地规模差异较大。而各地的经济发展水平也有差异，林业企业和林业合作组织的发展存在差距，在林业产业化进程中联结农户的程度不一。所以，各地应结合树种类型、林业产业化组织的发展状况、农户意愿等，以及本地林业发展的目标，在相关扶持林业合作经营的政策上考虑区域的差异性，扶持政策要体现区域特性，符合地方实情，要有可操作性和一定的弹性。

### 9.2.2 创新林业经营的合作模式

农户林业合作经营模式的创新将依据当地经济发展状况和政府扶持态度而决定发展方向。新制度经济学派大师道格拉斯·诺思认为，制度变迁是经济增长的根本原因，有效率的经济组织是经济增长的决定性因素[214]。符合条件的地区要敢于创新机制，鼓励林农发展家庭合作林场和股份林场，大力推广“龙头企业＋林业合作组织＋基地＋林农”合作模式。

2013年的中央1号文件首次明确提出鼓励和支持“家庭农场”，“鼓励和支持承包土地向专业大户、家庭农场、农民合作社流转，发展多种形式的适度规模经营”，“创造良好的政策和法律环境，采取奖励补助等多种办法，扶持联户经营、专业大户、家庭农场”①。在扶持政策的东风下，各地方对于符合条件的林农鼓励林农以联户、合作、合资等形式大力发展家庭合作林场和股份林场，优先给予发展资金的支持，提高林业经营的规模化、集约化水平。

对于其他合作模式来说，“龙头企业＋林业合作组织＋基地＋农户”的合作模式是风险机制、分配机制、激励机制等更相对完善的组织模式，甚至被称为标准化的经营模式②。大力推行“龙头企业＋林业合作组织＋基地＋农户”的产业化组织模式，重点扶持一批林业龙头企业和林业合作组织，建立和完善龙头企业与林业合作组织、农户的利益联结机制，发挥龙头企业的带动作用和林业合作组织的纽带作用，扩大林农合作参与度，真正让林农再组织、合作起来，形成林业发展的规模经济效益。

---

① 摘自2013年中央1号文件。

② 刘士合、段伯汉陪同原国家林业局副局长李育材在牡丹区调研. http://sd.people.com.cn/GB/176078/176109/15705169.html.

### 9.2.3 稳定林业政策，林业合作中充分尊重农户意愿

研究结果表明，农户林业合作经营意愿与林业政策的稳定显著正相关。各级政府在引导农户林业经营及鼓励农户林业合作经营时要充分考虑政策的时效性、稳定性和连续性，充分尊重农户意愿，因地制宜引导农户进行林业合作经营。

虽然集体林权制度改革的产权明晰给予了农户充分的自主经营决策权，一定程度上有利于加速农户的合作经营，实现林业生产的规模经营，但现实中还是有一些因素阻碍和制约农户林业经营的合作。如受新中国成立以来我国在农村合作经济发展上“一大二公”的思维和决策的后续影响，林农对合作有畏惧心理；受农村社会保障制度不完善的影响，部分林农对林地会存在养老依赖的心态，不愿意让渡林地的经营权，无法实施林地的合作经营；而由于林业经营周期性长，林业的经济效益相对较低，林农对山林依赖程度低，林业投入不高，林业发展意识缺乏而导致无合作意识；当前林业市场特别是林木产品的旺需使得林农在短时间内还无法直接感受到小生产与大市场的矛盾，林业市场竞争并没有像其他农业经营竞争强，缺乏合作参与竞争的意识；另外，林农考虑到在合作中会存在成本大收益小，或者合作风险大，或者存在利益分配的矛盾，林农对合作的有效性存在质疑，在是否合作上存在矛盾心态[194]。

**（1）稳定林业政策**

上述存在的问题要求各级政府和有关部门在指导林农合作经营上首先要稳定林业政策，只有政策的稳定与延续，才能营造合作环境，提供林业合作经营的制度保障。以新制度经济学的视角，农户与其他经营主体实施林业合作经营行为，是利益诱导下的制度创新。政府应该在政策制定与宣传、资金扶持、法律服务等多方面营造良好的合作环境，为制度创新提供保障。

**（2）充分尊重农户的意愿**

在尊重农户意愿基础上实施合作经营，要保护林农林业生产的积极性，保障其在与其他林业经营主体合作后林地或林产

品的收益。政府所采取的推动合作经营的手段不能以行政命令来实施，不能因政绩工程而损害农户的利益，而应以相关法律与合作政策为基础，依靠合作的试点与扶持，依靠率先合作农户的榜样作用，依靠经济利益的引导与刺激来指导林农实施林业合作经营。

**(3) 因地制宜实施合作经营**

由于各地社会经济发展水平不同，市场发育程度不一，各种合作主体的市场发育程度存在差异，不同林产品及其不同生长阶段也有不同特点，因而林业合作经营应是一个渐进的过程。各地政府在引导农民林业合作经营时，从实际出发，考虑当地林地资源、市场发育程度等因素，充分利用好和发挥好各种资源优势，在尊重农户的意愿选择的同时，也要尊重其他合作主体的意愿选择，特别是在合作伙伴和合作方式选择上要能顾及农民利益和其他主体的利益，因地制宜实施合作经营。

### 9.2.4 提高农户林业技术与市场经营两大能力

研究结果表明，尽管户主受教育程度对农户合作方式选择没有显著影响，但对合作伙伴选择特别是对农户的合作经营意愿有显著性正向影响。本课题组的数据表明，受教育程度越高的农户对林业合作经营必要性的认识也更好。而从制度创新的视角，有学者也认为知识能给予制度变迁积极影响，社会科学知识效应可以使制度变迁的供给曲线右移，使制度创新成本降低[215]。因此，各级政府应提高农户对林业合作经营必要性与重要性的认识，加大农村人力资本投资，提高林农科技文化素质，特别是林农的技术与市场两大能力，培育新型林农。

**(1) 加强农村基础教育，落实教育公平**

文化基础教育是提高农民学习现代农业技术和管理能力的基础，各级政府要切实均衡城乡基础教育资源，促进农村地区教育发展，提高农村教学质量，巩固农村九年义务教育成果，逐步推进农村学前教育。

**（2）提高林农的科学技术能力和经营管理水平，实现林业的增产增收**

没有农户科技素质的提高，就没有农村经济和林业的发展。农民教育是我国农业和农村经济发展的重要基础，也成为我国职业教育的重要组成部分[①]。因此，在农户现有知识结构层次和技能基础上着力提高农户的林业技术素质，是当前我国林业发展的必然要求，是农户林业增收的保障。提高农户应用林业新科技的能力，需加快林业科技成果的转化应用，各级高校、科研单位、林业专业合作社、龙头企业等要面向农村、农民积极推广新品种新技术，送林业科技下乡，促进科学技术进村入户。重点培养一批林业科技人员，建立林业科技示范户进行培训，以点带面，全面提高林农科学技术和经营管理水平。多渠道、多层次、多形式开展农户林业科学技术教育培训，对于提高农户的林业合作经营意愿也有积极的作用。

**（3）提高林农市场经营能力，增强市场竞争意识**

目前，尚有许多林农缺乏对市场的了解，市场竞争意识淡薄。缺乏市场竞争意识，不主动寻找市场信息，将使农户形成自我封闭、小规模生产经营的理念和模式，无法形成规模经营，不利于实现林业的合作经营，自然也就使得林农缺乏市场竞争力。新型农民是指有文化、懂技术、会经营的农民，是会“跑市场”的农民。因此，新型林农的培育中还应注重用现代经营形式来培训林农，提高林农的市场经营能力，培养市场竞争意识和互助合作精神；要引导林农根据林产品市场特点和自身优势条件，认真研究市场。林产品市场的扩展是林农寻求林业合作经营的动力，林农应根据市场需求，打破地域界限，在政府的推进和扶持下，形成合作经营的意识、能力，实施规模化和产业化经营，以市场带动林业产业的合作发展，增强林农市场竞争力。

① 培育新农民　服务新农村．江西职业教育信息网，2006-04-28.

### 9.2.5 加大力度培育大户、林业合作组织、企业三大新型林业经营主体

研究结果表明，不同资源禀赋农户在不同环境约束下对合作伙伴的选择会有内在规律性，为满足不同农户的需求，应积极培育好林业大户、林农专业合作组织、林业产业化龙头企业三大新型林业经营主体。国家林业局 2013 年 1 月发布的《国家林业局关于开展森林经营样板基地建设的指导意见》也明确指出“鼓励发展大户经营、林农专业合作组织、林业产业化龙头企业等新型经营主体”①，根据集体林权制度改革的新形势，创新林业经营管理机制，大力培育新型林业经营主体。

**（1）鼓励发展大户经营**

林业种植大户作为林业发展建设的一支重要生力军，即可推进林业特色产业的发展，又能帮助其他有志发展林业特色产业的农户共同致富。各级政府和相关部门首先应全面掌握本地林业种植大户的生产经营基本情况，了解大户的困难与需求，研究制定各项鼓励措施扶持大户。其次，鼓励和引导农户推动林地流转，使林业资源适度有序向林业大户流转。第三，支持林业大户的基础设施建设、新技术引进和金融服务，解决林业大户林业生产的困难。

**（2）做强林业合作组织，注重发展质量**

目前江西省林业专业合作组织尚处在发展的初期，存在成员参与不足、管理体制不全、经营绩效不显著等问题，组织的运行和管理以能人为主导，发展模式不明确，运行经费不足，这些都成为林业合作组织持续发展的约束因素。但现有扶持政策对林业合作组织的发展还是有明显的积极作用，无论是其组建、挂牌、运行，还是减免税费、资金投入、技术扶持，政策诱导作用贯穿其中，而林业

① 国家林业局关于开展森林经营样板基地建设的指导意见. http://www.forestrysci.gov.cn/portal/main/s/72/content-580697.html.

合作组织的进一步发展有待扶持政策力度的加强[216]。

因此，各级政府应高度重视培育和做强林业专业合作组织，培育林农民主参与意识，提高林农专业技术水平和市场竞争能力，提高合作组织和成员的效益，增强规避风险能力。首先，在总体定位上，林业合作组织应坚持为林农提供林业综合服务，提高农户收入，维护农户利益，以形式多样的方式（即组建多种形式的林业合作组织）在广大林农自愿的基础上促进和规范林农的合作，加强合作组织的经济实力和扩大其社会影响，以更好地吸引农户参加，寻求组织自身的发展[217]。其次，着力打造政策法规体系，加强林业专业合作组织的制度诱导，在融资渠道扶持、林业保险、技术支持、组织保障、管理能力等方面优先安排和培训具有特色的项目，探索试点示范建设，支持创建品牌，全面提升林业合作组织的发展质量。如将林农专业合作社纳入整个农民专业合作社的政策扶持范围，享受国家的各种扶持政策。

**(3) 扶持更多林业龙头企业**

积极扶持林业龙头企业的发展，促其上规模上档次，能更好地发挥林业龙头企业引领林业产业发展的带动和辐射作用。首先，各级政府和林业部门要加大对林业龙头企业的扶持力度，在扶持资金、税收等方面给予优惠政策，为企业发展营造一个良好的政策诱导环境。其次，鼓励高校、科研单位和技术推广部门以各种形式与林业龙头企业合作，构建利益共同体，参与林业龙头企业建设。第三，完善企业与林农的利益联结机制，使广大林农参与与龙头企业的合作，带动林农增收致富。第四，帮助企业加强自身建设，全面提升管理水平，注重产品质量，增强企业营销能力与市场竞争力。第五，鼓励企业科技创新，推进企业标准化体系建设，大力实施品牌建设。第六，对获得扶持的企业实行动态监管，提高有限扶持资源的使用效果。

### 9.2.6 构建林农增收长效机制

研究结果表明，农户的林业收入占家庭收入的比重越高，农户的合作意愿越强。因此，须建立林农增收的长效机制，大力发展林业经济，提高农户林业收入水平，激发农户林业经营及参与合作的积极性。

建立林农增收的长效机制，首先是积极稳步推进林权配套改革，搭建林权交易平台，鼓励和规范林业资源的有序流转，健全林业科技服务体系，大力开展林权抵押贷款工作，推动林业保险工作，不断建立健全促进林业发展。

其次是大力发展林下经济，在巩固林业基础产业的同时，鼓励发展林业二、三产业，优化产业结构，使从事林业经营的农户收入提高。随着集体林改的不断深入推进，如何解决林业发展周期长、投入收益慢、风险高的特点，成为林改中必须突破的瓶颈。积极探索林地增收潜力，全面发展林下经济，为广大林农指明了一条“以短养长、长短结合”的循环发展模式①，提高了林业综合效益，增加了林业附加值。“发展林业经济，既能促进农民增收，又能巩固集体林权制度改革”（温家宝）。发展林下经济可以保护森林资源、是促进农民就业增收致富的成功实践，是满足社会需要拉动经济发展的重要途径[218]。因而，首先，各地要因地制宜科学规划好林下经济发展方案，在林下种植、林下养殖、林下产品加工、森林旅游等方面有所侧重，选择符合地方特色的发展途径。其次，强化政策扶持，加大金融支持和科技扶持力度。第三，推进示范基地建设，通过典型示范，辐射带动广大农民积极发展林下经济。

### 9.2.7 构建林产品价格调控机制

研究结果表明，林产品的销售难度越大，林农合作经营的意愿越高。林产品的销售难度主要体现在产量大幅提高，无经销商收

① 大力发展林下经济 打造林农增收新亮点. 国家林业局政府网，http://www.forestry.gov.cn/portal/main/s/72/content-577703.html.

购，产品价格波动大，导致某些林产品出现价格暴跌，林农大受损失①。而价格波动又使得农户产生“逆向”反应行为[219]，为弥补本年度的损失而加大下一年度的投资，增大了林农的市场风险。但是，出现这样的情况不利于合作，尽管农户有强烈的合作意愿，过高的市场风险会迫使其他合作主体的退出。据笔者 2013 年 1 月对林农的走访调查发现，随着前些年大量的资本投入林业，林业产品的供给陆续的增加，现已出现某些产品价格下滑的迹象，放长时间维度之后，未来林产品价格将出现不稳定的因素。我国农产品调控的基本准则就是要稳定农产品价格②，产品价格的相对稳定，不仅关系到农业生产和农户增收，关乎农户经营的积极性，也关系到市场的供应稳定，关乎到消费市场的稳定。因此，政府应该加强对林产品价格风险宏观调控，制定符合实际、均衡市场供求的价格调控政策。

增强地方政府对产品价格风险进行调控的能力，是调控价格风险的重要保证。加强地方政府对林产品市场的宏观调控，对于弥补和消除林产品市场价格形成的机制缺陷至关重要。政府的宏观调控并非要政府参与林产品垄断经营，而是有效地抑制和消除林产品市场垄断，充分提供有利于林产品市场发展的公共物品，及时提供林产品市场的信息服务。要强化政府的价格信息引导功能，为公众发布各类林产品种植规模、产品市场供求价格、市场变化发展趋势等具有前瞻性的市场信息，使产品供需保持相对平衡，切实保护农户利益和林业生产安全。首先，要发挥政府主导作用，加强信息共享制度，建立统一的林产品信息发布体系。其次，加强相关部门的联动，有效采集林业信息，探索各种信息发布形式，多渠道推动林业公共信息发布。

① 烟台苹果价格暴跌　果农半数苹果未卖出. http://money.163.com/12/1107/02/8FM52JJN00253B0H.html? from=index.

② 费建. 我国缺乏有效农产品价格调控机制. http://money.163.com/10/0623/06/69RGCBSD00252G50.html.

### 9.2.8 构建和完善合作利益保障与部门间协作两个合作保障机制

**(1) 合作利益保障机制**

研究结果表明，农户与伙伴合作的利益分配和收益会不利于农户的合作意愿，因此，须建立林农和合作伙伴的合作利益保障机制，使得双方在合作中都能获得合理的利益，维持长期的合作关系，有利于合作林业的长久发展。

在农业产业化进程中，农户一般处于不利地位，特别是与龙头企业合作中明显处于劣势，农户利益极易受到侵害。而为了提高农户的林业合作经营的积极性，需要保障林农利益，必须建立相应的合作利益保障机制。首先，要提高农户的组织化程度，提高农户的谈判地位，如在林业经营领域中推广“企业＋合作组织＋农户”利益联结机制，这种利益联结方式是总结各地推动农业产业化发展的一个重要经验①。林业龙头企业通过林业合作组织联结农户，为农户提供生产资料、技术服务，而合作组织可以采取最低收购价、利润返还等方式帮助农户把产品销售给企业。其次，在农户、合作方、政府相关部门三方协同下规范相关合同，如价格条款、合同期限、支付方式、履约奖励和违约惩罚条款等，充分发挥合同应有的激励与约束作用，维持合作的稳定，减少合作的纠纷。第三，加强信用建设。合作双方信誉的存在可以降低合作和交易的不确定性，使合作双方建立信心，从而降低交易成本[220]。无论是企业、林业合作组织还是大户，在合作中会处于优势地位，应对农户进行“信誉投资”，形成“品牌”，使农户在合作前就能够了解对方，可以逐渐形成对合作伙伴的一个稳定而可靠、且有约束力的预期[221]。第四，增加林业专项投资，发展某些林产品的期货期权业务，建立风险基金机制等来保障农户的利益，激发农户林业合作交易的积极性[222]。

① 农业部. 推广“企业＋合作社＋农户”利益联结机制. 中国新闻网，http://finance.chinanews.com/cj/2012/03-26/3772154.shtml.

**(2) 部门之间协作机制**

林权主体改革和配套改革是一个涉及多方利益的、需要多部门协调的系统工程，必须处理好各利益相关者之间的利益关系，如农户、保险公司、金融机构、政府、科研机构等之间关系。而林业惠农政策的效果关键在于政策的落实，若执行力度不够，各相关部门之间缺乏协调，即便是再好的政策也无法为农户带来益处。如扶持林下经济发展的部门协调机制，各级林业部门、金融机构、财税部门等各自发挥指导、协调和服务职能作用，密切配合，形成合力，为林下经济发展提供优质服务。如林业信息共享平台的建立就需要相关部门的联动采集和发布，新型林农的培育需要技术部门、科研机构、林业部门的协作。若某个环节不配合，出现协作不力，就会有碍于各项政策的执行。因此，林权配套改革推进中就需要从中央到地方、县乡政府，林业、金融、财税、高校、科研机构等各相关部门间和利益相关者之间建立高效运行的协作机制。

### 9.2.9 强化林业服务平台的建设

**(1) 改善林农投融资服务平台**

2008 年在省财政的支持下，江西省设立了江西省赣林担保有限公司，积极与各商业银行合作，为林业企业和林农开展林业经营贷款担保业务，初步搭建了林业企业和林农的融资平台。到 2010 年底，赣林担保有限公司共为 133 家林业企业和林农提供了贷款担保业务，共担保贷款金额 3.85 亿元，深受林业企业和林农的欢迎[①②]，但这与广大林业企业和林农的需求相去甚远。目前开展的林权抵押贷款中存在的主要问题有林业生产周期长而贷款期限短、林权抵押贷款总量仍太小满足不了林业生产的需求、贷款手续繁

---

① 江西搭建林业企业融资平台. http：//www.jiangxi.gov.cn/dtxx/tjdt/201104/t20110402_299657.htm.

② 江西赣林担保公司搭建融资平台为林业产业服务. 中国林业网，http：//www.forestry.gov.cn/portal/lyjj/s/2427/content-460632.html.

琐、融资成本较高、林权抵押贷款业务不普及[223]。中国人民银行宜丰县支行课题组对宜丰县林业部门和农信社合作实践的调查发现，林地细碎化与监管保护力量不足使得林权抵押贷款的道德风险增加，金融机构心存顾虑，包括贷款利率过高、以林农直贷为主的信贷模式单一、贷款期限过短、贷款金额过小在内的信贷产品设计滞后使得林权抵押贷款业务信贷满足率不足5%，影响了林农快速发展林业的积极性。另外，林权抵押贷款所涉及的信用社、林业机构、村委会、评估登记机构、法院等部门协作机制缺位，林权抵押贷款财政贴息政策难落实等，也制约了林权抵押贷款的发展①。

第一，改善林农融资服务平台，需要做大做优林权抵押贷款：①提高林农的组织化程度，组建各类林业合作组织，林农信用联保小组，降低金融机构与林农双方的风险与成本。②积极鼓励更多金融机构开展林权抵押贷款。③金融机构要创新信贷服务品种，增加贷款额度，降低贷款利率，简化贷款手续。④金融机构要提升信贷服务水平，对不同额度、差别利率的贷款可以实行差别管理。⑤大力发展林业企业、林业合作社等融资信用平台，形成“林业合作社＋林农＋信贷机构”、“林业龙头企业＋林农＋信贷机构”的订单林业林权抵押贷款新模式，吸引信贷机构通过企业或合作组织放贷给农户，帮助林农筹集林业经营资金。⑥构建部门协作机制，加强各部门的信息沟通与合作协调。⑦落实林权抵押贷款贴息资金，提高林权抵押贷款对林农的吸引力。

第二，转变林农林业融资思路，鼓励林农与企业、社会团体、私有资本等联合，采取合资、合作、股份合作等方式获得外部资金发展林业。

第三，加强政府主导，积极引入与国际社会合作的林业碳汇交易融资机制，鼓励和引导林农参与碳汇项目，为林农在传统融资渠道之外探索和创新融资模式。

① 关于江西宜丰林权抵押贷款的情况调查. http://finance.stockstar.com/JL2009051900000950.shtml.

(2) 做强林业科技服务平台

集体林权制度改革赋予了农户林地经营决策权，引发了农民对林业经营长期收益的合理预期，开始关注林业科学技术的需求，寄希望于通过获得林业科技来提升林业经营效益。江西省在传统林业科技服务基础上，创新科技服务方式，在2010年初推出林业科技特派员创业行动，围绕林业产业发展和林农的科技需求，开展林业科技服务，指导林农科学管理林地，帮助林农解决林业生产中的科技瓶颈，提高林业经营效益①。

在林业科技服务上，需要进一步做强服务平台。第一，继续推动林业科技特派员创业服务行动，以点带面做好林农、林业大户和林业企业的林业科技培训，同时做好林业科技特派员的选拔与绩效考核，提高林业科技员素质，健全林业科技特派员创业保障与利益激励机制。第二，鼓励林业科技特派员与林业企业、林业合作组织、林业大户和林农等通过技术入股、技术承包、有偿服务等方式结成利益共同体，鼓励和扶持林业科技特派员成立林业专业合作组织，以提高科技特派员的积极性及提高林业科技入户效率。第三，科研机构和大专院校等的林业技术研究应及时掌握林农和其他林业经营者的需求，技术成果应充分发挥市场作用，让实用性成果为广大林农所接受和受益。第四，强化科技信息服务，充分利用各种传媒和方式，实时有效的开展林业科技的宣传、咨询与培训，促进林农增产增收。第五，积极扩展林业技术传播渠道，鼓励林农与大户、企业、林业合作组织等结成利益共同体，重点将林业企业、林业合作组织和林业大户等培养成林业科技人才队伍，形成林业科技向广大林农辐射的效用。

(3) 继续做好林业保险服务平台

为提高林业企业和林农的抗风险能力，在推进集体林权制度配套改革中，江西省自2009年开始正式开展了政策性林业保险试点，

① 江西五年选派500名林业科技特派员下乡服务林农. http://www.jxcn.cn/525/2010-4-23/30048@683724.htm.

在兼顾林业企业及林农的缴费能力、保险公司的风险承受能力、财政补贴能力的基础上，对公益林实行100%的保费补贴，对商品林实行60%的保费补贴，从而建立健全了江西省的林业风险保障机制。到2012年，森林火灾险、病虫害险等林业保险为林业提供了647亿元的风险保障，已成为全省政策性保险产品中覆盖面最高的。林业保险参保面积、参保率以及综合险面积均居全国前列，林业参保面积已达到873万公顷，其中公益林的统保面积340万公顷，商品林承保的面积533万公顷，达到全省有林地面积的95.1%①②。

在上述江西省林业保险工作成就基础上，要继续做好林业保险服务平台，为广大林农提升抵御风险能力，调动农户林业生产经营的积极性。第一，继续做好林业保险宣传工作，提升林农的参保意识。第二，做好新增的有林地林业保险，继续落实政策性林业保险工作。第三，提高林农的组织化程度，降低保险机构与林农双方的保险工作成本。第四，全面提升保险机构的服务水平，“受理、勘验、理赔”的三个基本环节做到“承保到户、定损到户、理赔到户”，维护参保林农的利益，通过提升服务水平增强林业保险对林农的吸引力。

**(4) 提升服务能力，保障林农利益，做出品牌性的林权交易服务平台**

为规范林权交易，促进林业发展，江西省在2009年11月正式挂牌成立南方林业产权交易所，其主要业务范围从最初的林业产权交易扩展到林权抵押贷款、森林资源资产评估、森林保险、林业电子商务、林业法律法规和政策咨询等的中介服务，林权交易市场逐步做大。在2012年南方林业产权交易所进一步加强林权交易监督

① 江西森林保险面积覆盖率超90%列全国首位. 新华网江西频道，http://www.jx.xinhuanet.com/reporter/2011-11/29/content_24227253.htm.

② 江西省大力提高森林保险水平. http://www.hzins.com/study/detal-49951.html.

管理、制度规范、信息披露、交易竞价和资金结算“五统一”的体系建设，使市场有序开拓，已初步形成区域性影响，成为辐射南方周边省市乃至全国的区域性林权交易市场①。林权交易的目的是促进林业健康有序发展，江西省林权交易服务工作要继续提升服务能力，做出品牌性的林权交易服务平台。

但是在林权交易中有些林业企业、林业大户利用信息不对称、林农谈判能力弱等因素损害林农利益。从保障广大林农利益的视角，需要关注以下几点：首先，大力发展林业专业合作组织，使广大林农在自己的经营组织内部通过适宜的方式流转林地，提高林农林地经营的规模效益，保障林农的效益。其次，继续做好林权抵押贷款、林业资产评估、林业保险、林业法律法规和政策咨询等中介服务，为广大林农开展公开、公平、公正的林权交易创造“一站式”的服务条件。

**(5) 继续做好林业公共服务平台**

江西省在推进集体林改配套改革中，在上述提到的林权交易平台、林业投融资平台、林业保险平台外，还构建了林业公共服务平台②。维护广大林农利益，减轻林农负担，还需要我们继续做好林业公共服务平台，转变林业部门管理职能，提高林业管理部门的工作效率。首先，继续大力精简林业行政审批事项，推动林业公共服务平台的信息化建设，把林木采伐指标、木材运输证办理、育林基金征收等林业行政审批事项全部纳入网上办证系统。其次，是继续推行林木采伐管理改革，逐步推行林农自主采伐③。

---

① 南方林业产权交易所简介. http://www.jx.xinhuanet.com/news/ztzl/2011-03/22/content_22344281.htm.

② 美妙动人的绿色乐章. http://jiangxi.jxnews.com.cn/system/2011/09/02/011762407.shtml.

③ 贾治邦. 改革林木采伐制度　逐步推行农户自主采伐. http://www.china.com.cn/news/txt/2008-09/28/content_16550736.htm.

## 9.3 研究展望

农户林业合作经营的决策过程是个复杂的过程，农户林业合作经营行为所涉及的合作伙伴多种，涉及的合作方式多样，涉及的合作层次不同。因此，农户的林业合作经营行为内容丰富，有待研究的问题很多。本课题研究了农户林业合作经营决策行为及其影响因素，以后的研究中需要进一步深入的内容主要有以下几点：

**(1) 农户林业合作经营的绩效问题**

本课题的研究没有对农户林业合作经营的绩效进行考察，对动因进行了分析，但至于这种动因，或者说这些因素对农户林业合作经营的绩效的贡献上也没有深入。在绩效问题上，比如说，林地规模在达到什么层次时得到了规模边际效益最高，不同林产品的规模边际效益值存在怎样的差别。这有利于在政策层面上鼓励规模化但又要限制过大规模，以寻求最佳的经营规模效益。

**(2) 农户与农户之间的林业合作组织的问题**

农户加入林业合作组织行为受什么因素影响，当前我国林业合作组织绩效如何以及受哪些因素的影响，农户对政府各项扶持政策的满意度如何，农户对政府扶持林业合作组织的政策优先序选择如何？

**(3) 农户与企业间的合作问题**

企业在过去主要以“企业＋基地”的方式与地方通过租地造林、股份合作造林、订单造林、委托造林等模式进行林业合作经营，目前也面临着如何吸引农户参与、降低交易成本等问题。企业更愿意与什么方式和农户合作，不同种类林产品在商品契约与要素契约上如何选择，林业生产要素社会化供给如资金、技术等对农户与企业合作产生的影响。

## 9.4 本研究的创新与不足

### 9.4.1 创新之处

**(1) 研究视角的创新**

通过新的角度选题，即从农户行为（微观）的视角，把分散的农户纳入一个具有内在联系的统一框架下（林业合作经营行为），研究农户在林业合作经营行为的决策过程，揭示农户林业合作经营行为的内在机理，为研究林业的发展问题提供了新的视角。

**(2) 研究内容的创新**

以往对农户林业合作经营的研究多是农户参与或加入林业合作组织的研究，对农户纵向合作的研究不多，如农户是否愿意进行纵向协作，选择和什么合作伙伴合作，选择怎样的合作方式合作。本研究对这些问题的探讨，也可以说是在农户林业合作的研究领域上有所突破。

### 9.4.2 不足之处

(1) 在研究样本上，首先，样本选择江西一个省份，可能导致本研究中的个别结论无法适宜全国情况，主要原因是调查的样本地区选择。其次，对农户的研究，样本越多，获得的结论会更具有普遍性，而本研究受研究费用所限，样本数量还偏少，有待以后扩大样本数量进一步深入研究。

(2) 在影响因素的变量选取上，本研究根据理论分析挑选一些主要影响农户林业合作经营行为选择的因素进行二项 Logistic 模型和多项 Logistic 模型的实证分析，尽量减少潜在的遗漏变量问题，但可能还是会有一些潜在变量无法进入模型。如针对地区变量，来自江西省 11 个地级市的样本数量很不均衡，且市区数量多，不利于引入模型。因此，其他的潜在变量没有引入模型，实证结果可能会有些局限性。

# 参 考 文 献


[1] 宋圭武 . 2003. 农户行为研究若干问题述评 [J] . 农业技术经济 (4): 59-64.

[2] 柯水发 . 2007. 农户参与退耕还林行为理论与实证研究 [D] . 北京: 北京林业大学: 1.

[3]《中国集体林产权制度改革主要政策问题研究》课题组 . 2010. 世界私有林政策与法规回顾及林地联合经营问题研究综述 [J] . 林业经济 (9): 9-22.

[4] Danid W. Bromley. 1995. Property Rights as Authority Systems: the Role of Rules in Resource Management. Emerging Issues in Forest Policy [M] . UBC Press: 201-230.

[5] M. Nijnik, A. Nijnik , L. Bizikova. 2009. Analyzing the Development of Small-Scale Forestry in Central and Eastern Europe [J] . Small-scale Forestry, 8: 159-174.

[6] IUCN 2004. Communicating Biodiversity Conservation for Forest Owners in CEE. IUCN Programme Office for Central Europe, Warsaw [EB/OL] . http: //www. iucn-ce. org/documents/forest/ as Accessed on 15 August 2008.

[7] M. G. Rickenbach, D. B. Kittredge, D. Dennis, T. Stevens. 1998. Ecosystem Management: Capturing the Concept for Woodland owners [J] . Journal of Forestry, 96 (4): 18-24.

[8] W. B. Leak, M. Yamasaki, D. B. Kittredge, N. I. Lamson, M. L. Smith. 1997. Applied Ecosystem Management on non-industrial Forestland [R] . USDA Forest Service, Northeast Forest Experiment Station, General Technical Report NE-239, 30.

[9] A. Koistinen. 1998. Developing Forestry Cooperation at the Village Level in Fin Land [R] . Tyotehoseuran Julkaisuja, 365: 86.

[10] D. B. Kittredge. 2003. Private Forest Owners in Sweden: Large-scale Cooperation in Action [J] . Journal of Forestry, 101 (2): 41-46.

［11］ R. Beck，J. Spiegelhoff. 1997. Forest Owner Associations in Bavaria and Extension ［D］. Faculty of Forest Science，University of Munich，Freising，Germany.

［12］ D. B. Kittredge. 2005. The Cooperation of Private Forest Owners on Scales Largerthan one Individual Property：International Examples and Potential Application in the United States ［J］. Forest Policy and Economics（7）：671-688.

［13］ Frank，S. D.，etc. 1992. Transaction Costs as Determinants of Vertical Coordination in the U. S. Food Industries，American ［J］. Journal of Agricultural Economics，Vol. 74No. 11，941-950.

［14］ Hobbs，Till E. 1999. Increasing Vertical Linkages in Agrifood Supply Chain：A Conceptual Model and some Preliminary Evidence ［R］. Research Discussion Paper No. 35，University of Saskatchewan，August.

［15］ 何坪华，杨名远. 1999. 农户经营市场交易成本构成与现状的实证分析［J］. 中国农村经济（6）：40-44.

［16］ 丁力. 1999. 农业家庭经营与产业化经营［J］. 郑州大学学报（哲社科版），32（1）：62-67.

［17］ 王登举，李维长，郭广荣. 2006. 我国林业合作组织发展现状与对策［J］. 林业经济（5）：65-68.

［18］ 程云行. 2004. 南方集体林区林地产权制度研究［M］. 北京：中国林业出版社.

［19］ 孔祥智，陈丹梅. 2008. 统和分的辩证法［M］. 北京：中国人民大学出版社.

［20］ Moore，H. L. 1994. Ensuring Contract Product Producers' Interests are Protected ［J］. Am-Coop. Washington D. C. National Council of farmer Cooperatives（9）：28-32.

［21］ Doy，D. G. et al. 1992. Broiler Production：Consideration For Potential Growers，OSU，Extension Facts，CEC ［J］. Division of Agricultural Science and Natural Resources，No：22.

［22］ Barkema，A. 1993. Reaching Consumers in the Twenty-first Century：the Short Way around the Barn ［J］. American Journal of Agricultural Economics，Vol. 75：1126-1131.

［23］ Boehlje，M.，and Schrader，L. F. 1998. The Industrialization of

Agriculture: Questions of Coordination [M]. In the Industrialization of Agriculture, eds. J. S. Royer and R. C. Rogers. Great Britain: The Ipawich Book Company.

[24] A. O. Finley. 2002. Assessing Private Forest Landowners' Attitudes Towards, and Ideas for, Cross-boundary Cooperation in Western Massachusetts [D]. Thesis, University of Massachusetts, Amherst: 28.

[25] 黄和亮，王文烂，吴秀娟，等. 2008. 影响农户参与林业合作经济组织因素分析——以福建省为例 [J]. 林业经济 (9): 55-58.

[26] 李华，李风绮，陈飞平，等. 2010. 江西省农户参与林业合作组织的意愿及其影响因素分析 [J]. 林业经济问题，30 (5): 381-384.

[27] 王桂涛，胡申，康凯丽，温亚利. 2011. 影响农户参与林业合作经济组织的因素分析——基于北京市农户的实证 [J]. 林业经济问题，31 (2): 110-113.

[28] 黄森慰，张春霞. 2009. 私有林合作经营意愿影响因素分析 [J]. 林业经济 (6): 51-53.

[29] 孙翠，翟印礼. 2011. 林农参与林业专业合作社行为的影响因素分析——以临沂市为例 [J]. 林业经济问题，31 (2): 114-117.

[30] 贺梅英，庄丽娟. 2012. 农户对专业合作组织需求意愿的影响因素——基于广东荔枝主产区的调查 [J]. 华南农业大学学报（社会科学版），11 (1): 22-27.

[31] 左停，覃松华，杨瑞玲. 2011. 影响林农参加林业合作组织的意愿因子分析 [J]. 经济论坛 (4): 87-90.

[32] 戴芳，王爱民. 2010. 河北省林农合作意愿实证分析 [J]. 南京农业大学学报（人文版）(6): 88-93.

[33] 浙江省林农合作组织研究报告 [EB/OL]. 联合国粮农组织网站，http: //www. fao. org/docrep/013/am031c/am031c00. pdf.

[34] 曾燕舞，郭红东. 2004. 蔬菜行业农民合作经济组织——蔬菜产业化的一缕曙光 [J]. 蔬菜 (1): 1-3.

[35] Key, Nigel, McBride, William. 2003. Production Contracts and Productivity in the U. S. Hog Section [J]. American Journal of Agricultural Economics, Vol. 81No. 1: 121-133.

[36] L Gadzikwa, M C Lyne. 2005. Determinants of Participation in Certified

Organic Groups by Smallholder Farmers in Kwazulu—Natal Province, South Africa [R]. Working Paper.

[37] 张广胜，周娟，周密. 2007. 农民对专业合作社需求的影响因素分析——基于沈阳市200个村的调查 [J]. 农业经济问题 (11)：68-73.

[38] 卢向虎，吕新业，秦富. 2008. 农户参加农民专业合作组织意愿的实证分析 [J]. 农业经济问题 (1)：26-31.

[39] 姜太碧，朱文. 2009. 农户加入农民专业合作组织意愿的Logit模型分析 [J]. 西南民族大学学报 (3)：140-143.

[40] 卞琦娟，朱红根. 2011. 农村土地股份合作社发展模式、动因及区域差异分析 [J]. 江西农业大学学报（社会科学版）(9)：7-12，18.

[41] Rehber，Erkan. 1998. Vertical Integration in Agricultural and Contract Farmer Working Paper Series [R]. Food Marketing Policy Center, University of Connecticut. Report No. 32.

[42] Eaton，Charles，Shepherd，W. Andrew 2001. Contract Farmer Partnerships for Growth [R]. FAO Agricultural Services Bulletin (145).

[43] 黄祖辉，徐旭初，冯冠胜. 2002. 农民专业合作组织发展的影响因素分析 [J]. 中国农村经济 (3)：13-21.

[44] 夏英. 2007. 我国农民专业合作社发展的里程碑 [J]. 中国蔬菜 (5)：1-3.

[45] 任大鹏，陈彦忡. 2007. 农民专业合作社法的十大关系 [J]. 农村经营管理 (7)：19-22.

[46] Gerichhausen M，Berkhout E D，Hamers H J M，et a1. 2007. Game Theoretic Approach to Analyse Cooperation between Rural Households in Northern Nigeria [R]. AAAE Conference Proceedings：359-363.

[47] Ogunsumi，Lucia omobolanle，Samuel olu，Ewuola. 2005. Adoption Behaviour of Farmers in Southwest，Nigeria：The Case Of Soybean Farmers [J]. Central European agriculture，6 (4)：415-426.

[48] 赵慧峰，李彤. 2009. 农民专业合作经济组织的影响因素研究 [J]. 中国流通经济 (5)：29-32.

[49] 邓桂梅，赵慧峰. 2007. 农民合作经济组织影响因素分析 [J]. 安徽农业科学，35 (2)：609-610.

[50] Zylbersztajn，Decio. 2003. Tomatoes and Courts：Strategy of the

Agro-industry Facing Weak Contract Enforcement [D]. School of Economic and Business, University of Sao Paulo, Brazil, Worker Paper, August.

[51] Sartwelle, James., et al. 2000. The Effect of Personal and Farm Characteristics upon Grain Marketing Practices [J]. Journal of Agricultural and Applied Economics, No. 4: 95-111.

[52] Boger, silke. 2001. Quality and Contractal Choice: A Transaction Cost Approach to the Polish Hog Market [J]. European Review of Agricultural Economics, Vol. 28No. 3, 241-261.

[53] 张红云.2009. 农民对专业合作社需求的影响因素分析 [J]. 江西农业大学学报（社会科学版）(3): 63-67.

[54] 吴守蓉，郭月亮.2011. 政府推动型农民林业专业合作社发展模式研究 [J]. 林业经济 (2): 26-31.

[55] 孔祥智，陈丹梅.2008. 林业合作经济组织研究——福建永安和邵武案例 [J]. 林业经济 (5): 48-52.

[56] 唐步龙，刘爱军.2007. 林业产业化中违约现象的经济学解析 [J]. 农业经济 (12): 31-32.

[57] 裴安道，李艳.2009. 林权制度改革下原料林基地建设探讨 [J]. 中华纸业 (4): 32-33.

[58] 郭红东.2005. 农业龙头企业与农户订单安排及履约机制研究 [M]. 北京：中国农业出版社：79.

[59] 郭锦墉，尹琴，廖小官. 2007. 农产品营销中影响农户合作伙伴选择的因素分析——基于江西省农户的实证 [J]. 农业经济问题 (1): 86-93.

[60] 王浩澂.2012. 冷链物流合作伙伴的选择 [J]. 物流科技 (6): 106-109.

[61] 侯俊东，吕军.2005. 虚拟企业中合作伙伴选择的灰色评价模型 [J]. 科技进步与对策 (5): 17-19.

[62] 王燕.2006. 基于防范信用风险的合作伙伴灰色选择评价方法 [J]. 物流技术 (7): 137-139.

[63] 罗剑锋.2012. 基于动态模糊评价的通信运营商合作伙伴选择模型及实证研究 [J]. 财经理论与实践 (4): 91-95.

[64] 曾志斌，李言，李淑娟，等.2005. 动态联盟合作伙伴选择的多层次模糊综合评判方法 [J]. 计算机工程与应用 (17): 218-220.

[65] 苏仕宾，杨茂盛.2005. 基于可拓层次分析法的动态供应链合作伙伴选

择［J］．物流技术（11）：55-57.

［66］刘晓菊，曾建潮．2004. 基于 AHP 和模糊方法的供应链合作伙伴的评价与选择［J］．太原重型机械学院学报，25（2）：81-86.

［67］夏维力，杨海光．2006. 基于 BP 神经网络的虚拟企业合作伙伴选择研究［J］．科技进步与对策（11）：43-45.

［68］章玲，葛世伦．2002. 基于模糊神经网络方法的虚拟企业合作伙伴的选择［J］．华东船舶工业学院学报（自然科学版），16（5）：91-94.

［69］马晓平．2007. 基于遗传算法的农业机械制造业供应链合作伙伴选择［J］．中国农机化（2）：25-27.

［70］叶永玲，周亚庆．2004. 虚拟企业合作伙伴的优化选择研究［J］．软科学，18（2）：79-82.

［71］宋杨．2010. 基于遗传算法的 4PL 模式下物流合作伙伴选择研究［J］．物流技术（5）：95-97.

［72］郑少红．2008. 深化林权改革　创新农村经营制度——基于福建林业合作组织的实证分析［J］．中国集体经济（5）：162-163.

［73］黄丽萍，王文烂．2008. 林业专业合作经济组织的内部契约选择初探［J］．林业经济问题，28（6）：474-478.

［74］Goodhue，Rachael E. 2000. Broiler Production Contracts as a Multi-agent Problem：Common Risk，Incentives and Heterogeneity［J］．American Journal of Agricultural Economics，Vol. 82No. 4，606-622.

［75］郭锦墉，刘滨，尹琴，等．2007. 农产品营销合作中影响农户合同形式选择的因素分析——基于江西省 486 户农户的实证［J］．生态经济（学术版）（1）：24-28.

［76］郭红东．2005. 农业龙头企业与农户订单安排及履约机制研究［M］. 北京：中国农业出版社：102-103.

［77］A. Ottitsch. 2001 Co-operative and Common-Property Forms of Forest Management Regimes：Economies of Scale for Small scale Forest Hold-in Gain Europe［EB/OL］．In：Proceedings，Irish Timber Grower’s Association Annual Meeting. Utilization of Thinning from Private Woodlands. UCD Industry Centre. 8th November 2001. http：//www. coford. ie/news/Circular. htm. 2001.

［78］Michael P. Washburn，Stephen B. Jones，Larry A. Nielsen. 1993. Nonindustrial Private Forest Landowners：Building the Business Case for

Sustainable [R]: 10-20.

[79] I. Corten, N. Cordewener, P. Wolvekamp. 1999. Revitalizing Local Forest Management in the Netherlands: the Woodlot Owners' Association of Stramproy [M] . In: Wolvekamp, P. (Ed.), Forests for the Future: Local Strategies for Forest Protection, Economic Welfare, and Social Justice. Zed Books, London, UK.

[80] H. F. Hoen, T. Eid, P. Okseter. 2000. Means for Sustainable Forestry-efficiency Gain Due to Cooperative Management among Properties [N] . Draft 3/16/00. Dept of Forest Sciences AUN, As, Norway.

[81] M. Suda, E. Eklkofer, S. Schaffner. 1999. Roundwood Transport in Smallscale Private Forestland [J] . Forst und Holz, 54 (23): 736-738.

[82] J. C. Gemmell. 1996. The Land and the People: Problems in Partnership [J] . Scottish Forestry, 50 (4): 212-219.

[83] Ferrier G D, Porter P K. 1991. The Productive Eficiency of US Milk Processing Cooperatives [J]. Journal of A cultural Economics (42): 161-173.

[84] Hind A M. 1994. Cooperatives-underpeformers by Nature? An Exploratory Analysis of Cooperative and Non Cooperative Companies in the Agribusiness Sector [J]. Journal of Agricultural Economics, 45 (2): 213-219.

[85] Trechter D D. 1996. Impact of Diversification on a Cultural Cooperatives in Wisconsin [J]. Agribusiness, 12 (4): 385-394.

[86] Staatz J M. 1983. The Cooperative as a Coalition: A Game-Theoretic Approach [J]. American Journal of Agricultural Economics (65): 1084-1089.

[87] Lorendahl B. 1996. New Cooperatives and Local Development: a Study of Six Cases in Jamtland, Sweden [J]. Journal of Rural Studies, 12 (2): 143-150.

[88] Pulfer, I., Mohring, A., Dobricki, M. and Lips, M. 2008. Success Factors for Farming Collectives, Paper Submitted to the 12th Congress of the European Association of Agricultural Economists [R] .

[89] 黄胜忠，林坚，徐旭初. 2008. 农民专业合作社治理机制及其绩效的实证分析 [J]. 中国农村经济 (3): 65-73.

[90] Egerstrom, L. 2004. Obstacles to Cooperation, in Christopher D. Merrett & Norman Walzer (eds): Cooperatives and Local Development [R]. M. E. Shape Inc: 70-91.

[91] 史清华.1999. 农户经济增长与发展研究 [M]. 北京：中国农业出版社：11.

[92] 尤小文.1999. 农户：一个概念的探讨 [J]. 中国农村观察 (5): 17-19.

[93] 洪民荣.1997. 农户行为与农户政策 [J]. 中国经济问题 (3): 27-31.

[94] 周训芳，谢国保，范志超，等. 2004. 林业法学 [M]. 北京：中国林业出版社.

[95] 刘宏明.2004. 我国林业法若干理论问题初探 [J]. 绿色中国 (11M): 29-30.

[96] 东海. 林产品加工业不应归入林业卷 [EB/OL]. http://www.fjsq.gov.cn/showtext.asp? ToBook=1048&index=106.

[97] 谢玉佳.2005. 农户蔬菜生产经营行为研究 [J]. 雅安：四川农业大学.

[98] 杨天和.2006. 基于农户生产行为的农产品质量安全问题的实证研究 [D]. 南京：南京农业大学.

[99] 沈静薇.2008. 政府在林业合作组织中的角色和职能分析 [D]. 南京：南京林业大学.

[100] 孔祥智，何安华，史冰清，等.2009. 关于集体林权制度改革和林业合作经济组织建设 [J]. 林业经济 (5): 17-23.

[101] 许向阳，聂影，张建华.2007. 政府在林业合作组织发展中角色定位的研究 [J]. 林业经济 (2): 52-55, 76.

[102] 翁贞林.2009. 粮食主产区农户稻作经营行为与政策扶持机制研究[J]. 武汉:华中农业大学.

[103] 黄宗智. 2000. 华北的小农经济与社会变迁 [M]. 北京：中华书局.

[104] 舒尔茨.2003. 改造传统农业 [M]. 北京：商务印书馆.

[115] 杨天和. 2006. 基于农户生产行为的农产品质量安全问题的实证研究 [D]. 南京：南京农业大学：27-28.

[106] 郭锦墉.2007. 农产品营销中农户合作行为实证研究 [D]. 武汉：华中农业大学.

[107] 刘克春. 2006. 农户农地流转决策行为研究 [M]. 南昌：江西科学技术出版社：35.

[108] 李延敏.2010. 中国农户借贷行为研究 [M]. 北京：人民出版社.

[109] Yang，Xiaokai；Borland，Jeff. 1991. A Microeconomic Mechanism for Economic Growth [J] . The Journal of Political Economies，Jun，3.

[110] 王志伟 . 2004. 现代西方经济学主要思潮及流派 [M] . 北京：高等教育出版社：267.

[111] 聂辉华 . 2004. 交易费用经济学：过去、现在和未来 [J] . 管理世界 (12)：146-153.

[112] 黄家明，方卫东 . 2000. 交易费用理论：从科斯到威廉姆森 [J] . 合肥工业大学学报（社会科学版），14 (1)：33-36.

[113] 科斯 . 1994. 论生产的制度结构 [M]. 盛洪，陈郁，译 . 上海：上海三联书店出版：34-45.

[114] 威廉姆森. 2002. 资本主义经济制度——论企业契约与市场契约 [M]. 段毅才，王伟，译. 北京：商务印书馆：35-113.

[115] 平新乔 . 2004. 经济研究十二篇 [M] . 北京：北京大学出版社.

[116] 张静 . 2009. 交易费用与农户契约选择 [D] . 杭州：浙江大学：7-8.

[117] 马斯腾 . 2005. 契约和组织案例研究 [M] . 北京：中国人民大学出版社 .

[118] Williamson，Oliver. 1975. Markets and Hierarchies：Analysis and Antitrust Implications [M] . New York：Free Press .

[119] Williamson，Oliver. 1979. Transaction Cost Economics：The Governance of Contractual Relations [J] . Journal of Law and Economics：233-262.

[120] 黄涛 . 2004. 博弈论教程 [M] . 北京：首都经济贸易大学出版社：1-2.

[121] 谢识予. 2002. 经济博弈论 [M]. 第 2 版 . 上海：复旦大学出版社.

[122] 刘璐菊 . 2006. 博弈理论在生物学当中的应用 [D] . 大连：大连理工大学.

[123] 乔根・W. 威布尔 . 演化博弈论 [M] . 王永钦，译 . 上海：上海人民出版社：序，2-3.

[124] 晋洪涛 . 2009. 博弈论在我国农业经济研究中的应用与展望 [J] . 现代农业技术 (2)：264-268.

[125] Kahneman，D. ，Amos Tversky. 1979. Prospect Theory：An analysis of Decision Making under Risk [J] . Econometrica，Vol. 47，no. 2：263-291.

[126] Trepel C，Fox CR，Poldrack RA. 2005. Prospect Theory on the Brain?

Toward a Cognitive Neuroscience of Decision under Risk [J]. Brain Res Cogn Brain Res, 23: 34-50.

[127] 樊少华. 2007. 基于前景理论的创业决策模型 [D]. 长春: 吉林大学.

[128] 何飞. 2009. 基于 Kahneman 前景理论的风险规避与风险寻求决策的脑机制研究 [D]. 西安: 第四军医大学: 17-22.

[129] 于小洋. 2008. 基于前景理论和心理账户的二叉树期权定价模型 [D]. 天津: 天津大学.

[130] 赵凛. 2006. 基于"前景理论"的出行决策模型及 ATIS 仿真实验研究 [D]. 北京: 北京交通大学: 23-26.

[131] 王平. 2005. 前景理论模型的拓展与修正研究 [D]. 长沙: 中南大学.

[132] 张结海, 张玲. 2003. 现实理性: 一个理解经济行为的框架 [J]. 心理科学进展 (11): 267-273.

[133] 谢晓非, 郑蕊. 2003. 认知与决策领域的中国研究现状分析 [J]. 心理科学进展 (11): 281-288.

[134] 刘瑞霞, 邬冬华, 凌和良. 2005. 不确定条件下判断和决策的新领域——前景理论 [J]. 运筹与管理 (14): 14-18.

[135] 邵瑞珍. 1988. 教育心理学 [M]. 上海: 上海教育出版社: 318-320.

[136] 郭德俊. 2006. 动机心理学: 理论与实践[M]. 北京:人民教育出版社.

[137] 王维义. 1997. 现代管理心理学 [M]. 北京: 北京经济学院出版社: 125.

[138] 荣晓华, 孙喜林. 2001. 消费者行为学 [M]. 大连: 东北财经大学出版社: 45.

[139] Liska, A. E. 1984. A Critical Examination of the Causal Structure of the Fishbein/Ajzen Attitude Behavior Model [J]. Social Psychology Quarterly, 47, 1: 61-74.

[140] 许祥云. 2009. 中国家庭高等教育投资行为研究 [M]. 北京: 清华大学出版社: 79-81.

[141] 王济川, 郭志刚. 2001. Logistic 回归模型——方法与应用 [M]. 北京: 高等教育出版社: 17, 249-253.

[142] 李子奈, 叶阿忠. 2003. 高等计量经济学 [M]. 北京: 清华大学出版社: 184-186.

[143] 联合国粮食及农业组织. 2012. 中国集体林区农民林业专业合作组织研究 [M]. 北京: 中国农业出版社.

[144] 黄敏，池泽新，廖为明 . 2010. 基于 AHP 的林业产业化龙头企业 FBP 模型构建与运用——以江西省 32 家林业产业化龙头企业为例 [J] . 林业经济问题（5）：385-389.

[145] 陈俊华，张文棋，吴雅婷 . 2012. 基于 SFA 的福建省九地市农业产业化龙头企业带动农户效率分析 [J] . 中南林业科技大学学报（社会科学版），6（4）：19-24.

[146] 冷小黑 . 2012. 林权改革推进中农户林业合作经营的动因 [J] . 生态经济（4）：146-148，153.

[147] Kimenye，L. N. 1995. Kenya ' s Experience Promoting Smallholder Production of Flowers and Vegetables for European Markets [J]. African Rural and Urban Studies，2（2/3）.

[148] 孙新章，成升魁，张新民 . 2004. 农业产业化对农民收入和农户行为的影响——以山东省龙口市为例 [J] . 经济地理，24（4）：510-513.

[149] 孙艳华，刘湘辉，周发明，等 . 2007. 农民专业合作社增收绩效研究 [J] . 南京农业大学学报（社会科学版），7（2）：22-27.

[150] 蔡荣 . 2011. "合作社＋农户" 模式：交易费用节约与农户增收效应 [J] . 中国农村经济（1）：58-65.

[151] Willianmson, O. E. 1985. The Economic Institutions of Capitalism[M]. Macmillan Free Press, New York.

[152] 何坪化，杨名远. 1999. 农户经营市场交易费用构成与现状的实证分析 [J]. 中国农村经济（6）：40-44.

[153] 李崇光，邹进泰. 2002. 国际经济一体化：中国农产品营销的问题与思考 [J]. 江汉论坛（2）：31-34.

[154] 冷小黑，张小迎，曹建华 . 2012. 林农技术需求意愿影响因素实证分析 [J] . 林业经济（5）：108-113.

[155] 牛凤瑞 . 1994. 降低农业成本是农民增收的基础 [J] . 农业技术经济（5）：25-27.

[156] 郭红东 . 2005. 农业龙头企业与农户订单安排及履约机制研究 [M] . 北京：中国农业出版社：61-76.

[157] 钱忠好 . 2000. 节约交易费用：农业产业化经营成功的关键——对江苏如意集团的个案研究 [J] . 中国农村经济（8）：62-66.

[158] 黄祖辉，梁巧 . 2009. 梨果供应链中不同组织的效率及其对农户的影响——基于浙江省的实证调研数据 [J] . 西北农林大学学报（社会科

学版）（1）：36-40.

［159］ Birthal，P. S.，Jha，A. K.，Tiongco，M.，et al. 2008. Improving Farm-to-market Linkages through Contract Farming：A Case Study of Smallholder Dairying in India［R］. IFPRI Discussion Paper 00814.

［160］朱学新. 2005. 降低农产品交易费用的制度选择［J］. 农业经济问题（12）：30-33.

［161］刘春芳，王济民，周慧，等. 2009. 新形势下中国农业科技推广问题与对策［J］. 经济研究导刊（6）：36-37.

［162］胡正明. 2007. 规模化是发展农业生产的有效途径［J］. 现代农业科技（6）：136.

［163］侯元兆. 2009. 从国外的私有林发展看我国的林权改革［J］. 世界林业研究（2）：1-6.

［164］陈铭恩，温思美. 2004. 我国农户农业投资行为的再研究［J］. 农业技术经济（2）：24-27.

［165］郭敏，屈艳芳. 2002. 农户投资行为实证研究［J］. 经济研究（6）：86-92.

［166］梁兆基，冯子恩，叶柱均，等. 1998. 农林经济管理概论［M］. 广州：华南农业大学出版社：300.

［167］魏远竹. 2000. 资金投入：林业经济增长方式转变的第一启动力［J］. 林业财务与会计（5）：9-10.

［168］高明，徐天祥，朱雪晶，等. 2012. 兼业背景下贫困地区农户资源配置的特征与效率分析［J］. 经济社会体制比较（2）：163-169.

［169］孔凡斌，廖文梅. 2011. 基于收入结构差异化的农户林地流转行为分析［J］. 中国农村经济（8）：89-96.

［170］蒋敏元，包玉华. 2006. 试论社会主义生态建设主体下的林业可持续发展［J］. 林业经济问题（5）：421-424.

［171］国家林业局集体林改督导检查第五组. 2011. 集体林改加快了生态脆弱地区现代林业建设［J］. 林业经济（8）：3-7.

［172］孔凡斌. 2008. 集体林权制度改革绩效评价理论与实证研究［J］. 林业科学（5）：132-141.

［173］池泽新，张小有，张雅燕. 2005. 中介组织主导型市场农业体制初探［J］. 江西农业大学学报（社会科学版）（1）：50-55.

［174］刘滨，陈池波，杜辉. 2009. 农民专业合作社绩效度量的实证分析——

来自江西省22个样本合作社的数据［J］. 农业经济问题（2）：90-96.

［175］郭红东，蒋文华. 2004. 影响农户参与专业合作经济组织行为的因素分析——基于对浙江省农户的实证研究［J］. 中国农村经济（5）：10-17.

［176］何江，黎旭光，吴冠华. 2002. 农业经济学原理［M］. 北京：中国农业大学出版社：324

［177］丁力. 1997. 农业产业化的实质、形式和政策［J］. 中国农村经济（2）：29-32.

［178］牛若峰. 2006. 农业产业化经营发展的观察与评论［J］. 农业经济问题（3）：8-15.

［179］关锐捷. 2000. 纵论华夏农村经济［M］. 北京：中国经济出版社：31.

［180］黄祖辉，王祖锁. 2002. 从不完全合约看农业产业化经营组织方式［J］. 农业经济问题（3）：28-31.

［181］余向东. 2012. 浙江：着力培育新型农业经营主体［EB/OL］. 松际农网，2012-11-22，http：//www.99sj.com.

［182］苏峰，张绪成，吕涛，等. 2012. 集安市新型林业经营主体私有林场彰显魅力［J］. 吉林农业（6）：159-160.

［183］陈渭山. 2011. 深化林权改革　发展林下经济　不断开创林兴民富新局面［J］. 林业经济（11）：14-15，21.

［184］赵洪，王苏平，王林福，徐璐婉. 2011. 铜鼓县林业专业合作组织发展现状与对策［J］. 江西林业科技（3）：56-58.

［185］卢方元. 2007. 环境污染问题的演化博弈分析［J］. 系统工程理论与实践（9）：148-152.

［186］李春，宫秀丽. 2006. 自我分类理论概述［J］. 山东师范大学学报（人文社会科学版）（3）：157-160.

［187］陈浩，薛婷. 2010. 精细化的社会认同模型——集群行为理论的新发展［J］. 南开学报（哲学社会科学版）（6）：77-83.

［188］徐玲玲. 2011. 供应链合作伙伴关系研究综述［J］. 重庆理工大学学报（社会科学），25（9）：51-55.

［189］吴群. 2012. 供应链物流学［M］. 北京：中国物资出版社：215-217.

［190］Lambert Douglas M，Knemeyer A. Michael，Gardner. John T. 2004. Supply Chain Partnerships：Model Validation and Implementation［J］. Journal of Business Logistics，25（2）：21-42.

［191］戴维·福克纳. 1997. 竞争战略［M］. 北京：中信出版社：61.

[192] 尼尔·瑞克曼．合作竞争大未来［M］．苏怡仲，译．北京：经济管理出版社．
[193] 陈莉平．2006. 基于4C的合作伙伴选择模型的构建及其运用［J］. 技术经济（1）：39-42.
[194] 雷瑶．2010. 江西省林业专业合作组织建设问题研究［D］．南昌：江西财经大学．
[195] 徐晋涛，孙妍，姜雪梅，等．2008. 我国集体林区林权制度改革模式和绩效分析［J］．林业经济（9）：27-38.
[196] 陈渭山．2011. 深化林权改革　发展林下经济　不断开创林兴民富新局面［J］．林业经济（11）：14-15，21.
[197] 陈际瓦．2011. 发挥优势　加强领导　积极探索林下经济发展新路子［J］．林业经济（11）：11-13.
[198] 郑逸芳，马梅芸，孙小霞，等．2011. 集体林权改革前后林业经营方式变化比较分析［J］．林业经济（11）：27-30.
[199] 孙妍，徐晋涛，李凌．2007. 林权制度改革对林地经营模式影响分析——江西省林权改革调查报告［J］．林业工作研究（6）：25-31.
[200] 周立群，曹利群. 2002. 商品契约优于要素契约［J］. 经济研究（1）：14-19.
[201] 郭红东. 2002. 浙江省农业龙头企业与农户的利益机制完善与创新研究［J］. 浙江社会科学（9）：181-185.
[202] 尹成杰. 1998. 对农业产业化经营利益分配机制的思考［J］. 中国农村经济（2）：13-17.
[203] 谭静. 1996. 农业产业化研究综述［J］. 农业经济问题（11）：31-36.
[204] 本刊记者．1997. 创新营林机制　加快绿化步伐［J］．山西林业（5）：18-19.
[205] 张春霞，蔡剑辉．2000. 福建建设中国特色的社会林业研究［J］．福建林业科技（2）：4-8.
[206] 黄文革，侯利红．2000. 滑县走出订单林业新模式［J］．河南林业（3）：62.
[207] 河北省林业科学研究院非公有制林业调研组．2003. 龙头企业带动非公有制林业发展［J］．河北林业科技（12）：50.
[208] 郑娟．2006. 新疆的现状及对策［J］．新疆财经（3）：20-23．
[209] 谢和胜，李智勇．2011. 林农合作形式多样性选择交易理论分析［J］．

林业经济（2）：32-35.

[210] Williamson. O. E. 1985. The Economic Institutions of Capitalism：Firms，Markets，Relational Contracting［M］. New York：The Free Press：121-149.

[211] 银小柯，陈国兴，王文烂 . 2012. 交易费用视角下林业联户经营形成机理分析［J］. 福建农林大学学报（哲学社会科学版）（1）：46-49.

[212] 黄安胜，张春霞，苏时鹏，谢志忠 . 2008. 林业股份合作制模式最优经营规模分析：基于协调成本的思考［J］. 林业经济问题（5）：414-418.

[213] 刘葆金 . 1999. 中国农业产业化理论探析［J］. 南京农业大学学报，22（4）：93-96.

[214] 道格拉斯·诺斯 . 1994. 经济史中的结构与变迁［M］. 上海：上海三联书店 .

[215] 拉坦. 1994. 诱致性制度变迁理论[M]//财产权利与制度变迁. 中译本. 上海：上海三联出版社：118.

[216] 江西省林农合作组织研究报告［EB/OL］. http：//www. fao. org/forestry/tenure/china-reform/58258/zh/.

[217] 谢和生 . 2011. 集体林权制度改革下林农合作组织形式研究［D］. 北京：中国林业科学研究院 .

[218] 贾治邦 . 2011. 壮大林下经济　实现兴林富民　全面推动集体林权制度改革深入发展［J］. 林业经济（11）：6-10.

[219] 邓万春 . 2008. 农民对价格信号的反应及其市场行为的理性化［J］. 东方论坛（2）：111-116.

[220] 胡丹婷. 2006. 订单农业中机会主义的治理——以金兴茧丝绸有限责任公司为例［J］. 华南农业大学学报（社会科学版）（2）：19-24.

[221] 周立群，曹利群. 2001. 农村经济组织形态的演变与创新［J］. 经济研究（1）：69-75.

[222] 范龙昌，范永忠 . 2011. 农业产业化过程中农户利益的保障机制研究——基于“公司＋农户”经营模式的分析［J］. 改革与战略，27（8）：90-92.

[223] 刘家顺，张升 . 2009. 关于江西省林权抵押贷款的调研报告［J］. 林业经济（4）：15-17.

# 附录　农户林业合作经营行为调查问卷

尊敬的农民朋友：

您好！感谢您在百忙中抽空接受我们的调查。本次调查的内容是关于您家经营林业的情况，调查涉及的数据将用于研究而不做他用。谢谢您的配合！

调查说明：

A. 如果以下选择题没有特别说明，均为单选；请在选中项前的代码上打“√”。

B. 有划横线处为填空处。

**一、被调查农户及家庭基本情况**

1. 被调查村所在：________县（市）________镇（乡）________村。

2. 您家总共有________人；其中劳动力人数（不含在校生）是________人。

3. 您的年龄________岁；性别：①男；②女

4. 您的文化程度：①小学及以下；②初中；③高中及以上

5. 您是否是党员：①是；②不是；

您是否（或曾经）是村干部：①是；②不是

6. 您有无技术培训经历：①有；②无

7. 您认为您在风险态度上属于：

①不喜欢冒险，风险厌恶型；②一般，风险中性型；③喜欢冒险，风险偏好型

8. 您认为林业经营中实施合作经营有必要吗？

①完全没有必要；②没有必要；③有必要；④很有必要

9. 您家上一年的家庭收入是________元，其中当年的林业收入在家庭收入中的比例是：

①占5%以下，很不重要；②占5%～20%，不重要；③占20%～35%，一般；④占35%～50%，重要；⑤占50%以上，很重要

## 二、林业经营基本情况

10. 林权改革前，您是否经营了林业？

①有，在村里算多的； ②有，但很少； ③没有

11. 林权改革后，您是否经营了林业？

①有，比以前多； ②有，和以前差不多；③没有

12. 您对这一次的集体林权改革的了解情况：

①不了解； ②部分了解； ③很了解

13. 您家是否愿意（继续）经营林业？

①愿意； ②不愿意

------选择"②不愿意"的继续回答第14题，然后停止作答；

——选择"①愿意"的继续回答第15题和后面的题。

14. 您家不愿意经营林业的原因是（多选）：

①林业经营不赚钱；②没有劳动力；③林业政策不稳定；④采伐指标难申请；⑤没有资金；⑥有更赚钱的事情做；⑦其他

15. 您家愿意经营林业的原因是（多选）：

①是家庭主要经济来源；②不想放弃林地；③没有更好的事可做；④抛荒受罚；⑤林地流转困难，只好自家经营；⑥自家使用林产品时方便；⑦其他

16. 目前您家所经营的林地面积有________亩，经营的林地地块数共有________块，所种植（或准备种植）的树种主要是________（比如松树、杉树、毛竹、水果、茶叶、油茶等）。

17. 林地经营类型包括有（可以多选）：

①自留山经营；②责任山、家庭承包经营；③有偿转入经营（租赁、转包、受让等）；④"谁造谁有"山林；⑤股份合作；⑥其他

18. 您种植此类主要树种的经验（历史）有________年；

这种主要树种收获期/成熟期一般是：①5 年以下；②6～10 年；③10 年以上

当前您家林地主要树种林龄情况是：①幼龄林；②中龄林；③近熟林；④成熟林

19. 对林地是否适合种植该林种的整体评价（包括土地肥沃程度、交通、林地坡度等）：

①很不好；②不好；③一般；④较好；⑤很好

20. 您家的林地是否有林权证：

①有；②没有

21. 您对当前自己的林业技术的评价：

①很不好；②不好；③一般；④较好；⑤很好

22. 您家林业经营资金筹集难度如何：

①无困难；②困难小；③一般；④困难较大；⑤很困难

23. 目前您家林业经营投入的资金主要来源（筹资）于（多选）：

①家庭积蓄；②向亲朋好友借；③使用林权贷款方式；④政府补贴；⑤向银行等金融机构借贷；⑥其他资金获得方式

24. 您家当前林产品的销售难度如何?

①无困难；②困难小；③一般；④困难较大；⑤很困难

25. 您对林业经营风险（自然风险、市场风险）的评价是：

①无风险；②风险少；③一般；④风险较大；⑤风险很大

26. 您对林业政策稳定性评价：①稳定；②不稳定

27. 是否进行了林权抵押贷款?

①已经进行了林权抵押贷款；②很想使用林权抵押贷款；③无所谓；④不想

28. 您家的林地遭受过怎样的灾害（多选）：

①火灾；②风灾；③病虫害；④冰雪霜冻灾；⑤其他；⑥无

29. 您村集体或其他个人的林地受过怎样的灾害（多选）：

①火灾；②风灾；③病虫害；④冰雪霜冻灾；⑤其他；⑥无

30. 是否参加了林业保险？为什么？

①已经参加；②没有参加，但很愿意参加；③无所谓；④不愿意参加

31. 如果政府补贴部分林业保险费用，您愿意参加林业保险吗？

①愿意，希望政府补贴的林业保险费用占总保险费用的________%；②不愿意；

32. 您是否愿意流转转入林地？①愿意；②不愿意。为什么？________________

33. 您是否愿意流转转出林地？①愿意；②不愿意。为什么？________________

——以下各选项是对林业改革中的各项服务的评价，在下列5个选项中选择一个，填入相应的括号内

| ①很不好； | ②不好； | ③一般； | ④较好； | ⑤很好 |
|---|---|---|---|---|

34. 您对当地林业保险进展的整体评价（　　）（包括规模、效益、政府扶持状况等）

35. 您对当地林权流转的整体评价（　　）（包括流转规模、规范性、政府扶持状况等）

36. 您对当地相关机构提供的林业技术服务的评价（　　）（包括技术种类、时间及时性、对林地的收益等）

37. 您对政府相关机构对林业政策和法律法规的宣传服务的评价（　　）（包括宣传方式、宣传内容、宣传时间及时性等）

38. 您对当地林权抵押贷款进展的整体评价（　　）（包括申请便利、贷款比例、受益人群、政府扶持等）

39. 您对当地村集体对农户林业经营的帮扶发展的评价（　　）（包括提供的服务、经营效益等）

**三、农户林业合作经营特征**——此处所指林业合作经营是农户以商业经营为目的，在自愿、平等的基础上与其他林业经营主体如各类企业、各类林业合作组织、村集体组织、其他农户或林业大户等以一定的方式合作并取得相应的林产品收益权的林业种植、销售等林业合作经营形式。

40. 您家当地是否有鼓励林业合作经营政策：①有；②没有

41. 您认为当地发育领先的林业经营主体是：

①企业；②林业合作组织；③林业大户

42. 您家当地同村村民参与林业合作经营比例：

①10%以下；②10%～30%；③30%～50%；④50%以上

43. 您家林业经营中，是否愿意与其他林业经营的组织（或个人）合作？

①愿意合作；②不愿意合作

——选择（②不愿意合作）的继续回答第44题，然后停止作答；

——选择（①愿意合作）的继续回答第45题和后面的题。

44. 您家不愿意合作的原因是（可多选）：

①参与合作过程风险大；

②合作预期效益不明显，成本大；

③合作利益分配容易引起麻烦；

④自家规模小没有合作必要

45. 您家愿意与其他农户或组织进行林业合作经营，主要是为了（可多选）：

①保障产品销售、稳定产品价格；②获得科技信息；③减少经营成本；④提高管理效率；⑤筹集经营资金；⑥节约时间从事其他经营

46. 如果对方主动寻找你合作，你认为对方选择自己的原因在于自己的主要优势有（限选2项）：

①自己在村里的信誉好；②自己是村里致富能人；③自己是村里的技术能手；④自己的市场信息广；⑤自己有林业

开发的资金；⑥自己有林地资源；⑦自己的产品质量好，出色；⑧产品产量多

47. 您愿意合作，现在是否采取了合作行动：

①已经合作；②愿意合作，但还没有开始合作

——选择（②愿意合作，但还没有开始合作）的继续回答第48题，然后停止作答；

——选择（①已经合作）的继续回答第49题和后面的题。

48. 您有合作意愿但没有采取合作行动的原因（可多选）：

①没有合适的合作伙伴；

②林地偏僻，对方不愿意合作；

③林产品生长还没有到需要合作的时期；

④自己规模小，对方不愿意合作

49. 您家已经合作，选择的主要的合作伙伴是（单一选择）：

①各类企业；②各类林业合作组织；③其他农户或林业大户；④村集体组织；⑤其他

50. 您家已经合作，与您的合作伙伴选择的主要的合作方式是：(单一选择)

①股份制或股份合作制型：按股分红关系，以林地、资金、劳务等生产要素的一种或几种入股，按股金或折算的股金比例进行利润分红。有时仅以股份制型称呼。

②合作制型：利润返还或二次结算关系，对方将林产品销售、加工等增值的一部分利润按一定的方式返还给农户，也包括实行二次分配。也包括在森林培育过程中农户通过劳力投入的形式参与的合作（不折算成股份的）。

③合同制型：合同（契约）关系，指通过合同等契约方式向农户收购或为农户销售产品等，实行保证价格，或者实行市场保护价格，或者除规定价格外还提供系列化服务。包括书面合同和口头合同。

④其他方式：其他不在上述合作方式中的关系。

51. 在双方的合作中是否出现了不愉快的合作经历？①有；

②没有

为什么？

______________________________

52. 你们是如何处理这些问题的？

______________________________

______________________________

53. 您对林业经营中的农户合作经营有什么建议？

建议：______________________________

______________________________________

______________________________________

# 后　记

本书是在我博士论文的基础上完成的，也是我主持的教育部人文社会科学基金项目（项目编号：10YJC790124）的重要研究成果。在整个博士学习和博士论文写作期间，我的导师曹建华教授付出了悉心的指导和无微不至的关怀。导师以一位学者丰富的学识、严谨的学术作风和深厚的人格修养，传授了我丰富的科学知识，培养了我坚实的科研能力。值此博士论文完成、专著出版之际，谨向导师曹建华教授给予我的种种关怀和教导表示最诚挚的感谢！

感谢江西农业大学园林与艺术学院的博士生指导小组的老师，在几年的学习中，这样一个林业领域的杰出团队在我学业上和学术上给予了倾情的关注与指导，他们的学术气氛和无私奉献使我能静心专注于林业领域的问题，了解林业发展的动态。在博士论文写作过程中，江西农业大学的杜天真教授、金志农研究员、郭锦墉教授、欧阳勋志教授、张志云教授、陈美球教授、南昌工程学院的樊后保教授、江西科技师范大学的池泽新教授等老师给予了悉心指导，提出了许多宝贵意见，谨向他们深表谢意！同时也感谢我的硕士导师郭锦墉教授，尽管早已硕士毕业，但郭老师还是一如既往的关注我的学术发展，鼓励和支持我在农林经济领域继续自己的研究，对我博士论文的写作给予了很多帮助。同门朱再昱博士、廖文梅博士、李华博士，以及硕士同学张凡永、康小兰、黄敏等为我的论文进展工作给予了无私的帮助，谨表示真挚的谢意！

同时，还要感谢宜春学院经济与管理学院的领导和同事胡林龙院长、江辉书记、熊珍琴副院长、秦燕江教授、邓彦副书记、龚鹏博士、彭海燕博士等在我博士论文和专著写作期间给予我的关心和帮助！感谢课题组其他成员对课题进展给予的各种帮助，使得本项目能得以顺利完成！

感谢我的爱人张小迎女士和我的小女冷雨晴，亲情的支持给予了我写作的动力！几年来对他们母女俩的照顾太少，而她们又给予了我很大的支持，这些都无法用语言来表达。谢谢！

由于本人的水平有限，本书中难免存在不足。本书的出版是我博士学习交出的一份答卷，同时也预示了我学术研究的另一个起点。回首这其间的酸甜苦辣，笑着面对，悠然，随心，随性，随缘。

冷小黑

2013 年 8 月于宜春